Christoph Steinebach

Entwicklungspsychologie

Klett-Cotta

Prof. Dr. Christoph Steinebach ist Diplom-Psychologe und Psychologischer Psychotherapeut. Er lehrt als Professor für Rehabilitations-
pädagogik an der Katholischen Fachhochschule Freiburg i. Br.

Klett-Cotta
© J. G. Cotta'sche Buchhandlung Nachfolger GmbH, gegr. 1659,
Stuttgart 2000
Alle Rechte vorbehalten
Fotomechanische Wiedergabe nur mit Genehmigung des Verlags
Printed in Germany
Umschlag: Philippa Walz, Stuttgart
Gesetzt aus der 10 Punkt Times von Hahn Medien GmbH, Kornwestheim
Auf holz- und säurefreiem Werkdruckpapier gedruckt und gebunden
von Clausen & Bosse, Leck
ISBN 3-608-91029-8

Die Deutsche Bibliothek – CIP-Einheitsaufnahme
Ein Titeldatensatz für diese Publikation ist bei der Deutschen Bibliothek
erhältlich.

Inhalt

Vorwort

Die Beschäftigung mit Entwicklungspsychologie verlangt einiges an Flexibilität und Offenheit. Kaum ein Fach hat sich in den letzten Jahren so schnell verändert: neue Problemfelder in der Praxis, neue Themen in der Forschung und neue Methoden der Forschung und Evaluation. Eine Zunahme der Themenfelder wird deutlich, wenn wir die *Fortführung* der Betrachtungen menschlicher Entwicklung über den gesamten Zeitraum eines Lebens sehen. Eine *Erweiterung* wird ersichtlich, wenn bei einer Untersuchung der Entwicklung von Personen auch die Entwicklungsumwelt berücksichtigt wird, wie etwa in der Familienentwicklungpsychologie. Die Kritik, der weitere Ausbau entwicklungspsychologischer Forschungsmethoden und die durchaus kontroverse Methodendiskussion haben auch Wirkungen in anderen Bereichen der Psychologie gezeigt. Dies wird klar, wenn wir der Diskussion um die Veränderungsmessung nachgehen. Evaluation und Methoden der Qualitätssicherung sind ohne Bezugnahme auf entwicklungspsychologische Forschungsmethoden kaum denkbar.

Diese vielfältigen Entwicklungen waren sicher zu Beginn der 70er Jahre kaum abzusehen. So wundert es eigentlich nicht, wenn ein erhöhter Bedarf an entwicklungspsychologischen Fachbüchern besteht, auch an einführenden Werken. Aber eine umfassende Einführung ist bei dieser Dynamik der Entwicklungspsychologie kaum möglich. Die Aufgabe ist komplex, genauso wie der Gegenstand: die menschliche Entwicklung. Wie können wir mit dieser Komplexität umgehen? Wohl nur, indem wir die Komplexität reduzieren. Zunächst, indem wir den Stoff, den dieses Buch behandeln wird, eingrenzen. Dazu müssen wir aber deutlich machen, nach welchen Regeln wir reduzieren. Nur dann können sich die Leserinnen und Leser auf die Suche machen und selbst ergänzen. Luhmann (1984) folgend, nehmen wir an, daß eine Theorie der Reduktion von Komplexität dient. Die erste Eingrenzung ist, daß wir uns auf die wissenschaftliche Rekonstruktion von Entwicklung beschränken werden. Dabei werden wir bevorzugt auf jene Theorien zurückgreifen, die empirisch geprüft oder zumindest prinzipiell empirisch prüfbar sind. Damit verbinden wir die Erwartung, daß die Theorie hinreichend genau ist, um konkrete Hypothesen zu formulieren. Aber, wie Thorngates (1976) in seinem Postulat der angemessenen Komplexität sagt, es ist für »eine Theorie sozialen Verhaltens unmöglich, zugleich allgemein, genau und einfach zu sein … Je allgemeiner beispielsweise eine einfache Theorie ist, desto weniger genau wird sie in der Vorhersage von Einzelheiten sein« (Weick 1995, S. 55). Theorien können also kaum genau und allgemein sein, und dann auch noch einfach, oder kaum genau und einfach und zudem auch noch allgemein (vgl. Weick 1995). Wir können dieses Dilemma auch in diesem Lehrbuch nicht lösen. Wir können uns aber unsere Ziele etwas realistischer fassen. Statt der Suche nach allgemeinen Entwicklungstheorien konzentrieren wir uns lieber auf spezifische thematisch eingegrenzte Theorien. Solche Theorien konzentrieren sich dann auf bestimmte Entwicklungsabschnitte (frühe Kindheit, Kindheit, Jugendalter, frühes Erwachsenenalter …) oder auf bestimmte Entwicklungsbereiche (motorische Entwicklung, Moralentwicklung, Intelligenzentwicklung …). Trotzdem bleibt die Aufgabe einer Einführung in die Entwicklungspsychologie noch recht komplex – und das Ergebnis wäre dann auch entsprechend. Dies bedeutet, daß wir weitere Auswahlkriterien brauchen. Sicher werden wir weder Fragen der chronologischen Entwicklung noch Fragen der spezifischen Entwicklung übergehen können. Wir werden aber diese Fragen aus der Perspektive einer sozialen Praxis behandeln. Konkret geht es immer um die Frage nach der Anwendbarkeit des theoretisch-empirischen Wissens für die Praxis. Von dieser Fragestellung leiten sich auch die Auswahlkriterien für bestimmte Problemfelder ab. In diesem Buch findet sich bekanntes und vielfältig reproduziertes Wissen. Es gilt aber auch, Ansätze zu präsentieren, die die Spezifika der angewandten Entwicklungspsychologie in der Sozialen Arbeit, in der Heilpädagogik und in den Gesundheitswissenschaften deutlich werden lassen. Damit kommen auch Themen zur Sprache, die sich in den bekannten entwicklungspsychologischen Standardlehrbüchern nicht finden oder nur »am Rande« behandelt werden.

Wie sieht also die folgende Einführung in die Entwicklungspsychologie aus? Von »Umdenken« war die Rede. Daher werden wir uns zunächst mit den Aufgaben, dem Selbstverständnis und der Bedeutung der Entwicklungspsychologie für die Praxis beschäftigen. Im zweiten Kapitel werden wir uns den Methoden der Entwicklungspsychologie zuwenden. Eher »klassisch« geht es dabei um die Frage der Bedeutung dieses Faches für Diagnostik, Förderung und Beratung. Eine der Möglichkeiten, die Komplexität der menschlichen Entwicklung handhabbar zu machen, ist, sich auf bestimmte Altersabschnitte zu konzentrieren. Im Rahmen einer Einführung sollte es genügen, wenn wir in Kapitel 3 aus den einzelnen Altersabschnitten bestimmte Themen herausgreifen. Im darauffolgenden vierten Kapitel steht dann die entwicklungspsychologische Rekonstruktion der Praxis im Vordergrund. Werden diese Angebote im vierten Kapitel noch unabhängig von besonderen Lebenslagen dargestellt, soll der Aspekt entwicklungspsychologischen Handelns in besonderen Lebenslagen im fünften Kapitel dargestellt werden. Fragen der Forschung für und Evaluation von Praxis sollen dann im sechsten Kapitel behandelt werden. Zum Schluß werden wir eine Bilanz unseres Weges durch die Entwicklungspsychologie ziehen und einen Ausblick wagen.

All dies klingt sehr umfassend. Dabei soll nicht der Eindruck entstehen, daß mit einem solchen Buch die Einführung in die Entwicklungspsychologie oder gar eine Darstellung der Entwicklungspsychologie allgemein gemeistert worden sei. Es werden viele Fragen offenbleiben, und viele Fragen werden nicht vertieft werden können. Ich weise daher am Ende eines Abschnitts meist auf vertiefende Literatur (📖) hin. Es werden einige für die Geschichte der Entwicklungspsychologie richtungsweisende Texte, die inzwischen als Klassiker oder beispielhafte Arbeiten gelten können, angegeben (🕯). Außerdem werde ich im Abschnitt 1.3 einige Fachzeitschriften und *links* im Internet angeben, über die aktuelle Informationen und Literatur zu den Themen dieses Buches recherchiert werden können (🗁).

Wertvolle Hinweise auf entwicklungspsychologische Aspekte aktueller Fragestellungen der Psychologie, Sozialarbeit, Sozialpädagogik und Heilpädagogik verdanke ich meinen Diplomantinnen und Diplomanten, namentlich Monika Brinkmann, Jörg Erat, Beate Häberlin, Dorothee Herr, Doris Killermann, Anja Kögel, Sabine Korn, Heike Landes, Gabriele Merkel, Judith Paneff, Anita Reif, Oliver Reischl, Dagmar Rino, Monika Ruthhardt, Albrecht Schönborn, Gerhard Seider, Monika Spahl, Silvia Steidle, Annette Thewes und Michaela Zimmer. Mein besonderer Dank gilt Frau cand. Heilpäd. Christiane Keim, die Bilder aus ihrem Praktikum in Kuba bereitstellte.

Danken möchte ich auch meinen Kolleginnen und Kollegen Prof. Dr. H. Brandenburg (Freiburg), PD Dr. T. M. Gehring (Zürich), PD Dr. Jutta Heckhausen (Berlin), Prof. Dr. Günter Krampen (Trier), Prof. Dr. Rainer K. Silbereisen (Jena) und Prof. Dr. Gisela Trommsdorff (Konstanz) für ergänzende Hinweise und Anregungen.

Mein besonderer Dank gilt meiner Familie. Wie immer war sie eine wichtige Stütze. Fabian und Philipp, denen die Maus inzwischen zu langsam ist (»Strg + x!«), danke ich für die Softwareberatung, Viola für die Versorgung mit Getränken und Bildern und meiner Frau Ursula für die unermüdliche Lektoratsarbeit.

Ein spezielles Dankeschön geht an Clara und Anna Schwaab für die Fotos vom Greifen.

Bis kurz vor der Abgabe des Manuskripts hielt ich den Computercrash beim Abspeichern der wichtigsten Datei für einen Mythos. Leider wurde dieser Mythos Wirklichkeit! Mein Dank gilt Herrn Dipl.-Physiker Peter Evers, der trotz Weihnachtsferien mit ruhiger Gelassenheit die Datei und damit das Buch rettete.

Mein Dank gilt Herrn Dr. Heinz Beyer, Verlag Klett-Cotta, und Herrn Thomas Reichert, die dieses Buchprojekt mit Rat und Tat, mit Interesse und kreativen Ideen begleitet haben.

So hoffe ich nun, daß dieses Buch einen Einblick in die Entwicklungspsychologie vermittelt, der nicht die Sicht auf die berufliche Praxis verstellt, sondern den Blick für den engen Bezug zwischen wissenschaftlicher Theoriebildung und beruflicher Praxis schärft.

Allensbach und Freiburg, im Winter 2000 *Christoph Steinebach*

1
Entwicklungspsychologie

Traditionell stehen am Anfang wissenschaftlicher Texte einige Definitionen. So werden Mißverständnisse vermieden und das Themenfeld des Beitrages genauer umrissen. Aber es zeigt sich häufig, daß die angebotenen Definitionen einige Schwachstellen haben. Mit dem Begriff »Entwicklungspsychologie« wird es uns nicht anders gehen. Was muß diese Definition leisten? Sie muß die beiden Begriffe »Entwicklung« und »Psychologie« definieren. Sie muß verdeutlichen, was von einer wissenschaftlichen Entwicklungspsychologie zu erwarten ist, und sie muß den in diesem Buch zentralen Anwendungsbezug deutlich werden lassen. Das Anliegen einer solchen Definition ist sicher nachvollziehbar. Am Anfang eines Einführungsbuches steht dann jedoch eine Definition, die von den Leserinnen und Lesern noch nicht nachvollzogen werden kann. Trotzdem werden wir auf eine orientierende Bestimmung dessen, was Entwicklungspsychologie ist, kaum verzichten können. Beschränken wir uns also zunächst auf eine Arbeitsdefinition, d. h. auf eine Definition, die noch einiges offenläßt, die noch überarbeitet werden kann. Wir werden diese Arbeitsdefinition über die Antworten auf vier Fragen formulieren:

Was ist Psychologie? Psychologie ist, so wird gesagt, die Wissenschaft vom Verhalten und Erleben des Menschen. »Gegenstand der Psychologie sind Verhalten, Erleben und Bewußtsein des Menschen … und deren innere (im Individuum angesiedelte) und äußere (in der Umwelt lokalisierte) Bedingungen und Ursachen« (Zimbardo 1999, S. 4). In der Geschichte der Psychologie gab es einige Kontroversen darüber, wie man sich wissenschaftlich mit Verhalten und Handeln, Erleben und Bewußtsein beschäftigen könne. Diese Kontroversen sind nicht ausgestanden, sie sind nur in unterschiedlichen Phasen der Psychologiegeschichte unterschiedlich deutlich. Ist Psychologie eher als Geistes- oder als Naturwissenschaft zu betreiben? Meist ist mit der Präferenz einer Perspektive auch die Bevorzugung einer bestimmten Forschungsstrategie verknüpft. Die Frage, ob nun Erklären oder Verstehen die angemessenen Forschungsstrategien darstellen, ist hier nicht abschließend zu beantworten. Wir werden statt dessen beschreiben, wie sich psychische Entwicklung aus verschiedenen psychologischen Traditionen und aktuellen Richtungen heraus darstellen läßt.

Welche Aufgaben hat eine Wissenschaft? Wissenschaften sollen beschreiben, erklären, vorhersagen und verändern. Wer diese Aufgaben sinnvoll bewältigen will, braucht aussagekräftige Begriffe. Er muß festlegen, unter welchen Bedingungen er die Verwendung eines Begriffs für angemessen hält. Er wird Konzepte entwerfen, wie verschiedene aktuelle oder zeitlich versetzte Begebenheiten verbunden sind. Er wird Prognosen über Verläufe und Aussagen über die Wirkung von positiven oder negativen Einflüssen machen. Und schließlich wird er ein Werkzeug entwickeln, um Begebenheiten wirkungsvoll und dauerhaft zu beeinflussen. Nun lassen diese Formulierungen offen, was die besonderen Anforderungen an eine Wissenschaft sind. Schließlich haben alle Menschen bestimmte Begriffe für bestimmte Begebenheiten (»Mein Sohn ist sehr begabt!«). Sie verfügen über zumindest subjektiv recht plausible Erklärungen (»Kein Wunder, bei dem Vater!«), machen Prognosen (»Der wird sicher mal Professor!«) und wenden wirksame Mittel an, um das Verhalten und Erleben zu beeinflussen (geht es um Kinder, nennen wir das auch »Erziehung«). Wir müssen uns also fragen, wo der Unterschied zwischen wissenschaftlicher und alltäglicher Erkenntnis, zwischen wissenschaftlicher Theoriebildung und Alltagstheorie liegt.

Mit Blick auf Tabelle 1 (s. S. 15) können wir auch begründen, warum wir uns in diesem Buch für die Darstellung der jeweiligen Forschungsarbeiten entschieden haben. So werden wir insbesondere jene Arbeiten berücksichtigen, die ihre Leitbegriffe klar zu definieren suchen, deren Annahmen in Form von Hypothesen formuliert und empirisch prüfbar sind und deren anwendungsbezogene Aussagen nicht nur auf beabsichtigte Wirkungen verweisen, sondern auch mögliche Nebenwirkungen berücksichtigen. Mit Blick auf die Tabelle können wir aber auch fragen, in welchem Bezug Alltagstheorie und wissenschaftliche Theoriebildung stehen. Der Alltagstheorie käme dann zumindest die Aufgabe zu, kreative Ideen für anstehende entwicklungspsychologische Forschung zu liefern. Sie wäre damit Impuls und Inspiration.

Tabelle 1: Zum Unterschied zwischen Alltagstheorien und wissenschaftlichen Theorien (vgl. Perrez 1987a)

ASPEKT	ALLTAGSTHEORIEN	WISSENSCHAFTLICHE THEORIEN
1. Begriffsbildung	Folgt den psychologischen Gesetzen der Begriffsbildung; *z. B. Bestätigung von Erwartungen.*	Folgt explizit definierten Regeln.
2. Charakteristika des Begriffssystems	Beschreibbar u. a. als Differenzierung, Diskrimination und Integration, *z. B. Unterschiede zwischen Menschen.*	Analog wie bei Alltagstheorien.
3. Kategorisierungsprozesse	Zuordnung abhängig von psychologischen Regeln; *Verzerrungen durch Verarbeitungsfehler und übergeordnete Ziele (etwa einfache Plausibilität, persönliche Identität, konkreter Handlungsdruck).*	Zuordnung nach Meßvorschriften.
4. Hypothesenprüfung	Folgt psychologischen Gesetzen der Eindrucksbildung. Subjektiv plausibel; *z. B. einfache Analogien.*	Folgt Regeln der Experimentallogik. Intersubjektiv nachvollziehbar.
5. Theorien	Subjektive Wissensbestände, gespeichert im individuellen Gedächtnis. Als Einstellungen und Vorurteile; *durch Erfahrung nur schwer korrigierbar.*	Objektive (intersubjektive) Wissensbestände, gespeichert in Büchern, Zeitschriften ... Prinzipiell korrigierbar.
6. Technologische Aussagen	Wirksamkeit wird an subjektiven Überzeugungen geprüft. Beeinflußt von psychologischen Gesetzen der *Eindrucksbildung.*	Objektive (oder zumindest intersubjektiv festgelegte) Schätzwerte der Wirksamkeit. Systematische Prüfung von Wirkungen und Nebenwirkungen.

Was ist Entwicklung? Entwicklung meint, ganz allgemein, *Veränderung über die Zeit* (»Veränderungen von Entitäten innerhalb des Zeitkontinuums«; V = f (Z), Baltes & Sowarka 1983, S. 12). Darunter fallen dann Entwicklungen wie das Waldsterben und das »Erwachen der

Intelligenz«. Demnach gibt es viele Wissenschaften, die sich mit Entwicklung befassen. Die Unterschiede zwischen diesen »Entwicklungswissenschaften« liegen darin, daß sie sich bestimmte Analyseeinheiten, Meßvariablen und Arten des Zeitkontinuums herausgreifen. Die Entwicklungspsychologie konzentriert sich auf Aspekte menschlichen Verhaltens und Erlebens. Dabei sind die Meßvariablen sehr verschieden. Einerseits gilt es als erstrebenswert, ein einheitliches Theoriegefüge der menschlichen Entwicklung zu entwerfen, andererseits scheint gerade dies mehr und mehr unrealistisch. »Obwohl die Annahme eines Kernkonzepts für ontogenetischen Wandel weitgehend unbestritten ist, bleibt die Polyphonie von problemspezifischen Konzepten, Methoden, Personpopulationen und Zielgruppen für entwicklungspsychologische Ansätze charakteristisch … Außerdem wird die Eignung einer universalistischen, im Gegensatz zu einer differentiell-pluralistischen Entwicklungskonzeption, unter dem Aspekt der angemessenen Repräsentation person-, gruppen-, ökologie- und kulturspezifischer Faktoren diskutiert« (Baltes & Sowarka 1983, S. 15 f.). Wir müssen uns also darauf einstellen, daß uns die moderne Entwicklungspsychologie nicht als einheitliche, umfassende Theorie, sondern als *Theoriengruppe* präsentiert wird. Die jeweiligen Modelle, Konzepte und Theorien der Entwicklungspsychologie sind dann auf verschiedene interne oder externe Entwicklungsbedingungen zugeschnitten und beanspruchen auch nur unter der Annahme, daß genau solche Bedingungen gegeben sind, Gültigkeit. Dies wird am deutlichsten, wenn wir uns in Kapitel 1.1 mit dem Zeitbegriff der Entwicklungspsychologie beschäftigen.

Welche Bedeutung hat die Entwicklungspsychologie für die Praxis sozialer Berufe? Es wird schnell klar, daß wir uns im beruflichen Alltag immer wieder auf entwicklungspsychologische Annahmen, Theorien und Befunde beziehen. Kinder fallen auf, weil sie nicht altersgemäß entwickelt sind, Entscheidungen basieren auf Entwicklungstests, bestimmte Lebensbedingungen gelten als Bedrohung für die Entwicklung des Klienten usw. (vgl. Montada 1998a). Was ist also das Besondere an einer angewandten Entwicklungspsychologie? Entwicklungspsychologie beschäftigt sich mit der Veränderung menschlichen Verhaltens und Erlebens über die Zeit. Die angewandte Entwicklungspsychologie sucht Veränderungen im menschlichen

16

Erleben und Verhalten als Beitrag zur Lösung unterschiedlicher Aufgaben und Problemlagen zu beschreiben, zu erklären, vorherzusagen und zu beeinflussen. Die Relevanz der Entwicklungspsychologie für eine qualifizierte Begleitung von Menschen in mehr oder weniger problematisch erlebten Situationen wird deutlich, wenn wir die Aufgaben professionellen Handelns betrachten. Montada zieht hierzu ein Prozeßmodell psychologischen Handelns heran. Er unterscheidet sechs Schritte:

»1. Fokussierung einer praktischen Aufgabe, eines Anliegens,
2. Problem- und Bedingungsanalyse,
3. Entwicklungs- und Störungsprognose,
4. Begründung von Entwicklungs- und Interventionszielen,
5. Begründung von zielbezogenen Maßnahmen bzw. Entscheidungen,
6. Evaluation der Maßnahmen und der getroffenen Entscheidungen« (Montada 1998a, S. 896).

Jedes praktische Anliegen ist demnach in einen zeitlichen Ablauf einzuordnen und mit wandelnden vorauslaufenden und begleitenden Faktoren verwoben. Prognosen und Ziele sind immer zeitbezogene Aussagen, auch wenn die zeitlichen Konkretisierungen oft recht vage bleiben. Ziele werden begründet, indem man auf das bei diesem Entwicklungsstand und den gegebenen Entwicklungsbedingungen »Machbare« verweist. Und die Bewertung der Maßnahmen hängt von nachweisbaren Veränderungen oder erwünschter Stabilität ab.

Wir werden uns mit diesen Überlegungen noch ausführlicher beschäftigen. Ohne den Darstellungen und Schlußfolgerungen im dritten Abschnitt dieses Kapitels jedoch vorgreifen zu wollen, können wir festhalten, daß die wissenschaftliche Entwicklungspsychologie nicht nur für psychologisches Handeln, sondern für die Praxis sozialer Berufe allgemein unverzichtbar ist.

📖 Mietzel, G. (2000). Wege in die Psychologie. Stuttgart: Klett-Cotta (10. Aufl.)
Zimbardo, P. G. (1999). Psychologie. Berlin: Springer (7. Aufl.)

§ Montada, L. (1987a). Entwicklungspsychologie und Anwendungspraxis. In: Oerter, R. & Montada, L. (Hrsg.): Entwicklungspsychologie. München: PVU (2. Aufl.), S. 895–914

1.1 Mythen über Stabilität und Veränderung

»Der lernt das nie!« oder »Typisch Pubertät!« sind Aussagen über die Veränderungsfähigkeit von Menschen und über Verhaltensweisen, die in bestimmten Lebensabschnitten zu erwarten sind. Solche Aussagen sind häufig Teil einer »Alltagspsychologie« und damit auch Ausdruck von dem, was erwartet, gewünscht, befürchtet oder beklagt wird. So läßt sich die Aussage »Was Hänschen nicht lernt, lernt Hans nimmermehr!« als Appell deuten, frühzeitig bestimmte Verhaltensweisen anzutrainieren, oder auch als Ausdruck einer Skepsis gegenüber der Lernfähigkeit Heranwachsender oder Erwachsener. Stabilität kann mal positiv, mal negativ bewertet werden. In der angeführten Aussage schwingt oft erzieherische Resignation mit. Veränderung wäre angesagt, ist aber von einem Erwachsenen nun einmal nicht zu erwarten.

Abbildung 1.1:
Stabilität oder Wandel?
(© Sygma-Keystone-
Paris 1989)

18

Die Aussage »Peter ist ein typischer Dreijähriger« macht nur Sinn, wenn wir davon ausgehen, daß man sicher weiß oder wissen kann, was für Dreijährige typisch ist. In diesen Zitaten begegnen uns Vorstellungen, die über lange Zeit in unserer Gesellschaft vorherrschend waren: zum einen, daß die kindliche Entwicklung bestimmten allgemein gültigen Ablaufmustern folgt, zum anderen, daß sich Menschen im Erwachsenenalter nicht weiterentwickeln. Beide Behauptungen sind aus Sicht der wissenschaftlichen Entwicklungspsychologie Mythen, die es zu entkräften gilt.

»Die wissenschaftlich denkenden Gruppen sind zunächst einmal Gruppen, die in ihrer Gesellschaft herrschende Kollektivvorstellungen, selbst wenn sie sich auf anerkannte Autoritäten stützen, kritisieren oder verwerfen, weil sie im Zusammenhang mit systematischen Einzeluntersuchungen herausgefunden haben, daß diese Kollektivvorstellungen nicht mit den beobachtbaren Tatsachen übereinstimmen. *Wissenschaftler sind, mit anderen Worten, Mythenjäger*; sie bemühen sich, durch Tatsachenbeobachtungen nicht zu belegende Bilder von Geschehenszusammenhängen, Mythen, Glaubensvorstellungen und mythische Spekulationen durch Theorien zu ersetzen, also durch Modelle von Zusammenhängen, die durch Tatsachenbeobachtungen überprüfbar, belegbar und korrigierbar sind« (Elias 1970, S. 53 f., Hervorhebungen im Original).

Skepsis scheint angesagt, wenn hier von »Tatsachenbeobachtungen« die Rede ist. Auch wissenschaftliche Untersuchungen unterliegen Verzerrungen und erweisen sich immer wieder als ausgesprochen resistent gegen andere, widersprechende Erfahrungen. Dennoch bleibt der Anspruch: Mythenjagd.

1.1.1 Der Mythos von der altersbezogenen Entwicklung

Im Folgenden werden zunächst frühere wissenschaftliche Aussagen über das *Trotzalter* vorgestellt. Empirische Arbeiten zum Trotzalter zeigten jedoch, daß die Annahme, es gebe ein allgemeines Trotzalter, das ja alle Kinder betreffen müßte, nicht haltbar ist. Die kritischen Untersuchungen, die die Infragestellung des Trotzalters rechtfertigen, liegen schon einige Zeit zurück. Es wird deutlich, daß sich überkommene Annahmen, etwa zur Entwicklung im Kindesalter, hartnäckig halten können.

19

Schematisch lassen sich die Phasen der Entwicklung nach Oswald Kroh folgendermaßen darstellen:

I Frühe Kindheit (Geburt bis 2;6 Jahre)
⇓
erster krisenhafter Einschnitt
1. Trotzalter (2;6 Jahre bis 3;6 Jahre)
⇓
II Kindheit (2;6 Jahre bis 12 Jahre)
⇓
zweiter krisenhafter Einschnitt
2. Trotzalter (12. bis 13. Lebensjahr)
⇓
III Reifezeit (12 Jahre bis Volljährigkeit)

Oswald Kroh (1944) unterscheidet in seinen Arbeiten zwei Trotzphasen. Diese Phasen werden von Krisen eingeleitet. 1957 berichtet Lilly Kemmler (1957) von ihren entwicklungspsychologischen Untersuchungen zu Trotzanfällen:

(1) Trotzanfälle treten früher als erwartet auf (ab 1;6 Jahre).

(2) Sie treten keineswegs bei allen Kindern auf. Sie sind kein notwendiges Stadium der Entwicklung.

(3) Sie entstehen dann, wenn Erwachsene unvermittelt die Tätigkeit eines Kindes blockieren und das Kind zwar eigene Tätigkeiten länger verfolgen kann, aber sich noch nicht sprachlich verständlich machen kann, so daß die eigenen Bedürfnisse deutlich werden.

(4) Liegt diese Entwicklungsdiskrepanz nicht vor, kommt es nicht zum Trotz.

(5) Liegt sie vorübergehend vor, so verschwinden Trotzanfälle etwa ab 2;6 Jahren.

(6) Einige Kinder zeigen danach fixierten Trotz. Diese Widerständigkeit tritt auf, wenn sie erfahren haben, daß sie mit den Trotzanfällen bei den Erwachsenen etwas erreichen.

Es ist aus verschiedenen Gründen sinnvoll, sich mit dem Modell von Kroh auseinanderzusetzen. Zum einen wird ihm ein hoher Einfluß auf die pädagogische Praxis zugeschrieben (Oerter 1967). Es gilt als Paradebeispiel für Stufenmodelle als Antwort auf die Frage nach Gesetzmäßigkeiten in der menschlichen Entwicklung (Montada 1987b). Die Untersuchungen von Kemmler zeigen darüber hinaus, daß es nicht angemessen ist, wie selbstverständlich von Trotz als dominierendem Problem in einem bestimmten Entwicklungsabschnitt auszugehen (Mönks & Knoers 1996). Empirie korrigiert hier ein bestehendes Modell. Gleichwohl hält sich der Glaube an Trotzphasen – nicht nur in der pädagogischen Praxis, sondern auch im Alltag.

In dem Modell von Kroh zum Trotzalter werden Sichtweisen von Entwicklung deutlich, die heute mit Blick auf die individualisierten Lebensläufe in verschiedensten Lebensumwelten als ausgesprochen fragwürdig gelten müssen: (1) Es wird von einer nicht umkehrbaren Reihe von Phasen ausgegangen, die einander folgen und aufeinander aufbauen. (2) Entwicklung endet mit der Volljährigkeit.

Zur Unterstützung dieser Sichtweisen konnten Kroh und andere bekannte Autoritäten anführen. So verstand Sigmund Freud (1856–1939) die Persönlichkeitsentwicklung als ein Durchlaufen von Phasen. Die einzelnen Phasen sind durch die jeweilige Zone des größten Lustgewinns charakterisiert. So steht in der oralen Phase (1. Lebensjahr) der Mundbereich im Zentrum des Interesses, in der analen Phase (2. und 3. Lebensjahr) der After, in der phallischen Phase (3. bis 6. Lebensjahr) die Genitalregion. In der Latenzzeit (5./6. Lebensjahr bis Pubertät) scheint keine der erogenen Zonen von besonderem Interesse. In der genitalen Phase (Pubertät) werden die unterschiedlichen Zonen dem »Primat der Genitalität« untergeordnet (vgl. zusammenfassend Flammer 1996). Die Entwicklung ist damit abgeschlossen. Alles weitere ist nach Freud als Ausdruck der spezifischen (früh-)kindlichen Geschichte des einzelnen zu verstehen. Motor der Entwicklung ist nach Freud das Es, ein Bereich des Psychophysischen und Ausdruck des Triebhaften. Das Streben nach Lustbefriedigung macht aber immer wieder Kompromisse nach dem Realitätsprinzip notwendig. In der Folge bilden sich Ich und Überich als weitere Instanzen der Persönlichkeit aus. Je nach der individuellen Geschichte von Drang, Korrektur und Anpassung entstehen nach Freud mehr oder weniger gravierende Persönlichkeitsprobleme.

Abbildung 1.2:
Erik Erikson
(Foto: Archiv Klett-Cotta)

Freuds Annahmen sind bereits frühzeitig kritisiert bzw. weiterentwickelt worden. Tabelle 2 gibt zwei Konzepte wieder, die die Entwicklung über das Erwachsenenalter fortschreiben. Dabei greift Erik H. Erikson (1902–1994) in seinem Modell den Gedanken eines phasenhaften Entwicklungsverlaufs auf (z. B. 1950). Allerdings versteht er die Entwicklung des Menschen als ein Durchlaufen psychosexueller Krisen, deren positive Lösung Voraussetzung für die weitere angemessene Entwicklung ist. Das Konzept von krisenhaften Entwicklungsphasen wird in dem Entwurf von Robert J. Havighurst (1900–1991) überwunden (vgl. Havighurst 1953). Er sieht die menschliche Entwicklung als eine Auseinandersetzung mit Entwicklungsaufgaben. Bei den Lösungsversuchen eigne sich der Mensch jene Kompetenzen an, die er für die Bewältigung kommender Aufgaben benötige.

Inzwischen stellt sich aus wissenschaftlicher Sicht weniger die Frage, ob es Entwicklung im Erwachsenenalter gibt. Vielmehr geht es darum, die verschiedenen Bereiche, Richtungen, Probleme und Hilfen für eine Entwicklung im Erwachsenenalter zu untersuchen. Um diesem Anspruch gerecht werden zu können, muß das Verständnis menschlicher Entwicklung aus zwei grundlegenden Pespektiven heraus überdacht werden: (1) aus einem psychologischen Verständnis von Zeit und (2) dem Verständnis von Entwicklung als ganz oder in Teilen beeinflußbarer Prozeß. Der erste Perspektivenwandel bein-

Tabelle 2: Phasen, Krisen und Entwicklungsaufgaben

ALTER	FREUD		ERIKSON	HAVIGHURST
	Phase	Thema	Krise	Aufgabe (Auswahl)
1. Lebensjahr	Orale Phase: frühe und späte Phase	Einnehmen, Festhalten	Vertrauen vs. Mißtrauen	Bindung, Objekt- permanenz, (Sensu-) Motorik, Sprache, Selbst- kontrolle, Phantasie
2. und 3. Lebensjahr	Anale Phase: frühe und späte Phase	Zurückhalten, Ausscheiden	Autonomie vs. Scham	
4. bis 6. Lebensjahr	Phallische Phase	Eindringen, Bemächtigen	Initiative vs. Schuldgefühl	(Ab 5 Jahre): Geschlechtsrollen- identifikation, einfache moralische Entscheidungen, konkrete Opera- tionen, soziale Gruppen, Kultur- techniken
7. bis 11. Lebensjahr	Latenz		Werksinn vs. Minderwertig- keitsgefühl	
12. bis 18. Lebensjahr (Pubertät)	Genitale Phase: Vorpubertät und Pubertät	Aktivierung, Interesse	Identität vs. Identitäts- diffusion	Körperliche Reifung, formale Operationen, Peers, Identität, moralisches Bewußtsein
Junge Erwachsene			Intimität vs. Isolierung	Autonomie von den Eltern, hetero- sexuelle Beziehun- gen, Heirat, Berufs- wahl, Familien- gründung
Mittlere Erwachsene			Generativität vs. Selbst- absorption	Heim und Haushalt, Kindererziehung, Karriere
Ältere Erwachsene			Integrität vs. Verzweiflung	Neue Rollen, Akzep- tieren des eigenen Lebens, Einstellung zum Sterben entwickeln

haltet die Abkehr von einer Entwicklungspsychologie, die Entwicklung als abhängig vom Lebensalter sieht. Der zweite Perspektivwechsel stellt Entwicklung als Ausdruck innerer, von außen kaum beeinflußbarer Abläufe in Frage.

Warum muß Alter als Variable kritisch gesehen werden? Dazu folgendes Gedankenexperiment. Stellen Sie sich Hans als »typischen Fünfjährigen« vor. Wenn Sie diese Charakterisierung im Tagebuch der Mutter, Datum 4. März 1902, gelesen hätten, was würde sich in Ihrem Verständnis ändern? Oder wenn es sich um das Kind deutschstämmiger Aussiedler handeln würde? Können Sie mit Sicherheit davon ausgehen, daß Hans sich nicht von den anderen Kindern seines Alters, etwa in der Kindergartengruppe, unterscheidet? Auch dann nicht, wenn Sie verschiedene Kompetenzbereiche betrachten (Laufen, Handgeschicklichkeit, Wahrnehmung …)? Können Sie davon ausgehen, daß Hans die gleichen Erfahrungen sammeln konnte wie andere Kinder in seinem Alter? Können Sie sicher annehmen, daß Hans in einem Jahr »schulfähig« sein wird? Trautner (1992) faßt die Argumente für einen äußerst kritischen Umgang mit der Altersvariable wie folgt zusammen:

»1. Alter ist keine psychologische Variable, sondern eine physikalische Größe, die nichts erklärt, sondern nur eine Dimension darstellt, in der Entwicklungsdeterminanten zur Auswirkung gelangen.

2. Der Rekurs auf die Altersvariation vernachlässigt die individuellen Unterschiede zwischen Altersgleichen.

3. Lebensalterbezogene Entwicklungsreihen erwecken den falschen Eindruck einer festen Bindung von Veränderungen an das Alter« (Trautner 1992, S. 23).

Dagegen bringt die Verwendung der *Zeitvariable* einige Vorteile (vgl. Trautner, 1992, S. 28): (1) Beim Zeitbegriff wird deutlicher, daß es sich um eine physikalische Größe handelt. (2) Der Zeitbegriff ist nicht mit den reifungstheoretischen Traditionen belastet. (3) *Zeit* bietet auch die Möglichkeit, die Umwelt in den Blick zu nehmen. (Dagegen ist *Alter* eher ein Merkmal der Person.) (4) *Zeit* ist im Vergleich zum *Alter* der weitere Begriff.

1.1.2 Der Mythos von der innerlich angelegten Entwicklung

Kaum eine Frage nach der angemessen Sicht menschlicher Entwicklung ist kontroverser und schärfer diskutiert worden als die Frage, ob Entwicklung nun angelegt und damit *angeboren* oder eher vom aktiven Zutun der Person abhängig oder auch durch äußere Umwelteinflüsse bedingt, also z. B. *anerzogen* ist. Und diese Diskussion ist auch heute kaum abgeschlossen und brandet, abhängig von neuen Befunden etwa der Genetik oder der kulturvergleichenden Psychologie, immer wieder neu auf. Bei dieser Frage sind unterschiedliche Positionen denkbar, für die sich tatsächlich jeweils prominente VertreterInnen benennen lassen. Wovon ist Entwicklung abhängig? Welche Rolle spielen Person und Umwelt?

Tabelle 3: Typologie von Entwicklungstheorien (vgl. Montada 1998b; Wendt 1997)

		Umwelt	
		aktiv	passiv
Person	aktiv	Interaktionistische Theorien betonen z. B. Wechselwirkungen zwischen Person- und Umweltveränderungen.	Selbstgestaltungstheorien betonen die aktive Konstruktion von Schemata durch die Person.
	passiv	Exogenistische Theorien sehen Entwicklung als Ausdruck des Lernens durch äußere Einflüsse.	Endogenistische Theorien betonen die Reifung als wesentlichen Motor in der Entwicklung.

Mit Blick auf Tabelle 3 sehen wir, daß es zumindest drei gute Argumente, Theoriengruppen oder anthropologische Grundpositionen gibt, die eine Abkehr von reifungstheoretischen Konzepten nahelegen.

Die grundsätzliche Entscheidung für eine der Sichtweisen bleibt jedoch schwierig. Damit wäre die Generalisierung eines Zugangs auf alle Entwicklungsbereiche und Lebensabschnitte verbunden. Eine Theorie für Motorik wie Intelligenz, für Säuglinge wie hochbetagte Erwachsene ist aber problematisch, weil die zu berücksichtigenden Person- und Umweltvariablen in Grad und Inhalt je nach Lebensabschnitt und Entwicklungsbereich verschieden sind. Statt von einer übergreifenden Theorie auszugehen, ist es wohl naheliegender, für den jeweiligen Gegenstand eine spezifische Theorie zu entwickeln. Dies legen auch Befunde nahe, die zeigen, daß Reifungsfaktoren während der Schwangerschaft und im Säuglingsalter von größerer Bedeutung sind als im späteren Kindes-, Jugend- und Erwachsenenalter. In späteren Lebensabschnitten gewinnen dann interaktionistische oder konstruktivistische Konzepte für die Erklärung menschlicher Entwicklung an Bedeutung. In jüngster Zeit wird aber auch die Skepsis gegenüber der Beeinflußbarkeit der menschlichen Entwicklung im hohen Lebensalter wieder laut. Nach Baltes (1997) läßt sich dieser Entwicklungsabschnitt als ein Zeitraum verstehen, in dem die Möglichkeiten aktiver Entwicklungsgestaltung durch Person und Umwelt kaum mehr die Begrenzungen durch problematische innere Prozesse des Alterns auffangen können. Wir werden uns mit diesen Überlegungen in der Darstellung der Entwicklung im hohen Lebensalter ausführlicher beschäftigen (Kapitel 4.5).

An dieser Stelle soll nun zunächst auf die Kontroverse um Anlage oder Umwelt als Grundlagen menschlicher Entwicklung eingegangen werden. Dabei werden wir kurz den Genpool als wichtigen Faktor darstellen, um uns dann, quasi im Gegenentwurf, mit verschiedenen Umweltfaktoren als Einflußgrößen zu beschäftigen:

Info-Box 2: Chromosomen und Entwicklung

Jedes der 23 Chromosomenpaare des Menschen enthält lange Stränge der Desoxiribonukleinsäure (DNS, engl. DNA). Bestimmte Abschnitte der DNS werden als Gene bezeichnet. Chromosomen enthalten Hunderte verschiedener Gene. Ein Gen ist für ein bestimmtes Körpermerkmal zuständig, indem es darüber bestimmen kann, welche Proteine und organischen Moleküle in der betreffenden Zelle hergestellt werden. Ein Gen enthält also keineswegs eine direkte Information, sondern nur die Anweisung zur Produktion bestimmter Moleküle, die für körperliche Merkmale verantwortlich sein können. Längst nicht alle Gene kommen dabei später zur Ausprägung.

Bei der Entstehung eines Menschen verbinden sich die beiden Stränge der jeweiligen Chromosomen der Eltern zu einer Doppelhelix, der neuen DNS des neuen Individuums in Form einer »verdrehten Leiter«. Für jedes Merkmal bekommt jeder Mensch von seinen Eltern so im Prinzip zwei Gene mit. Bei den einander entsprechenden, in der Doppelhelix verbundenen Genen, den Allelen, ist in der Regel ein Gen dominant, kommt also zur Ausprägung, das andere ist rezessiv und bleibt verborgen. Die Entstehung eines Menschen ist aber durch diese biologischen Vorgänge keineswegs vorprogrammiert. *Zu jedem Zeitpunkt sind all diese Prozesse auch Umwelteinflüssen unterworfen.* Ganz zu Beginn der Zellteilungen scheinen die Umwelteinflüsse noch gering und auf Faktoren wie Temperatur und die stoffliche Zusammensetzung des unmittelbaren Umfeldes, eventuelle Strahlungen etc. begrenzt. Während der weiteren Entwicklung eines Menschen kommen noch andere Umwelteinflüsse hinzu.

Interessant sind hier in diesem Zusammenhang die Entwicklungen im Zentralnervensystem (vgl. etwa Wendt 1997): Zunächst enthalten Gene die Anweisung zur Produktion bestimmter Moleküle, die entscheiden, ob eine Nervenzelle eine Verbindung zu einer anderen Nervenzelle erhält und wie gut ausgeprägt diese Verbindung ist. Die genetische Anlage des Zentralnervensystems liefert jedoch nicht ausreichend Informationen zu einer abschließenden Ausgestaltung des Zentralnervensystems. Das Individuum ist in seiner Entwicklung von Lernprozessen abhängig. Durch Umwelteinflüsse und Lernprozesse verändern sich die Verbindungen zwischen den Nervenzellen. Umweltreize lösen Reaktionen aus, die dazu führen, daß bestimmte Verbindungen (Synapsen) zwischen Nervenzellen ausgeprägt, gebildet oder vernachlässigt werden. Gelernte Verbindungen zwischen den Nervenzellen können daher genauso gut werden wie angeborene. Bei der Suche nach Antworten auf die Frage nach Anlage oder Umwelt sprechen diese Erkenntnisse für die Bevorzugung der Interaktionismus-Hypothese: Weder sind Individuen genetisch determiniert und nicht veränderbar, noch gibt es durch die Umwelt uneingeschränkte Veränderungsmöglichkeiten. *Auf der Basis einer genetischen Anlage entscheiden Umwelteinflüsse über die Entwicklung eines Individuums* (vgl. Wendt 1997).

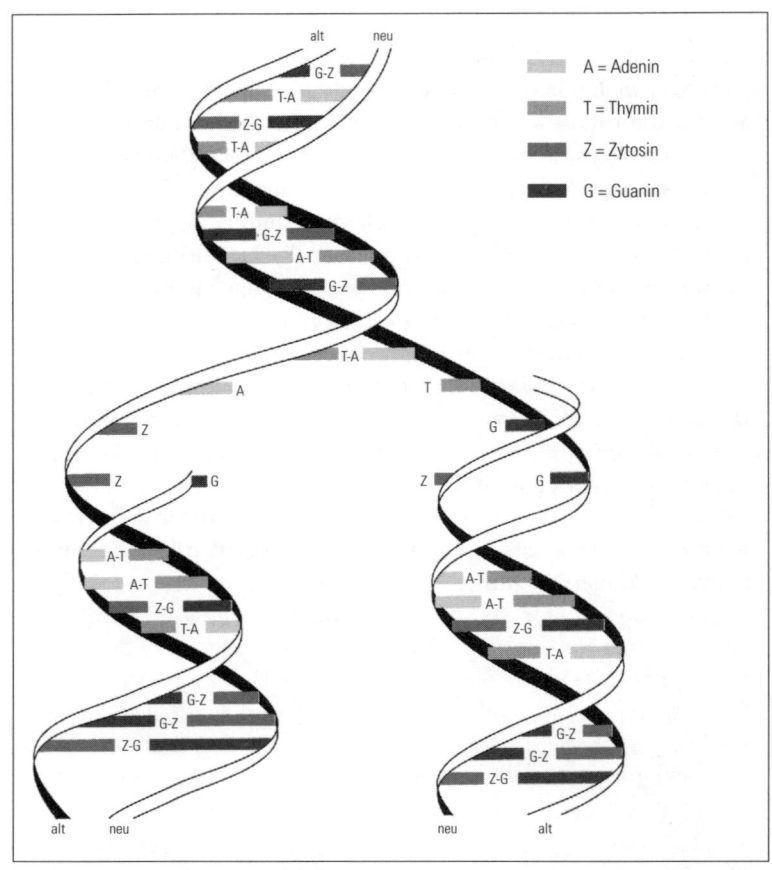

Abbildung 1.3: DNS-Replikation (aus: Mussen et al. 1999, Bd. 1)

Aufgabe der Entwicklungspsychologie – wie, nach Norbert Elias, jeder anderen sozialwissenschaftlichen Disziplin – ist es, Mythen zu jagen. Was soll jedoch Forschungsgegenstand werden? Solche Entscheidungen sind sicher nicht beliebig. Gegenstand und Vorgehen der WissenschaftlerInnen sind z. B. entscheidend beeinflußt von ihren Welt- und Menschenbildern. Anthropologische Grundpositionen stehen für Metamodelle, die die Forschungspraxis ganz wesentlich beeinflussen. Trautner (1992) verweist zusammenfassend auf drei Grundmodelle: das mechanistische Modell, das organismische Modell und das dialektische Modell. Diese Modelle lassen sich den Quadranten in Tabelle 3 zuordnen: Im mechanistischen Modell wird von einem maximalen Einfluß der Umwelt ausgegangen. Die Natur des Menschen wird auf Mechanisches reduziert. Aus Sicht des organismischen Modells erscheint das Individuum als aktiv, konstruierend, die Umwelt dagegen als passiv. »Entwicklung wird gleichgesetzt mit der auf einen Endzustand gerichteten Veränderung der Struktur oder der Organisation des lebenden Systems« (Trautner 1992, S. 17). Das dialektische Modell sieht den sich entwickelnden Menschen in einer sich permanent wandelnden Umwelt. Damit werden auch entferntere Umweltaspekte wie Gesellschaft oder Kultur berücksichtigt. »Dabei werden die verschiedenen, aufeinander aufbauenden Organisationsstufen der Realität (inner-biologisch, individuell-psychologisch, kulturell-soziologisch, historisch-physikalisch) als in ständiger wechselseitiger Interaktion gesehen. Innerhalb jeder Dimension und durch Interaktion zwischen den verschiedenen Dimensionen kann es zu Krisen oder zu einer erfolgreichen Bewältigung von Entwicklungsaufgaben kommen (Trautner 1992, S. 18).

📖 Flammer, A. (1996). Entwicklungtheorien. Bern: Huber
Montada, L. (1998b). Fragen, Konzepte, Perspektiven. In: Oerter, R. & Montada, L. (Hrsg.): Entwicklungspsychologie. Weinheim: PVU, S. 1–83

📕 Erikson, E. H. (1995). Kindheit und Gesellschaft. Stuttgart: Klett-Cotta (12. Aufl.)

1.2 Leitbegriffe der modernen Entwicklungspsychologie

Kern- und Leitbegriffe fassen das Wesentliche von Theorien zusammen. Sie bilden den Kern der jeweiligen Theorie, um den herum ergänzende Annahmen und Befunde angeordnet werden. Sie bieten die Möglichkeit, neuere Theorieentwicklungen zu überdenken und kritisch zu reflektieren. Reifung, Wachstum, Lernen, Krisen, Sozialisation und Enkulturation sowie Handlung und System können als Begriffe gelten, zwischen denen sich entwicklungspsychologische Theoriebildung abspielt.

1.2.1 Reifung

Veränderungen, die einzig auf Reifung zurückzuführen sind, können nur dort angenommen werden, wo andere, externe Wirkmechanismen auszuschließen sind. Es geht demnach um Vorgänge, »die spontan aufgrund endogen vorprogrammierter, d. h. durch Vererbung determinierter, innengesteuerter Wachstumsimpulse einsetzen und in ihrem Ablauf vorwiegend von diesen gesteuert werden« (Trautner 1992, S. 62). Reifung als Ursache wird insbesondere in Zusammenhang mit körperlichen Entwicklungen angeführt. Der Nachweis von Reifungsprozessen ist sehr schwer, da menschliche Entwicklung ohne äußere Einflüsse nicht auftritt und sich entsprechende Experimente ethisch verbieten würden. Daher wird auf Reifungsprozesse geschlossen, wenn die entsprechenden Veränderungen universell auftreten, eine starke Altersbindung zeigen, Fehlentwicklungen kompensatorisch leicht auszugleichen sind und die in Frage stehenden Veränderungen nicht reversibel sind. Besonderes Interesse verlangen Untersuchungen, die zeigen, daß Reifung nicht unmittelbar, sondern nur in Wechselwirkung mit spezifischen Umwelteinflüssen entwicklungsfördernd wirken kann.

1.2.2 Lernen

Ähnlich wie bei den Erläuterungen zum Begriff der Reifung sollen zunächst die Ausschlußkriterien genannt werden. Lernen ist nicht Reifung. Von Lernen sprechen wir auch nicht, wenn wir z. B. müde werden oder sich unter Medikation unser Verhalten ändert. Auch Verhalten, das auf angeborene Reflexe zurückzuführen ist oder instinktgebunden ist, kann nicht als »erlernt« bezeichnet werden (vgl. Trautner 1992). Fazit: »Lernen bezieht sich auf eine Veränderung des Verhaltens, die nicht durch angeborene Verhaltenstendenzen, durch Reifung oder andere zeitlich begrenzte Einflüsse, z. B. Ermüdung und Drogen, erklärt werden kann« (Angermeier 1977, S. 259). Zur Erklärung solcher Veränderungen lassen sich unterschiedliche Theorien und Theoriegruppen heranziehen: (1) Klassisches Konditionieren durch die Nähe des zunächst neutralen Stimulus zu einem unkonditionierten Stimulus. (2) Operantes Konditionieren als Lernen durch Versuch und Irrtum. (3) Beobachtungslernen als Lernen durch

Vorbild, Nachahmung und Imitation. (4) Mediationslernen als Lernen über hypothetisch angenommene, vermittelnde Handlungssegmente (siehe dazu ausführlicher Trautner 1992).

Konrad Lorenz

1.2.3 Wachstum

»Veränderungen in einer Entwicklungsvariablen können *quantitativer* oder *qualitativer* Art sein ... Der Begriff Wachstum bezeichnet den quantitativen Aspekt von Entwicklungsprozessen« (Trautner 1992, S. 65, Hervorhebungen im Original). Einige, aber bei weitem nicht alle entwicklungsbezogenen Veränderungen lassen sich als *Mengenzuwachs* verstehen. Die Zunahme der Körpergröße mag das naheliegendste Beispiel für Wachstum sein. Aber spätestens bei der Diskussion um die Intelligenzentwicklung stößt ein allzu naives Verständnis von Entwicklung als Wachstum an seine Grenzen. Intelligenz nimmt, über den Gesamtverlauf eines Lebens gesehen, nicht nur zu, sondern eben später, wenn auch nicht zwingend, ab. Zudem interessieren auch Änderungen in der Qualität und deren mögliche Ursachen, die durch eine Beschreibung von Entwicklung als Zuwachs eher verdeckt werden (zusammenfassend Trautner 1992).

1.2.4 Krisen

Der Begriff »Krise« bezeichnet nach Brandtstädter (1982, S. 81) Situationen, »in denen es sich entscheidet, ob ein Prozeß oder eine Entwicklung einen günstigen oder ungünstigen Verlauf nimmt«. Mit dem Begriff kann die spezifische Situation genauso wie das Erleben dieser Situation gemeint sein. Verschiedenste Veränderungen können als *Krise* bezeichnet bzw. als krisenhaft erlebt werden: Gesundheitliche Probleme, Überforderung, berufliche Veränderungen, Verluste usw. In der entwicklungspsychologischen Forschung werden Krisen als mehr oder weniger erwartbare Diskrepanzen zwischen individuellen Kompetenzen und Ressourcen sowie sozialen Anforderungen und Hilfen untersucht. Zum Forschungsfeld gehören daher Wahrnehmung und Bewältigung von Katastrophen, altersbezogen erwartbaren Entwicklungskrisen, Streß oder etwa Belastungen in der Auseinandersetzung mit Entwicklungsaufgaben (vgl. Brandtstädter 1982). Damit können die Begriffe »Krise« oder »kritische Lebensereignisse« als Brücke zwischen Entwicklungspsychologie und Klinischer Psychologie verstanden werden (vgl. Filipp 1987).

1.2.5   Sozialisation und Enkulturation

»Sozialisation bezeichnet den Prozeß der Aneignung von und Auseinandersetzung mit gesellschaftlichen Werten, Normen und Handlungsmustern, in dessen Verlauf ein Gesellschaftsmitglied die soziale Handlungsfähigkeit erwirbt und/oder aufrechterhält« (Hurrelmann & Nordlohne 1989, S. 610). Zur Erklärung dieser vielschichtigen Prozesse werden lerntheoretische, psychoanalytische, entwicklungspsychologische, ökopsychologische, interaktionistische, handlungs- und gesellschaftstheoretische Konzepte herangezogen. Familie, Schule und berufliche Institutionen gelten als wichtige Sozialisationsinstanzen.

Der Begriff »Enkulturation« ist dem der Sozialisation sehr ähnlich und wird häufig synonym gebraucht. Im Gegensatz zur Sozialisation klingen in diesem Begriff verstärkt die kulturellen Besonderheiten menschlicher Entwicklung mit. Da in jüngster Zeit Fragen der kulturspezifischen Entwicklung wieder an Bedeutung gewinnen, erscheint es sinnvoll, den Begriff »Enkulturation« als Leitbegriff hervorzuheben. *Enkulturation* bezeichnet einen Prozeß der Ein- und Anpassung des Menschen in eine Kultur mit ihrer »Sprache, Mimik, Gestik, ›Körpertechniken‹, Sitten, Bräuche(n) sowie Institutionen« (Claessens 1989, S. 145).

Wenn wir die Aufgaben der Entwicklungspsychologie in einer Beschreibung, Erklärung, Vorhersage und Veränderung der Entwicklung menschlichen Verhaltens und Erlebens über den Verlauf des Lebens sehen, dann werden wir uns auf folgende Beobachtungen einstellen müssen: (1) Menschliche Entwicklung ist weder linear noch geht sie nur in eine Richtung. Entwicklung verläuft nicht gleichmäßig, verläuft nicht gleichmäßig immer »bergauf« oder »bergab«. (2) Es bestehen erhebliche Unterschiede im Entwicklungsverlauf innerhalb eines Entwicklungsbereichs (etwa bei allgemeinen Kompetenzen wie Motorik oder Intelligenz) genauso wie (3) unter Berücksichtigung verschiedener Entwicklungsbereiche. (4) Es bestehen erhebliche historische (Unterschiede zwischen Generationen) und kulturelle Unterschiede (Mitglieder unterschiedlicher Kulturen). Um entsprechenden Beobachtungen auch aus einer angemessenen theoretischen Perspektive begegnen zu können, sollten zwei weitere Leitbegriffe entwicklungspsychologischer Theoriebildung angeführt und erläutert werden: Handlung und System

1.2.6 Handlung

Berichte, daß Menschen durch eigenes Handeln Einfluß auf ihre Entwicklung nehmen, finden wir in unserem Kulturkreis »seit Adam und Eva«. So kann auch diese Erzählung (Gen 2,7–3,24) als Beispiel wechselseitiger Einflußnahme, Kontrolle und Verantwortlichkeitszuschreibung der Entwicklung – nicht nur in Partnerschaften – verstanden werden. Menschen nehmen handelnd Einfluß auf die eigene Entwicklung wie auch auf die Entwicklung anderer Menschen. So liegt die Frage nahe, ob nicht durch handlungstheoretische Konzepte ein angemesseneres Verständnis menschlicher Entwicklung möglich wird. Begriffe wie »Handlungstheorie« und »handlungsbezogene Forschung« stehen jedoch für ein verzweigtes, heterogenes und multidisziplinäres Forschungsprogramm. Beschränken wir uns daher an dieser Stelle auf den kleinsten gemeinsamen Nenner: Unter Handeln versteht man geplantes Verhalten, das als Mittel zur Erreichung eines Zieles, zum Ausdruck bestimmter Werte oder zur Lösung bestimmter Probleme gedeutet werden kann. Man spricht von Handlungen, wenn dieses Verhalten auf der Grundlage bestimmter Annahmen und Bewertungen innerhalb bestimmter Grenzen frei gewählt wurde (Brandtstädter 1981, 1983b) und Argumenten zugänglich ist (Brandtstädter 1983a). Bestimmungskriterien sind demnach: Zielbezogenheit, Intentionalität, Zurechenbarkeit, Selbstplanung, Reflexivität, Abhängigkeit von Überzeugungen und Werten, ein vorausgesetztes Maß an (erlebter) Wahlfreiheit in den Wahlsituationen (vgl. auch Werbik 1978). Die konstitutiven Merkmale des Wahlcharakters, des regelgeleiteten Aufbaus und der Argumentationszugänglichkeit implizieren den Aspekt der Handlungskontrolle (Brandtstädter 1983a). Was der Kontrolle des einzelnen entzogen ist, kann nicht als dessen Handlung gelten. Damit wird deutlich, daß es eine Vielzahl von »Zutaten« sind, die aus Verhalten Handeln machen. »Zum Handeln kommt nichts hinzu, um es zu einem intentionalen Handeln zu machen – nichts außer bestimmten Deutungen und Beschreibungen ... Zu Bewegungen des Körpers kommt auch generell nichts (Materielles) hinzu, um sie zu Handlungen zu machen, nichts außer bestimmten Deutungen und Beschreibungen. Handlungen sind eben Interpretationskonstrukte, kontext-, situationsrelative und personen- sowie normen- bzw. erwartungsbezogene Beschreibungen« (Lenk 1978, S. 295). In dem Maße, in dem in menschliches Handeln (oder in seine Rekonstruktion) entwicklungsbezogene Wünsche und Erwartungen, soziale Vorgaben und Unterstützungen einfließen, wird menschliche Entwicklung als Gegenstand und Ergebnis von Handeln verstanden. Dabei werden auch bereits die Grenzen von entwicklungsbezogenen Handlungen deutlich: (1) Nicht alles, was geschieht, unterliegt den individuellen Kontrollmöglichkeiten. (2) In die (Re-) Konstruktion von Handeln fließen kulturelle Aspekte ein. Dazu sind auch (3) sprachliche Regeln zur Beschreibung und zum Verstehen von Handeln von Bedeutung. (Man kann nicht »gelassen« die »Flucht ergreifen« oder »sich für Angst entscheiden«. Zumindest nicht ohne weitere Erläuterungen; vgl. Brandtstädter 1980, 1983a, 1986.) Solche Überlegungen führen dazu, genauer zwischen *intentionalen* und *nichtintentionalen* Aspekten des Handelns zu unterscheiden. Brandtstädter und Greve (1999) unterscheiden daher (1) unbeabsichtigte oder kontraintentionale, (2) bedingt angemessene oder paraintentionale, (3) die Nebeneffekte betreffende oder periintentionale, (4) vorauslaufende oder präintentionale und schließlich (5) untergeordnet korrespondierende muskulär-neuronale und biochemische oder subintentionale Aspekte des Handelns. Diese Differenzierung bietet die Möglichkeit, Entwicklung auch dann als Handeln zu verstehen, wenn das Handlungssubjekt nur wenig über seine Ziele, Bemühungen sagen kann oder es gar an der Komplexität des Handlungsgegenstand zu verzweifeln scheint.

1.2.7 System

Im Begriff »Handlung« klingt bereits das Ineinandergreifen von individuellen Möglichkeiten und Wünschen einerseits und sozialen Anforderungen andererseits an. Dabei lassen sich die individuellen und sozialen Aspekte als Elemente eines Systems verstehen. Zwischen diesen Elementen besteht ein verzahntes Wechselspiel. Zu jedem Handeln lassen sich im Vorlauf, bei der Planung und Realisierung und natürlich auch bei der Aus- und Bewertung soziale Reaktionen denken. Für das jeweilige Wechselspiel läßt sich ein spezifisches tätigkeits- und rollenspezifisches Beziehungsgefüge zwischen den jeweiligen Handelnden und der aktuellen Umwelt bestimmen (vgl. den Begriff »setting« bei Bronfenbrenner 1978). Wenn wir also entwicklungsbezogene Handlungen und Systeme verstehen wollen, müssen wir die Handlungen und Systeme in verschiedenen *settings* erleben. Um die Beziehungsdynamik besser zu verstehen, ist eine Beobachtung des Systems unter sich wandelnden Bedingungen notwendig. Der Systemgedanke geht davon aus, daß sich das ganze Beziehungsgefüge verändert, wenn sich ein Element oder wenn sich die Beziehung zwischen zunächst zwei Elementen ändert. Welche Beziehungen bestehen zwischen System und Umwelt? Zunächst können wir mit Blick auf die kybernetische Systemtheorie davon ausgehen, daß Systeme in der Auseinandersetzung mit der Umwelt nach Prozeßoptimierung und Zielerreichung streben. Die Auseinandersetzung wird vom System über bestimmte Kontrollwerte oder Führungsgrößen definiert (Brandtstädter 1980, Kiss 1990). Inhaltlich erscheinen Systeme daher als *offen*, strukturell werden sie, gerade mit Blick auf die Theorie selbstreferentieller Systeme, als *geschlossen* bezeichnet (Luhmann 1984, 1987; Kiss 1990).

Unter Rückgriff auf die *handlungstheoretischen* und die *systemtheoretischen Argumente* ist Entwicklung in zweierlei Hinsicht denkbar. Erster Fall: Das Individuum eignet sich in der Auseinandersetzung mit den Aufgaben, die sich ihm stellen, verschiedenste Kompetenzen an. Hier führt Handlung zur Akkomodation. Oder, zweiter Fall: Das Individuum nimmt Einfluß auf die Anforderungen, Erwartungen, mit denen es konfrontiert ist, und fordert Unterstützung. Es schafft so die zumindest subjektiv wichtigen sozialen Voraussetzungen zur Bewältigung der gestellten Aufgaben. Im ersten Fall ist Entwicklung ein Nebenprodukt des Handelns, im zweiten ist sie Gegenstand (vgl. Flammer 1996). So wird deutlich, daß Entwicklung in beiden Handlungstypen eng verbunden ist mit Änderungen in den Erwartungen, Rollen und Strukturen des Handlungsraumes (vgl. den Begriff »ökologischer Übergang« bei Bronfenbrenner 1981). Wenn wir davon ausgehen, daß sich im Zuge ökologischer Übergänge das ort- und zeitspezifische, tätigkeits- und rollenabhängige Beziehungsgefüge zwischen Person und Umwelt verändert, so sind hier vom Individuum besondere Anpassungsleistungen verlangt. Anpassung, gelungene Bewältigung kann durch Mängel in der Wahrnehmung, Verarbeitung, Einschätzung und durch Mängel der verschiedenen Beziehungssysteme erschwert werden. Veränderungen bringen möglicherweise Kontrollverlust, Belastungen und bedeuten Streß. Dieser kann bei größerer Dauer zu Rückzug und Depression oder auch zu Aggression führen.

📖 Oerter, R. (1998b). Kultur, Ökologie und Entwicklung. In: Oerter, R. & Montada, L. (Hrsg.): Entwicklungspsychologie. Weinheim: PVU, S. 84–127
Trautner, H. M. (1992). Lehrbuch der Entwicklungspsychologie, Bd. 1. Göttingen: Hogrefe (2. Aufl.)

⚚ Brandtstädter, J. (1986). Personale Entwicklungskontrolle und entwicklungsregulatives Handeln: Überlegungen zu einem vernachlässigten Forschungsthema. Zeitschrift für Entwicklungspsychologie und Pädagogische Psychologie, 18 (4), S. 316–334

1.3 Zugänge zur wissenschaftlichen Entwicklungspsychologie

Es wird immer schwerer, eine Übersicht über die Themen, Theorien und Praxisaspekte der Entwicklungspsychologie zu erhalten. Wie in anderen Wissenschaften nehmen die Forschungsfragen genauso wie die Antworten ständig zu. Wie ist es möglich, in diesem zunehmend weiter und differenzierter werdenden Feld Orientierung zu finden? Wo kann man nach verläßlichen Hinweisen auf die aktuellen Trends und Forschungsarbeiten dieses Faches suchen? Zunächst empfiehlt sich natürlich ein Blick in neuere Lehrbücher. Im deutschsprachigen Raum sind hier die Monographien von Mönks und Knoers, Schraml, Trautner und Wendt sowie die Sammelbände von Keller, Oerter und Montada sowie Oerter und Mitarbeitern zu nennen:

Keller, H. (Hrsg.) (1998). Lehrbuch Entwicklungspsychologie. Bern: Huber
Mönks, F. J. & Knoers, A. M. P. (1996). Lehrbuch der Entwicklungspsychologie. München: Reinhardt

Oerter, R. & Montada, L. (Hrsg.) (1998). Entwicklungspsychologie. Weinheim: PVU (4. Aufl.)
Oerter, R., von Hagen, C., Röper, G. & Noam, G. (Hrsg.) (1999). Klinische Entwicklungspsychologie. Weinheim: PVU
Schraml, W. J. (1992). Einführung in die Entwicklungspsychologie für Pädagogen und Sozialpädagogen. Stuttgart: Klett-Cotta (8. Aufl.)
Trautner, H. M. (1992/1997). Lehrbuch der Entwicklungspsychologie, Bd. 1 und 2. Göttingen: Hogrefe (2. Aufl.)
Wendt, D. (1997). Entwicklungspsychologie: Eine Einführung. Stuttgart: Kohlhammer

Lehrbücher laufen Gefahr, recht schnell von aktuellen Theorieentwicklungen und Forschungsergebnissen »überholt« zu werden. Von besonderem Interesse sind also jene Lehrbücher, die in mehr oder weniger regelmäßigen Abständen als überarbeitete Neuauflagen vorgelegt werden. Zu diesen Lehrbüchern zählt im deutschsprachigen Raum der genannte, von Oerter und Montada herausgegebene Sammelband. Aktuelle Informationen finden sich auch in den Fachzeitschriften (vgl. Tabelle 4). Einige Verlage hinterlegen die Abstracts von Beiträgen früherer oder aktueller Ausgaben im Internet.

Tabelle 4: Auswahl entwicklungspsychologischer Zeitschriften mit www-links

ZEITSCHRIFT	🗁 WWW-LINK
Child Development	Journals.uchicago.edu/CD/
Developmental Psychology	Apa.org/journals/dev.html
International Journal of Behavioral Development	Aifs.org.au/external/ISSBD/ newsletter.htm
Kindheit und Entwicklung	Hogrefe.de/ke/
Psychology and Aging	Apa.org/journals/pag.html
Zeitschrift für Entwicklungspsychologie und Pädagogische Psychologie	Hogrefe.de/zepp/
Monographs of the Society for Research in Child Development	Journals.uchicago.edu/CDM/home.htm

Über die bekannten wissenschaftlichen Bibliographiedienste sind Recherchen möglich. Sicher lohnt aber auch ein Blick in die Datenbanken der verschiedenen Bibliotheken und Bibliotheksverbunde.

Tabelle 5: www-links ausgewählter Literaturdienste

DATENBANK	📂 WWW-LINK
DIMDI	www.dimdi.de
PsycINFO	www.bonn.iz-soz.de/information/ databases/search/db-extern/psycinfo.htm
Südwestdeutscher Bibliotheksverbund	www.swbv.uni-konstanz.de/
Subito.doc	www.subito-doc.de/

Die Suchmaschinen im Internet (z. B. yahoo.de) verfügen zumeist über definierte Bereiche, in denen *links* zu Universitäten und Hochschulen, Forschungseinrichtungen und Fachzeitschriften angeboten werden. Daneben informieren Einzelpersonen, Initiativen, Verbände, Vereinigungen und Forschungsgesellschaften über aktuelle Fragen, Themen und Tagungen.

Wer sich im Internet auf die Suche nach entwicklungspsychologischen Informationen macht, wird auf den ersten Blick überrascht sein, wie vielfältig die Angebote sind. Bei einer genauen Prüfung zeigt sich aber, daß die Qualität der abgelegten Informationen sehr verschieden ist, einiges bereits an Aktualität verloren hat, anderes gar nicht mehr verfügbar ist. So stoßen die anfänglich euphorischen Nutzerinnen und Nutzer schnell auf erste Schwierigkeiten (Wallbott 1997). Der »Information Highway« bringt viele Erleichterungen, auch für entwicklungspsychologische Recherchen. Aber oft erweisen sich die kleinen Wege neben dem Highway als interessanter und ertragreicher, besonders dann, wenn unübersichtliche Listen von Daten einen Arbeitsstau auslösen.

Tabelle 6: www-links ausgewählter Homepages

BEREICH	☞ WWW-LINK
Grundlagenwissen	www.abi-tools.de/themen/ biologie/genetik/ www.stud.uni-wuppertal.de/ ~ya0023/phys_psy/
Entwicklungspsychologie über Suchmaschine	www.yahoo.com/text/Science/ Psychology/Disciplines/Developmental/
Forschungsprojekte (hier: Formwahrnehmung bei Säuglingen)	www.psychologie.uni-bonn.de/Entwickl/Forsch/form.html
Kongresse	www.psychologie.uni-bonn.de/ kongress.htm www.sci.psychology.announce
Newsgruppen	www.z-netz.wissenschaft.psychologie
Hinweise auf Fachzeitschriften	www.dir.yahoo.com/social_science/psychology/journals
Gesellschaften	www.uwaterloo.ca/society/psychol_soc.html www.piaget.org/ www.apa.org/ www.dgps.de

📖 Batinic, B. (Hrsg.) (1997). Internet für Psychologen. Göttingen: Hogrefe

2
Entwicklungspsychologische Methoden in der Sozialen Praxis

2.1 Entwicklungsdiagnostik

Scheller und Heil (1980) verstehen Diagnose (Diagnostik) allgemein als »den zielgerichteten Versuch, Informationen bezüglich eines Individuums oder von Individuengruppen zu sammeln und zu verarbeiten« (S. 81). Wird Diagnostik allgemein diskutiert, werden zumeist die zur Verfügung stehenden Verfahren oder die Abläufe bzw. diagnostischen Prozesse selbst zum Thema (vgl. etwa Rosner 1999).

Im Arbeitsfeld *Entwicklungsdiagnostik* geht es nun darum, all jene Informationen zu sammeln und zu systematisieren, die für Aussagen über die Entwicklung eines Menschen oder einer bestimmten Personengruppe relevant sind. Welche Aspekte dabei berücksichtigt werden, hängt jedoch ganz wesentlich von der fachlichen Perspektive ab, aus der heraus Entwicklungsdiagnostik betrieben wird. Dabei kann das Anliegen der Diagnostik eng oder weit gefaßt sein. Nach Kobi (1990) verfolgt die *medizinische Diagnostik* das Ziel, das gesundheitliche Befinden und die Bedingungen der körperlichen Entwicklung zu erfassen. Fragen nach Fähigkeiten und deren Bezügen zur Entwicklungsumwelt des Individuums ordnet er der *psychologischen Diagnostik* zu. Ähnlich, wenn auch noch enger klingt es bei Stegie an, wenn es um die *sonderpädagogische Diagnostik* geht. »Aufgabe sonderpädagogischer Diagnostik ist es, Behinderungen (oder auch Gefährdungen, Störungen, Beeinträchtigungen) hinsichtlich der Art, Schwere, Dauer, des Umfangs und, wenn möglich, hinsichtlich der Ursachen, unter dem Aspekt festzustellen, ob Sonderschulbedürftigkeit vorliegt« (Stegie 1988, S. 172). Hier wird ein Anliegen mit Blick auf eine anstehende schulbezogene Entscheidung formuliert. Aufgaben der *heilpädagogischen Diagnostik* sieht Kobi (1990) in der Suche nach Hinweisen auf Möglichkeiten der Optimierung von Kompetenzen, der Bestimmung von individuellen Bildungszielen, auf mögliche Strategien zur Förderung und Optimierung dieser Interventionen. All diese Anliegen sind jedoch, will man sie gewissenhaft umsetzen, sicher mit einigen Problemen behaftet.

2.1.1 Probleme der Entwicklungsdiagnostik

Im Mittelpunkt der entwicklungspsychologischen Diagnostik steht der sich entwickelnde Mensch. Defizite und Kompetenzen der Person, aber auch förderliche oder hinderliche Entwicklungsbedingungen sollen beschrieben und bewertet werden. In Anlehnung an Kobi (1983, 1990) geht es um das *Was*, *Wo*, *Wann*, *Warum*, *Wohin*, und *Wie* eines Menschen. Die Entwicklungsperspektive bei der Beantwortung dieser Fragen ergibt Probleme, die besondere Lösungen verlangen (Pawlik 1982, 1997).

1. Problem: Beobachtungen, Daten etc. sagen zunächst nur etwas über den Augenblick (Zeitpunkt t_1), in dem diese Daten erhoben wurden. Aus dieser ersten Beobachtung kann nicht, oder nur unter Rückgriff auf zwingende theoretische Konzepte, geschlossen werden, wie es um die Entwicklung des beobachteten Bereichs zum Zeitpunkt t_2 steht. Solche zwingenden Bedingungen sind in der menschlichen Entwicklung mit all ihren verschiedenen Einflußgrößen nie gegeben.

2. Problem: Die Zuordnung des einzelnen bzw. seiner Leistungen zu einer Normskala besagt nichts über seine Fähigkeiten zur Lebensgestaltung und seine aktuellen Entwicklungschancen.

3. Problem: Häufig ist die Erfassung aller vorhandenen Kompetenzen von größerer Relevanz für die Förderung als Testergebnisse, die nur einzelne Handlungen abfragen.

4. Problem: Messung als Zuordnung zu einer normierten Skala ist für die Förderung oft weniger interessant als ein Sammeln von relevanten Informationen, auch wenn diese dann mit mehr »Fehlern« behaftet sind.

Abbildung 2.1 ermöglicht es, grundlegende Probleme der Entwicklungsdiagnostik zu verdeutlichen. Die Ausprägung eines hier nur hypothetisch angenommenen Merkmals ändert sich über den Lebensverlauf. Die drei Probanden zeigen bei der Geburt bereits unterschiedliche Ausprägungen in diesem Merkmal. Alle drei zeigen im Verlauf der Kindheit jeweils einen ähnlichen Zuwachs (intraindividuelle Veränderungen). Die Unterschiede zwischen den Probanden (interindividuelle Unterschiede) bleiben anfangs relativ stabil. Betrachtet man die relativen Positionen der Probanden, so stellen sich im Lauf der Entwicklung Änderungen ein. Im Jugendalter zeigt nun der mit einem Kreis markierte Proband die stärkste Ausprägung des

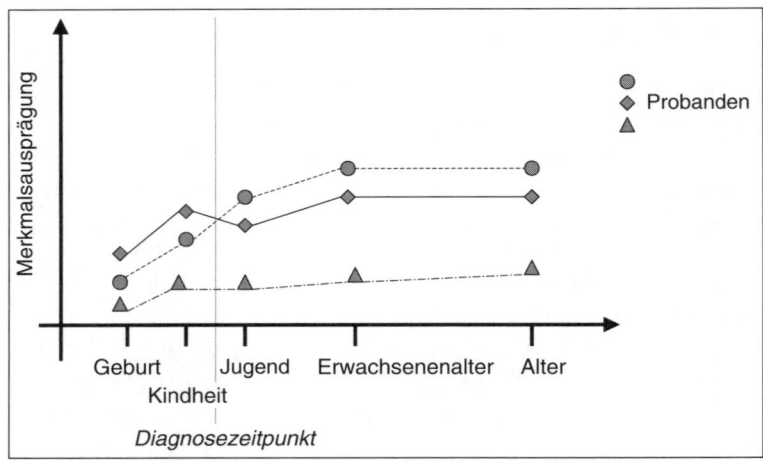

Abbildung 2.1: Probleme der Prognose von Entwicklungsverläufen

in Frage stehenden Merkmals. Was von diesen Verläufen wäre zu erkennen, wenn wir nur über Informationen aus *einer* Messung verfügen? Zum Zeitpunkt der Diagnostik zeigen die Probanden »Raute« und »Kreis« die gleiche Merkmalsausprägung. Würde man nicht annehmen, daß das Merkmal auch im Entwicklungsverlauf ähnlich ausgebildet war oder sein wird? Zudem fällt auf, daß im unten abgebildeten Verlauf wenig Zuwachs zu beobachten ist. Einer solchen Stabilität kommt aber je nach Merkmal im Lebensverlauf unterschiedliche Bedeutung zu. Müßte nicht die relative Position zu den anderen Probanden mehr Beachtung finden?

In den vorhergehenden Absätzen haben wir Forderungen für eine anwendungsbezogene entwicklungspsychologische Diagnostik formuliert. Wie kann die Diagnostik diesen Anforderungen gerecht werden?

Die klassische Testtheorie formuliert als Anforderungen: Verfahren sollen objektiv, reliabel und valide sein. Zunächst bedeutet dies, daß der Spielraum der unreflektierten Subjektivität der Diagnostiker möglichst eingegrenzt werden soll. Dies betrifft etwa die Auswertung eines Tests. Des weiteren sollen die eingesetzten Verfahren zu reliablen Ergebnissen führen. Wenn also ein Verfahren von zwei Diagnostikern eingesetzt wird, so sollen diese Verfahren unter gleichen Bedingungen auch zu gleichen Ergebnissen führen. Und außerdem sollte ein Verfahren auch das messen oder erfassen, was es zu erfassen vorgibt.

2.1.2 Entwicklungstests

In der einschlägigen Fachliteratur werden immer wieder unterschiedliche Methoden der Störungs- und Entwicklungsdiagnostik (etwa Neumann 1999) oder auch einzelne Entwicklungstests (Rosner 1999, Röper & Noam 1999, Schneewind & Schmidt 1999) vorgestellt. Hier soll es nun jedoch nur darum gehen, an Hand eines Verfahrens die spezifischen Vorgehensweisen von Kleinkindtests und ihre Probleme vorzustellen.

Die »Münchner Funktionelle Entwicklungsdiagnostik für das 2. und 3. Lebensjahr« (MFED 2–3, Köhler & Egelkraut 1984) versucht, die kindliche Entwicklung in den Bereichen Motorik, Handgeschicklichkeit, Wahrnehmung, Sprache, Sprachverständnis, Sozialverhalten, Selbständigkeit zu erfassen. Dort finden sich zur Einschätzung des Entwicklungsalters in der Perzeption u. a. die in Tabelle 7 wiedergegebenen Aufgaben.

Tabelle 7: Ausschnitt aus dem Protokollbogen der MFED 2-3

50 %	Perzeptionsalter (Erfassen von Zusammenhängen)	95 %	...
...	...	...	...
17	Steckt alle drei Becher ineinander.	23	
16	Legt ein Hölzchen in die geöffnete Schachtel.	22	
15	Kippt einen Gegenstand aus der Flasche.	20	
...	...	...	

Der Testleiter bzw. die Testleiterin »erspielt« diese Aufgaben mit dem Kind unter Verwendung der Materialien aus dem Testkoffer. Gelingen oder Mißlingen, Verweigerung, Unterstützungen oder Elternangaben werden mit entsprechenden Zeichen in der rechten Spalte vermerkt. Dabei geben die Zahlen rechts und links der Aufgaben an, in welchem Alter (in Monaten) 50 % bzw. 95 % der Kinder der Normstichprobe die Aufgabe bewältigen konnten.

Die Frage nach der Objektivität klingt z. B. dort an, wo Testleiter die Lösung einer Aufgabe unterschiedlich genau wahrnehmen oder bewerten. Blieb das gewünschte Verhalten unbemerkt? War das Kippen des Gegenstands aus der Flasche Zufall oder Absicht?

Die Frage der Reliabilität klingt dort an, wo wir nicht sicher sagen können, ob die Ergebnisse bei der Aufgabe durch die »Tagesform« des Kindes, die Situation oder durch andere Störgrößen verzerrt sind. Deswegen könnten also bei geringer Reliabilität im Falle der Testwiederholung die Ergebnisse anders ausfallen.

Die Frage der Validität klingt an, wo Skepsis herrscht, ob die gestellten Aufgaben wirklich mit der Perzeption und ihrer Entwicklung in (entscheidendem) Zusammenhang stehen, ob der Test mißt, was er messen soll.

In der entwicklungspsychologischen Diagnostik drehen sich die aktuellen Diskussionen um die Forderung nach »ökologischer Validität«. Damit ist gemeint, daß testpsychologische Befunde oft *in besonderen Situationen* erhoben werden und damit wenig über Entwicklung und Entwicklungskompetenzen *im Alltag* aussagen. Eine weitere Diskussionslinie betrifft das »Reliabilitäts-Validitätsdilemma«. Es zeigt sich, daß hohe Reliabilität mit geringer Validität einhergeht – und umgekehrt. Die diagnostische Relevanz einer Aufgabe leidet unter Umständen, je genauer Verhaltensäußerungen erfaßt werden. Statt dessen wird einer freien Beobachtung, etwa bei Verhaltensproblemen im Kindergarten, hohe Validität für die Probleme in der Gruppe und die pädagogische Einschätzung des Kindes nachgesagt. Aber sie gilt eben als wenig reliabel. Ein weiteres Problem betrifft »Kohorteneffekte«. Es zeigt sich, daß über Generationen hinweg Entwicklungstrends zu beobachten sind, die den Wert von Entwicklungstests einschränken, je weiter ihre Standardisierung zurückliegt. Ein Testitem »Geht drei Schritte frei« mit der Angabe »15 Monate« verliert seinen Wert, wenn der Beginn des freien Laufens von Generation zu Generation im statistischen Mittel der Beobachtungsgruppe immer früher einsetzt.

Viele dieser kritischen Anmerkungen zum Problem der Entwicklungsdiagnostik mögen aus Sicht der Praxis etwas zu »spitzfindig« erscheinen. Wir werden uns daher mit einer praktischen Standardsituation beschäftigen: der Spielbeobachtung als diagnostisches »Instrument«.

2.1.3 Entwicklungsdiagnostik über Spielbeobachtung

Ein solches Verfahren erscheint als sinnvoll, weil das Spiel als wichtiger Motor für die frühe menschliche Entwicklung gesehen werden kann. Besonderheiten im Spiel des Kindes verweisen demnach auf grundlegende Entwicklungsprobleme. Zudem ist das Spiel oft der erste Zugang zu einem verläßlichen und vertrauensvollen Kontakt, der als Voraussetzung für weitergehende diagnostische, pädagogisch-therapeutische oder beraterische Angebote gesehen werden kann. *Beobachtung* meint eine bewußte und gezielte Ausrichtung der Wahrnehmung auf ein bestimmtes Geschehen hin. Um über Beobachtungen Aussagen über die kindliche Entwicklung machen zu können, sind Kenntnisse über Wege und Gefahren der Beobachtung wichtig (vgl. Greve & Wentura 1997, Schölmerich & Weßels 1998, Steinebach & Steinebach 1999, Abbildung 2.2).

Hat man in dem Bemühen um eine möglichst »fehlerfreie« Beobachtung entsprechende Informationen sammeln können, wird die Zuordnung des Beobachteten auf einem Zeitkontinuum wichtig. Hier werden allgemeine Entwicklungsverläufe, etwa der Spielentwicklung, mit dem konkreten Fall verglichen. Dies setzt jedoch Kenntnisse über die allgemeine Spielentwicklung voraus. Kinder zeigen im

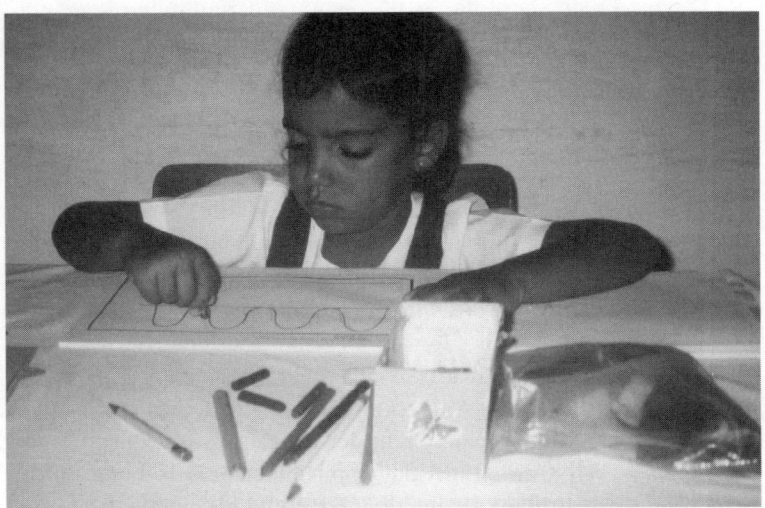

Abbildung 2.2: Beobachtungen bei einer Malaufgabe

Laufe der Entwicklung bevorzugt unterschiedliche Spielformen. Trotz beobachtbarer Schwerpunktsetzungen, die auch vom jeweiligen Entwicklungsstand abhängen, können auch einige der Spielformen nebeneinander auftreten.

Info-Box 3: Spielentwicklung

Funktionsspiel: Das Funktionsspiel ist wesentlicher Bestandteil und Motor in der *vorsprachlichen Phase* der sensumotorischen Entwicklung. Die Spielhandlungen wirken eher diffus und zufällig. Die Erfahrungen des Kindes werden mit der Zeit »mit immer differenzierteren motorischen Fähigkeiten und mehr oder weniger verläßlichen Erfahrungen der Begegnungen mit Menschen, Räumen und Dingen verbunden« (Renner 1995, S. 56). Das Spiel bezieht sich in dieser frühen Zeit auf die einfachen Funktionsmöglichkeiten des Körpers und später auch der jeweiligen Gegenstände. Es ist begleitet von Freude an der Bewegung und Funktion. Im Zuge dessen werden Handlungsschemata wiederholt, variiert und integriert. *Zwischen dem 3. und 6. Lebensmonat* setzt das Kind durch eigene Bewegungen Spielzeug in Gang. Das Kind lernt, zwischen Selbst und Umwelt zu unterscheiden. *Zwischen dem 6. und 12. Lebensmonat* lernt das Kind, Arme und Hände gezielter zur Veränderung der Umwelt einzusetzen. Gegenstände werden geschlagen, geklopft, gezogen etc. *Im 2. Lebensjahr* exploriert und testet das Kind zunehmend. Beschaffenheit von Gegenständen und die Konstruktion von Kausalzusammenhängen sind von besonderem Interesse. Die Funktionsspiele bilden auch im 3. Lebensjahr einen zentralen Bestandteil der spielerischen Beschäftigung. In dem Maße, in dem nun sensumotorische Schemata differenziert und verbunden werden, kann das Kind komplexere Spielhandlungen ausführen und Handlungsergebnisse bewerten. Zunehmend wird das Funktionsspiel von der darstellenden Phantasie begleitet und mündet schließlich in Symbolspiel, Regelspiel oder Konstruktionsspiel (Steinebach & Steinebach 1999).

Symbolspiel: Hier geht es um fiktive Darstellungen. Im Spiel werden Gegenstände und Personen zu phantasierten Objekten u. a. m.

(Fritz 1993). Im Symbolspiel können einzelne Handlungen simuliert oder Gegenständen symbolische Zuschreibungen gegeben werden. Es werden Szenen dargestellt, oder das Handeln folgt bestimmten Rollen, bis hin zu Darstellungen vor einem Publikum. Anfänge des Symbolspiels zeigen Kinder unter Umständen schon vor *Vollendung des 1. Lebensjahres*, etwa wenn sie Erwachsene nachahmen. Dabei wird jedoch die Spielhandlung als solche selten erkannt. *Ende des 2. Lebensjahres* werden Gegenständen symbolhafte Bedeutungen zugeschrieben, etwa wenn ein Bauklotz als Auto dienen muß. *Im 3. Lebensjahr* zeigen Kinder dann das eigentliche Symbolspiel, indem sie die bekannten Familienrollenspiele spielen, Puppe spielen oder beobachtete Alltagssequenzen nachspielen. *Im 4. Lebensjahr* werden nun die Rollen differenzierter ausgeschmückt, sie werden komplizierter, Gefühle bekommen große Bedeutung. *Im 5. Lebensjahr* werden Symbolspiele mit mehreren Akteuren umgesetzt. Durch die soziale Einbindung steigen die Anforderungen an eine angemessene Umsetzung des Spielgeschehens. *Mit zunehmenden Alter* werden die Spiele dann wirklichkeitsbezogener und bilden mehr und mehr die Alltagsrealität ab (Steinebach & Steinebach 1999).

Regelspiel: Hier werden Regeln formuliert, die die Mitspieler einhalten sollten. Die Verpflichtung der Mitspieler auf die definierten Regeln wird überwacht, und falls Regelverstöße vorliegen, werden diese moniert. Damit sind die Regeln nicht nur für das eigentliche Spiel von Bedeutung. Sie legen darüber hinaus auch fest, in welcher Beziehung die Spieler zueinander stehen. Mit Fritz (1993) können wir davon ausgehen, daß Regelspiele somit ganz wesentlich soziale Spiele sind. Sie symbolisieren die sich allmählich herausbildenden Wahrnehmungs- und Wirklichkeitsstrukturen des Kindes. Im Regelspiel kann das Kind seine Strukturen mit denen der Mitspieler vergleichen und anpassen. Im Wettstreit lernt es, sich selbst zu bestimmen und zu beherrschen. Erste Regelspiele zeigen Kinder *ab dem 3. Lebensjahr*. Mit *Beginn des Kindergartenalters* lernt das Kind, an Kreis- und Regelspielen teilzunehmen. Kinder werden in das Tun der Gruppe einbezogen und gehen in der gemeinsamen Aktion auf. Später lernen die Kinder, sich abzuwechseln. Erst *mit 5 Jahren* lernen sie, sich nicht nur abzuwechseln, sondern auch jeweils anderes zu tun. Mit *Erreichen des Schulalters* zeigen Kinder Freude daran, ihr Können im Wettstreit mit anderen zu messen (Renner 1995). Dabei wächst das Wissen, daß die Regeln auf gegenseitiger Vereinbarung beruhen und nach Absprache auch veränderbar sind. So entwickeln Kinder *ab dem Alter von etwa 10 Jahren* gerne auch eigene Spielideen. In der *Pubertät* entwickelt sich die Fähigkeit, die aktive Spielsituation aus der Distanz wahrzunehmen, kooperative und taktische Elemente im Spiel zu variieren, Gewinnchancen und Lösungsmöglichkeiten auf einer komplexen Ebene zu kalkulieren (vgl. Fritz 1993, Steinebach & Steinebach 1999).

Konstruktionsspiel: Beim Konstruktionsspiel verwendet das Kind Objekte, um Zielgegenstände herzustellen (Oerter 1995). Kreativität, Freude am Prozeß der Erstellung, Identifikation mit dem Ergebnis gelten als wesentliche Merkmale des Konstruktionsspiels (vgl. Mogel 1994). Als Vorläufer des Konstruktionsspiels benennen Kinder Produkte, die eigentlich eher zufällig entstanden waren (unspezifische funktionale Phase). *Im 3. Lebensjahr* sind die Produkte mehr und mehr Ergebnisse geplanter Aktivitäten (spezifische funktionale Phase und Symbolphase). *Im Laufe der Entwicklung* nehmen Differenziertheit des verwendeten Materials und Komplexität des Zielgegenstandes zu. *Mit dem 8. Lebensjahr* werden Zielstrukturen, Konzentrationsfähigkeit, Ausdauer, Zeitperspektiven und Selbstverpflichtung zunehmend differenzierter wahrgenommen (vgl. Renner 1995).

Spielbeobachtung kann aus unterschiedlichen Perspektiven erfolgen: Einerseits liegt es nahe, von den beobachteten Spielhandlungen des Kindes auf den allgemeinen Entwicklungsstand zu schließen. Trotz der hohen ökologischen Validität von Beobachtungen im Alltag sind solche Beobachtungen mit einer Vielzahl von Fehlern behaftet. Schlüsse auf den Entwicklungsstand sind also nur zulässig, wenn neben der Spielbeobachtung entsprechende Informationen aus anderen Quellen (Anamnese, Testdiagnostik u. a. m.) zur Verfügung stehen. In einer weiteren Perspektive erscheint Spielen als besondere Form von Handeln. Somit könnte die Spielbeobachtung Hinweise auf die Entwicklungsangemessenheit der zugrundeliegenden Handlungsplanung, des Gegenstandsbezugs, der Sinnkonstruktionen, der dominierenden Lebens- und Beziehungsthematiken liefern (vgl. zur handlungstheoretischen Rekonstruktion der Spielentwicklung Oerter 1993). Und schließlich können in einer weiteren Perspektive die motorischen, perzeptiven, sprachlichen, emotionalen und sozialen Aspekte der spielerischen Handlungen Beachtung finden. So wird die ganze Komplexität der Beobachtungssituation deutlich. Sicher muß frühzeitig entschieden werden, wie die Beobachtung einzugrenzen ist. Die Wahl der Situation (freies Spiel oder gestaltete Situation etc.), der Zeit (Tageszeit, Dauer der Beobachtung, Abschnitt im Spielverlauf etc.), Wege der Dokumentation (Gedächtnisprotokoll, Videomitschnitt etc.) sollten hier bedacht werden (vgl. einführend Greve & Wentura 1997, Schölmerich & Weßels 1998).

Wie lassen sich diese Aussagen über Diagnostik zusammenfassen? In Abgrenzung von alten Mythen und mit Blick auf neuere Kern- und Leitbegriffe der Entwicklungspsychologie haben wir die Perspektiven einer multiperspektivischen, aktionalen und ökologischen Entwicklungspsychologie dargestellt. Im Rahmen dieses theoretischen Zugangs sind nun für die Diagnostik folgende Punkte hervorzuheben:

(1) Drohende Defizite und bestehende Behinderungen lassen sich nur unter gleichzeitiger Berücksichtigung verschiedener Ebenen betrachten: der Ebene der Stoffwechselprozesse, der muskulären Regulation, der vorbegrifflich-emotionalen und der rational-kognitiven Verarbeitung. Wer also Aussagen über den Entwicklungsstand und den künftigen Verlauf machen möchte, sollte prinzipiell die Bedingungen und das Geschehen auf all diesen internen Ebenen berücksichtigen. Entwicklungsdiagnostik sollte also prinzipiell interdisziplinär angelegt sein.

(2) Die bestehenden Störungen können aus Begebenheiten dieser Ebenen selbst oder aus einem gestörten Austausch zwischen diesen Ebenen resultieren. Zusätzlich zu den ebenenbezogenen Einzelbefunden sind Daten zum Wirkaustausch zwischen diesen Ebenen zu beachten. Hier sind jene Beobachtungen wichtig, die sich

zugleich auf zwei oder mehr Ebenen und Entwicklungsbereiche beziehen.

(3) Defizite und Kompetenzen der Umwelt beeinflussen wesentlich die Entwicklung und das Geschehen auf den intraindividuellen Ebenen. Entwicklungsdiagnostik sollte daher immer auch Umweltaspekte berücksichtigen. Besondere Bedeutung bekommen daher auch solche Verfahren, die helfen, die relevanten Aspekte der Entwicklungsumwelt zu erfassen.

(4) Die Umwelt wird als verschachtelte Struktur sozialer und physikalischer Faktoren gesehen. Entferntere Umweltfaktoren nehmen Einfluß über eine Veränderung des für den einzelnen wichtigen unmittelbaren sozialen und nonsozialen Umfeldes. Somit müssen auch in der Diagnostik entferntere Umweltbegebenheiten Beachtung finden.

(5) Der einzelne selbst nimmt auch Einfluß auf die Umwelt und eignet sich so Kompetenzen an oder verändert die an ihn gestellten Erwartungen. Die Umwelt, wie sie sich im diagnostischen Prozeß darstellt, ist bereits durch den einzelnen beeinflußt. Zu dieser beeinflußten Umwelt gehört auch derjenige, der Diagnostik betreibt. Entwicklungsdiagnostik untersucht einen Prozeß, an dem sie selbst beteiligt ist.

📖 Filipp, S.-H. & Doenges, D. (1983). Entwicklungstests. In: Groffmann, K. J. & Michel, L. (Hrsg.): Intelligenz- und Leistungsdiagnostik. Enzyklopädie der Psychologie. Göttingen: Hogrefe, S. 202–306
Oerter, R. (1993). Psychologie des Spiels. München: Quintessenz
Schenk-Danzinger, L. (1998). Entwicklung, Sozialisation, Erziehung. Bd. 1: Von der Geburt bis zur Schulfähigkeit. Stuttgart: Klett-Cotta (3. Aufl.)

🔥 Buss, A. R. (1974). Multivariate model of quantitative, structural, and quantistructural ontogenetic change. Developmental Psychology 10, S. 190–203

2.2 Entwicklungsförderung

»Erziehung«, »Psychotherapie« und »Förderung« sind facettenreiche Begriffe mit vielfältigen Überschneidungen. Bei genauerer Betrachtung scheinen alle Begriffe, die für Angebote zur Optimierung von Entwicklungsprozessen stehen, mehrdeutig und vage.

2.2.1 Definitionen

Im Folgenden sollen zur Klärung einige nähere Bestimmungen vorgestellt werden.

Info-Box 4:

»Erziehung und Psychotherapie sind die planmäßigen Einwirkungen auf die Gesamtpersönlichkeit eines sich entwickelnden Menschen, sind Aufbau und Veränderung von Einstellungen, also von Wissen, Denken, Fühlen, Wollen und Handeln« (Heinerth 1979, S. 29).

»Heilpädagogik versteht sich als Theorie und Praxis der Erziehung und Bildung und Förderung jener Menschen,
– die sich in den gegebenen soziokulturellen Verhältnissen nicht altersgemäß entwickelt haben oder die als fehlentwickelt gelten,
– die in ihrer Beeinträchtigung nicht zu einer altersgemäßen Lebensgestaltung fähig sind,
– die in ihrem Erleben sich anders und ausgegrenzt fühlen.
Von daher vollziehen sich im Arbeitsfeld der Heilpädagogik Entwicklung und Erziehung unter erschwerten Bedingungen« (Gröschke 1997, S. 11).

»Spezielle Erziehung (Förderung) ist – allgemein gesagt – Erziehung, d. h. sie folgt Erkenntnissen, Prinzipien, Intentionen und Methoden, die für jegliche Erziehung gelten. Das Spezielle an ihr ist lediglich ein besonderer Aspekt, unter den Erziehung tritt, wenn aufgrund einer Funktionseinschränkung oder einer Entwicklungsstörung, d. h. wegen bestimmter Erziehungs- und Lernprobleme, spezielle Erziehungsbedürfnisse gegeben oder angezeigt sind« (Speck 1988, S. 231).

»Sozialpädagogik kann deshalb gar nicht anders, als mehrere – in sich begrenzte – Handlungsperspektiven miteinander zu verknüpfen, *ohne* dabei den Anspruch zu erheben, diese Perspektiven voll zu integrieren. *Unter multiperspektivischem Vorgehen verstehe ich demnach eine Betrachtungsweise, wonach sozialpädagogisches Handeln bewußte Perspektivenwechsel zwischen unterschied-*

51

lichen Bezugsrahmen erfordert. Multiperspektivisches Vorgehen heißt z. B., die leistungs- und verfahrensrechtlichen, die pädagogischen, die therapeutischen und die fiskalischen Bezugsrahmen eines Jugendhilfe-Falles nicht miteinander zu vermengen, aber dennoch sie als wechselseitig füreinander relevante Größen zu behandeln ... Neben der ... Falltypologie meine ich damit das quer durch die Professionen gängige Schema, wonach der Prozeß des Fallverstehens als Prozeß von Anamnese, Diagnose, Intervention und Evaluation gegliedert werden kann« (Müller 1993, S. 15, Hervorhebungen im Original).

»Die Bezeichnung ›Entwicklungsintervention‹ sollte reserviert werden für Maßnahmen, die sich erstens auf eine hinreichend genaue Beschreibung zeitlich ausgedehnter Entwicklungsprozesse stützen, die zweitens auf der Grundlage einer Theorie über das Zustandekommen dieser Entwicklungsprozesse sowie insbesondere einer Hypothese über die wirksamen Entwicklungsbedingungen geplant werden und drittens dem Zweck dienen, durch einen Eingriff in eben diese Entwicklungsbedingungen ein vorgegebenes Entwicklungsziel zu erreichen« (Gräser 1980, S. 16).

Wenn wir in diesen Umschreibungsversuchen unterschiedlicher Professionen für entwicklungsbezogene Angebote einen gemeinsamen Nenner suchen, so mag folgendes deutlich werden: Professionelles Handeln zeichnet sich durch Planung und Reflexion aus. Es zielt auf die Optimierung von Entwicklungsprozessen oder Problemlagen. Dabei kann den Bedürfnislagen nur über ein theoriebezogenes und multiperspektivisch entworfenes Vorgehen entsprochen werden.

2.2.2 *Förderung als theoriegeleitete Intervention*

Nach Gräser (1980) sind für entwicklungsbezogene Interventionen Beschreibung, Bezugnahme auf ein Entwicklungsziel, Hypothesenbildung, Hypothesenwahl und Theoriebezug charakteristisch. Die Beschreibung wurde schon als Gegenstand der Entwicklungsdiagnostik diskutiert; hier sollen nun die übrigen Aspekte dargestellt werden.

Bezugnahme auf ein Entwicklungsziel: In der wissenschaftlichen Diskussion um Entwicklungsförderung wurde der Frage nach einer Bestimmung von Erziehungs- und Entwicklungszielen besondere Bedeutung zugemessen. Welchen Beitrag kann die Psychologie zur Bestimmung von solchen Interventionszielen leisten? Es ist gerade unter dem Anspruch der Wissenschaftlichkeit sehr schwer, angemessene Entwicklungsziele zu bestimmen. Hierfür ließen sich Ansätze aus der Fachdisziplin, berufsständische, aber auch wissenschaftstheoretische Begründungen anführen. Eine Psychologie, die sich als empirisch-analytische Wissenschaft versteht, leitet ihre Erkenntnisse aus dem, »was ist«, ab. Nun können aber entsprechend dem Argument des Dualismus von Tatsachen und Werten (vgl. Popper 1958, Albert 1968) aus Seinssätzen keine Sollsätze abgeleitet werden. Dennoch sind »Seinssätze für erziehungs- und entwicklungsbezogene Zielsetzungen relevant: sie konturieren den Bereich des Anstrebbaren und tragen damit gleichermaßen zur Elimination von ›unrealistischen‹ Zielsetzungen bei« (Brandtstädter 1980, S. 211). Entwicklungspsychologische Befunde können also hilfreich sein, wenn es um die Bestimmung konkreter Entwicklungs- und Förderziele geht. Zu Recht wird jedoch darauf hingewiesen, wie schwierig eine Entwicklungsplanung ist, die auf die »Erfüllung menschlicher Bedürfnisse« zielt. Dies gilt besonders da, wo eine adäquate Erfassung von »wahren« Bedürfnissen utopisch ist. Wenn jedoch wissenschaftlich fundierte Zielbegründungen nicht möglich sind, ist dann eine wissenschaftliche Entwicklungsplanung moralisch vertretbar? Als Ausweg bieten sich offene Entwicklungsmodelle an, die das Individuum in eine Lage versetzen wollen, »seine eigenen Bedürfnisse möglichst kompetent wahrzunehmen« und »Entwicklungskrisen weitgehend selbständig zu lösen« (Brandtstädter 1980, S. 215).

Über welche Kompetenzen verfügen Menschen, die diesem Ziel recht nahe kommen? Genannt werden (1) eine fortlaufende und differenzierte Überprüfung des eigenen Verhaltens, (2) ein internes Umweltmodell, das Aspekte der Umwelt differenziert wiedergibt und erklärt, (3) ein internes Selbstmodell, das die eigenen Empfindungen und Verhaltenspotentiale angemessen widerspiegelt, (4) eine selbstkritische und erfahrungsoffene Einstellung als Voraussetzung für flexible Änderungen des internen Umwelt- und Selbstmodells, (5) große

»explorative Variabilität und Spontaneität« (Brandtstädter 1980, S. 219), (6) die Fähigkeit zur Selbstverstärkung mit Blick auf das Umwelt- und Selbstideal, (7) die weitgehende personale Autonomie der eigenen Bewertungskriterien und -maßstäbe, (8) »eine kritische Distanz gegenüber externen Handlungsanweisungen, Zwängen oder Rollenmaßstäben« (Brandtstädter 1980, S. 220), (9) die Bereitschaft, das Selbst- und Umweltideal falls nötig zu verändern, (10) eine positive Selbsteinschätzung und -wertung, (11) »sozialintegrative Dispositionen, wie z. B. nicht nur intellektuelles, sondern auch ›empathisches‹ Erfassen der Standpunkte, Einstellungen und Interessen des Sozialpartners; Berücksichtigung der Interessen des Sozialpartners bei der eigenen Handlungsplanung; geringe Neigung, den Sozialpartner für eigene oder fremde Zwecke zu ›instrumentalisieren‹« (Brandtstädter 1980, S. 220).

Als Fazit dieser Überlegungen können wir festhalten: In einer wissenschaftlich fundierten Intervention geht es darum, Menschen in die Lage zu versetzen, ihre Ziele möglichst selbständig zu definieren und möglichst unabhängig zu erreichen. Damit lassen sich nun konkretere Ziele als Zwischenziele bestimmen, die auf Selbständigkeit, Kreativität und Selbstbewußtsein in sozialer Verantwortung ausgerichtet sind. Dieses Selbstverständnis einer Entwicklungsförderung als Hilfe zur Autonomie und Selbstbestimmung in sozialer Verantwortung findet in einem gesellschaftlichen Wertwandel seine Entsprechung, wie er von Klages (1988) beschrieben wurde. Seine Arbeiten legen nahe, daß auf der Ebene gesellschaftlichen Wertwandels zunehmend Selbstentfaltungswerte wichtig werden. Sie gehen mit einem Streben nach subjektivem Wohlbefinden einher. Im Zuge der sozialen Sicherung dieses Wohlbefindens entstehen aber Abhängigkeiten, die zu Konflikten führen (vgl. Abbildung 2.3). Der Wertwandel steht nicht nur für gesamtgesellschaftliche Änderungen in den Präferenzen von Wertorientierungen, sondern entspricht auf der individuellen Ebene einem Dilemma zwischen einem deutlichen Identitätsprofil, das sich in einer Abgrenzung gegenüber den anderen widerspiegelt, und den Notwendigkeiten einer sozialen Eingliederung, die sich als Anpassung an soziale Belange niederschlägt. Dieser Widerspruch wird konflikthaft erlebt und kann sich gerade in Gruppenprozessen zeigen. Hier wird die Gruppe zu einem sozialen Feld, das die widersprüchlichen Kräfte von gesellschaftlicher Individualisierung und Unterordnung einerseits und individueller Entfaltung und Anpassung andererseits mehr oder weniger geschickt harmonisiert. Später wird deutlich werden, daß die Ausgewogenheit von Selbständigkeit und Dominanz bzw. Harmonie und Gehorsam als Merkmal einer positiven Gruppenentwicklung, von der Familie bis zur Arbeitsgruppe, angesehen werden kann (ausführlicher dazu Kapitel 4.4 und 5.4).

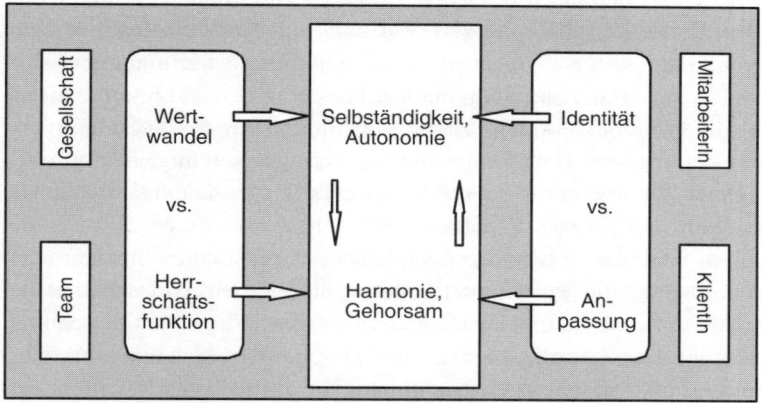

Abbildung 2.3: Gesellschaftlicher Wandel und pädadogische Konflikte

Hypothesenbildung und Hypothesenwahl: Entwicklungsförderung sollte, wie jede Intervention, hypothesengeleitet erfolgen. Dabei sind, wie bereits früher dargestellt, verschiedene Gruppen von Hypothesen zu unterscheiden. Wir denken uns Entwicklung als einen Prozeß, der von vielen intrainidviduellen, aber auch sozialen und nonsozialen Faktoren beeinflußt wird. Dem muß auch die fachliche Hypothesenbildung und Hypothesenwahl Rechnung tragen. Hypothesen sollten daher multiperspektivisch, multiprofessionell und multisystemisch angelegt sein. Was bedeutet das? In dem Maß, in dem Entwicklung als ein vom Menschen selbst gestalteter oder zumindest wesentlich beeinflußter Prozeß verstanden wird, werden Perspektiven der am Prozeß beteiligten Personen wichtig. So ist z. B. nicht nur die Ausprägung eines Merkmals aus fachlicher Sicht wichtig, sondern auch die subjektive Verfügbarkeit und individuelle Bereitschaft der Klientinnen und Klienten, von der in Frage stehenden Kompetenz Gebrauch zu machen. Die Bewertung von Hypothesen wird vor dem Hintergrund der Möglichkeiten und Probleme des einzelnen, aber auch der Erschwernisse oder Unterstützung durch die Umwelt zu verstehen sein. In diesem Sinne mag ein Streben nach »Ganzheitlichkeit« durchaus zu einer höheren fachlichen Qualität der Intervention beitragen (zum Begriff »Ganzheitlichkeit« vgl. Bierbach & Steinebach 1992). Entwicklungsbedingungen werden als hoch komplexes Gebilde verstanden, in dem biologische, emotionale, kognitive, soziale und nonsoziale Faktoren eine Rolle spielen. Entwicklungsinterventionen, die hier zielführend sein wollen, müssen vielfältige Aspekte und Hinweise nutzen. Dies wird eine Profession alleine kaum meistern können. Daher sollte die Hypothesenbildung und -auswahl prinzipiell multiprofessionell angelegt sein: und sei es auch nur, indem etwa über eine medizinische Diagnostik somatische Ursachen vorliegender Probleme ausgeschlossen werden. Je mehr die Bedeutung der Entwicklungsumwelt hervorgehoben wird, desto differenzierter müssen Umweltfaktoren berücksichtigt werden. Dabei sind die verschiedenen Faktoren von unterschiedlicher Bedeutung. Es scheint notwendig, hier Systembereiche zu unterscheiden, um Ergänzungen, Konvergenzen, Unterstützung, aber auch Konflikte und Hemmnisse als Prozesse zwischen den Bereichen berücksichtigen zu können.

Theoriebezug: Theorien leiten entwicklungsbezogene Interventionen. Dabei geben sie Auskunft über mögliche Ziele, Adressaten, bedeutsame Kontexte, Ursachen, Begleitumstände, aufrechterhaltende Bedingungen und Interventionstechniken (vgl. Trautner 1995, Petermann, Kusch & Niebank 1998). Die eingrenzende oder dynamisch erweiternde Funktion solcher anwendungsbezogenen Theorien läßt sich am Beispiel der frühen Förderung behinderter und von Behinderung bedrohter Kinder zeigen (vgl. Steinebach 1995b). Voraussetzung für Interventionsbemühungen in diesem frühen Lebensabschnitt war der wissenschaftliche Nachweis, daß frühkindliche Entwicklungsauffälligkeiten prinzipiell beeinflußbar sind. Zu Beginn der 50er Jahre war ein solcher Nachweis unter der Dominanz reifungstheoretischer Entwicklungskonzepte kaum gegeben. Die Bedeutung der frühen Kindheit für die weitere Entwicklung wurde zwar betont; es wurden jedoch keine Ansatzpunkte für eine Förderung »von außen« deutlich. Die Aufgabe der Fachleute im Umgang mit

Behinderungen lag daher eher in der frühzeitigen Diagnose und Zuweisung zu Betreuungs- und Sondereinrichtungen sowie der Elterninformation. Neue Wege der Förderung wurden erst deutlich, als in anderen Zusammenhängen die Bedeutung von Außeneinflüssen in besonderen »sensiblen« Phasen nachgewiesen wurde (vgl. Eibl-Eibesfeldt 1976). Nun änderte sich auch die diagnostische Perspektive der Selektion hin zu einer Perspektive der Information von Eltern und Fachkräften über Entwicklungsmöglichkeiten hinsichtlich bestimmter Abschnitte im Entwicklungsverlauf. Den Eltern wurde in jener Zeit primär die Rolle aufmerksamer Beobachter der kindlichen Entwicklung, der Schützer und Nährer gegeben. Eltern wie Kinder waren immer noch eher Gegenstand denn Gestaltende kindbezogener Maßnahmen. Daher bezeichnet Speck (1983, S. 13) das in jener Zeit praktizierte Modell von Elternarbeit als »Laienmodell«.

Dennoch herrschte große Skepsis, ob Veränderungen in der sozialen Betreuung behinderter Kinder eine Verbesserung von Entwicklungschancen mit sich bringen. Dieser Nachweis war eigentlich schon früher mit einer Untersuchung von Skeels und Dye (1939) erbracht worden, traf aber nun auf einen entsprechenden Wertwandel in der Gesellschaft. Dieser Wandel griff die Positionen der aufkommenden lerntheoretischen Konzepte mit ihrem Bildungsoptimismus auf. Mit dem Ziel gleicher Bildungschancen wurde nun allen Kindern pädagogische und therapeutische Hilfe zugestanden. Die Lerntheorien lieferten nicht nur zum »Warum«, sondern auch zum »Wie« der Förderung die passenden Begründungen. Familienarbeit war hier noch Elternarbeit nach dem »Ko-Therapie-Modell« (Speck 1983, S. 14).

Die Unzufriedenheit mit dem kausal-mechanistischen Menschenbild, das den Eigenbeitrag des Menschen im Lern- und Entwicklungsprozeß genauso übergeht wie soziale und kulturelle Einflüsse, aber auch die Beobachtung, daß der Transfer spezifischer gelernter Kompetenzen oft ausbleibt, führten zu Erweiterungen lerntheoretischer Ansätze: Im Konzept des *Beobachtungslernens* wurde versucht, die Übernahme komplexer Verhaltensweisen zu erklären (Bandura 1965). Begriffe wie »Aufmerksamkeit« und »Interesse« gewannen so an Bedeutung. Arbeiten von Maria Montessori und Jean Piaget fanden jetzt verstärkt Beachtung. Im Zuge der *kognitiven*

Wende wurden intraindividuelle Prozesse zum Verhaltensaufbau und zur Verhaltensänderung im Forschungs- und Therapieprozeß berücksichtigt. So wurde eine Verbindung zu handlungstheoretischen Konzepten möglich, die Handlungen als kontext- und situationsabhängige, auf Personen, Normen und Erwartungen bezogene Beschreibungen menschlichen Verhaltens (vgl. Lenk 1978; vgl. Kapitel 1.2.6) verstanden. Damit gilt Entwicklung nicht mehr als ein passiver Lernprozeß, sondern als ein in vielerlei Hinsicht selbstgestaltetes Geschehen. Wenn Entwicklung handlungsabhängig ist, so entzieht sie sich einer gezielten Außensteuerung (vgl. Brandtstädter 1980), denn dazu müßten alle Handlungsparameter genau erfaßbar sein; dies ist aber oft selbst für den Handelnden kaum möglich. Es ändert sich auch in der Praxis das Verhältnis zwischen Professionellen und Eltern. Viele Gründe sprechen dafür, daß die Beteiligten aufgrund unterschiedlicher Aufgaben und Erfahrungen auch unterschiedliche Sichtweisen haben, bei der keine für sich beanspruchen kann, die einzig richtige zu sein. In gemeinsamer Verantwortung für das Kind sind die Annahmen und Möglichkeiten zusammenzutragen, professionelle Maßnahmen als Angebote zu formulieren, die als mögliche Ergänzungen für die Eltern, nicht jedoch als einzig richtiger Weg zu denken sind. Speck bezeichnet das aus diesen Grundannahmen resultierende Modell der Elternarbeit als »Kooperationsmodell« (Speck 1983, S. 16).

Daß die Umwelt von zentraler Bedeutung für den Entwicklungsverlauf und für Entwicklungsprognosen in der frühen Kindheit ist, ist in den Folgejahren in verschiedenen Untersuchungen deutlich geworden (etwa Clarke & Clarke 1977). Dabei spielen konkrete Umweltbegebenheiten wie Spielmaterial genauso eine Rolle wie soziale Bedingungen, etwa Merkmale der sozialen Interaktion zwischen Mutter und Kind (vgl. etwa Keller & Meyer 1982). Mit seinen Arbeiten legte Bronfenbrenner (1978, 1981, 1989) ein Modell zur Analyse von Mensch-Umwelt-Beziehungen im Lebenslauf vor. Er formulierte so in der Tradition K. Lewins eine differenzierte ökologische Entwicklungs- und Sozialisationstheorie. Sein Modell unterscheidet in einer verschachtelten Struktur mikro-, meso-, exo- und makrosystemare Aspekte und Einflußgrößen im Entwicklungsverlauf. Der Entwurf Bronfenbrenners hat zu einer Flut von Untersuchungen zu systeminternen und systemübergreifenden Einflüssen geführt. So waren und sind z. B. Merkmale der Berufstätigkeit des

Vaters (vgl. etwa Fthenakis 1985b, Petzold 1992) genauso wie Unterschiede zwischen Kulturen (Trommsdorff 1993a) in ihren Wirkungen auf die familiale oder kindliche Entwicklung Forschungsgegenstand. Die Praxis der Frühförderung hat von der ökologischen Sozialisationsforschung in verschiedener Hinsicht profitiert: (1) Es eröffnet sich ein weites Feld konkret umweltbezogener Interventionen. Die umweltbezogene Beratung und die Gestaltung der konkreten Entwicklungsumwelt wird zum zentralen Bestandteil von Förderangeboten. Die Bedeutung früher materieller und sozialer Stimulation wird Gegenstand von Informationsgesprächen, Diagnostik und Trainings. (2) Die Lebenswelt der Eltern, Probleme mit Veränderungen am Arbeitsplatz, Übergänge und Beziehungsmuster werden Themen der Elternberatung. Sie werden nun als Ansatzpunkte für eine umfassende professionelle Hilfe verstanden.

In den Forschungsbemühungen der ökologischen Entwicklungspsychologie wurden mehr und mehr auch die übrigen Familienmitglieder zum Gegenstand. So wurde die Rolle des Vaters, aber auch die der Geschwister in der Entwicklung des Kindes verstärkt thematisiert (Hackenberg 1983, Fthenakis 1985a). Umgekehrt wurde aber auch untersucht, welche Bedeutung es für den Vater, den Bruder oder die Schwester hat, mit einem behinderten Kind, bzw. Geschwisterkind zu leben. Der Schritt von den Zweiersystemen *Mutter und Kind* oder *Vater und Kind* hin zum komplexen Sozialsystem *Familie* lag nun nahe. Zunächst wurde jedoch eher in der Praxis, denn in der Forschung die Notwendigkeit erkannt, die Familie als Ganzes zu berücksichtigen und nicht auf Subsysteme zu reduzieren. Unter dem Einfluß aufkommender systemischer Denkmodelle in Natur- und Geisteswissenschaften gelten psychische Probleme nicht als Probleme von Individuen, sondern als Ausdruck von Störungen im Sozialverband. Kindliche Verhaltensprobleme sind demnach nicht Probleme der Kinder, sondern Probleme der Familie, in der das Kind aufwächst. In der Frühförderung bedeutet dies eine verstärkte Berücksichtigung der übrigen Familienmitglieder in Diagnostik, Beratung und Therapie. Organisation, Rollen, Strukturen, Interaktionsmuster und Regeln der Familie im Umgang mit der Behinderung oder der Teilleistungsstörung werden beachtet (vgl. etwa von Luxburg 1992).

Zunehmend bezieht man sich weniger aufs familiäre System und konzentriert sich verstärkt auf soziale Bedingungen allgemein und auf Vernetzungen zwischen intrainidividuellen Prozessen und externen Aspekten der Umwelt. So ist aktuell von einer Weiterentwicklung familienbezogener Angebote hin zu einer allgemein systemtheoretischen Frühförderung auszugehen. Sofern eine Bezugnahme auf die Theorie autopoietischer Systeme geschieht, werden besonders Reproduktions- oder Selbstherstellungsprozesse als zentrale Konzepte hervorgehoben (Luhmann 1984, 1987). Fortschritte und Veränderungen in der Therapie sind dann abhängig vom mehr oder weniger zufälligen Ankoppeln des Systems an andere außersystemare Prozesse (vgl. Schmidt-Denter 1991, Steinebach 1992). Viele Fragen sind noch offen: (1) Welche Bedeutung hat eine Diagnostik »von außen« für einen als selbstreferentiell verstandenen Förderprozeß (Sorrentino 1988, Käser 1998)? (2) Welchen Ertrag zeigt eine Förderung, bei der Fragen der familialen Kommunikation und Interaktion im Vordergrund der Therapie stehen (Schriber 1990)? (3) Wie können die Interventionen begründet werden, wenn sich die Argumente auf unterschiedliche Gegenstände und Qualitäten beziehen (Steinebach 1988)? Wir werden diese Fragen abschließend im 7. Kapitel nochmals aufgreifen.

2.2.3 Förderung als angewandte Entwicklungspsychologie

So wird am Beispiel der Frühförderung deutlich, daß Entwicklungsinterventionen ganz wesentlich von empirischen Erkenntnissen in den Human- und Sozialwissenschaften beeinflußt sind. Mit Blick auf die konzeptionellen Erweiterungen der Entwicklungspsychologie in Richtung auf eine Entwicklungspsychologie der Lebensspanne können wir, Montada (1998a) folgend, einige aktuelle Leitlinien der angewandten Entwicklungspsychologie festhalten:

(1) Entwicklung endet nicht im frühen Erwachsenenalter. (2) Verschiedene Dimensionen einer Funktion haben unterschiedliche Entwicklungsverläufe. (3) Es gibt Spielräume und Grenzen für die Entwicklungsförderung. (4) Verluste können potentiell kompensiert werden. (5) Ontogenetische Entwicklung geschieht in Interaktion mit Kontexten und unterliegt folglich einem historischen Wandel.

Auch frühe Entwicklungsinterventionen müssen das Erwachsenenalter »mitdenken«. Es wären also nicht nur Nebenwirkungen, sondern auch Spätfolgen von Interventionen zu beachten. Gleichzeitig sollte bedacht werden, daß, selbst wenn Interventionen auf das Kindesalter zielen, Wirkungen und Nebenwirkungen bei den für das Kind wichtigen erwachsenen Bezugspersonen zu erwarten sind. Chancen und Gefahren einer Intervention liegen darin, daß sie entweder sensibel oder nicht sensibel genug auf einzelne Aspekte abgestimmt ist. Spielräume und Grenzen von Interventionen sollten benannt werden. Die permanente Wiederholung von Angeboten ist genauso zweifelhaft wie ein diffuser Methodenmix. Neben der Förderung in Problembereichen sollte dem Aufbau kompensatorischer Kompetenzen besondere Beachtung geschenkt werden. Interventionen sollten ständig geprüft werden, um nicht an überkommenen Zielvorstellungen und Wegen festzuhalten und dabei neue Chancen oder Probleme zu übersehen. Dabei dürfen weder die historischen noch die aktuellen kulturellen Besonderheiten übergangen werden.

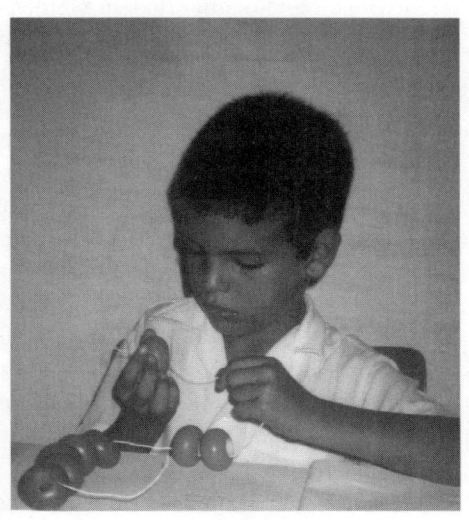

Abbildung 2.4:
Das Ordnen von Farben,
Formen, Größen
und Auffädeln in der
Entwicklungsförderung

Damit muß also bei Entscheidungen über Förderangebote ein komplexes Gefüge von Bedingungen berücksichtigt werden. Es liegt die Frage nahe, ob es denn nicht ein Grundprinzip gibt, nach dem man sich bei der Auswahl von Interventionszielen und Interventionsmethoden richten kann. Für den Bereich der Frühförderung hat sich hier das Ausrichten auf die »Zone der nächsten Entwicklung« (zone of proximal development, Vygotsky 1967, Kreppner 1998) bewährt.

Dabei finden jene Aufgaben, Beschäftigungen und Spiele besondere Beachtung, die das Kind fordern, ohne es zu überfordern. Zur Förderung werden die für die Bewältigung der Aufgabe notwendigen Hilfen und Unterstützungen gegeben. »Spiel kreiert gleichsam, auch ohne direkte Anleitung durch Erwachsene, eine ›zone of proximal development‹, in der die Kinder bereits können, was sie noch nicht in der Lage sind zu tun, was sie sich aber im Spiel bereits vorstellen« (Kreppner 1998, S. 135). Der Begriff der »Zone der nächsten Entwicklung« führt also die interpsychischen Bedingungen von Austausch und Kooperation mit den intrapsychischen Bedingungen der Nachahmung zusammen. »Der Begriff Nachahmung beschreibt dabei jene Selbstorganisation von Bedürfnissen und Interessen, die von der konkreten Person selbstverantwortlich beizutragen ist, damit im ›interpsychischen Feld‹ individuelle Entwicklungsperspektiven weiterentwickelt und damit erhalten bleiben« (Jödecke 1998, S. 1).

Es ist schwer, aus der Vielzahl möglicher Interventionen Gemeinsamkeiten von Entwicklungsinterventionen »herauszufiltern«. Statt dessen soll an dieser Stelle der Frage nachgegangen werden, nach welchen Grunddimensionen sich Interventionsformen unterscheiden lassen. So können Angebote verglichen werden. Dies könnte im konkreten Fall Entscheidungen über die Entwicklungsangemessenheit von Angeboten erleichtern. Mit Blick auf die Theorieentwicklung in der Entwicklungspsychologie und die Diskussion um Ziele von Entwicklungsinterventionen sind die Perspektiven der Autonomie, i.e. Selbst- vs. Fremdbestimmung, und der aktiven Umsetzung, i.e. Aktivität vs. Passivität der Klienten, von besonderer Bedeutung. Bildet man auf der Grundlage dieser Dimensionen ein Fadenkreuz, so lassen sich verschiedenste entwicklungsbezogene Angebote zuordnen und unterscheiden (Abbildung 2.5).

Aktuell wird z. B. in der Frühförderung besonders auf eine aktive Mitarbeit der Familie geachtet. Störungsbezogene Fördermaßnahmen alleine gelten dagegen als weniger angemessen. Die Familie soll einbezogen, zugleich aber auch entlastet werden. Sekundäre Belastungen durch anstrengende »Förderprogramme« sollen vermieden werden.

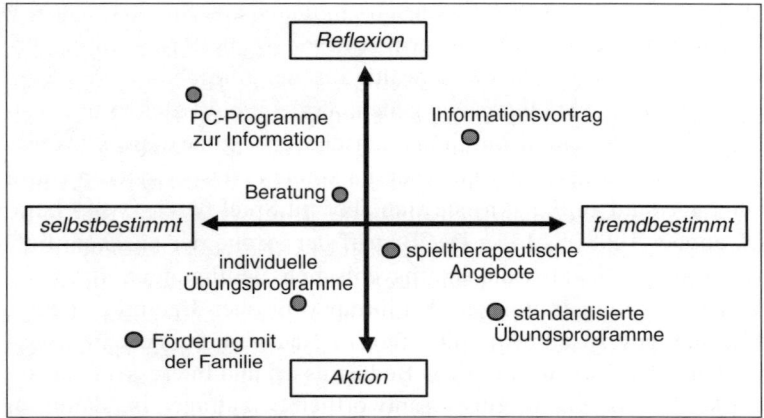

Abbildung 2.5: Entwicklungsintervention

📖 Steinebach, Ch. (1989). Der Klientenzentrierte Ansatz in der Frühförderung: Theoriebildung und Anwendung. GwG-Zeitschrift 77, S. 417–425

👤 Gräser, H. (1980). Entwicklungsintervention. In: Wittling, W. (Hrsg.): Handbuch der Klinischen Psychologie. Bd. 5: Therapie gestörten Verhaltens. Hamburg: Hoffmann & Campe, S. 16–49

2.3 Entwicklungsberatung

Beratung begegnet uns in so unterschiedlichen Situationen des Alltags, daß eine Eingrenzung auf bestimmte Personen, Methoden, Ziele etc. notwendig ist. Erst dann können wir genauer bestimmen, inwieweit Beratung ein spezifisch entwicklungspsychologisches Angebot sein kann. In der Beratung kommunizieren Menschen. Beratung ist eine Gesprächs- oder, noch allgemeiner, eine Kommunikationssituation. Gehen wir von einem allgemeinen Kommunikationsmodell (Schulz von Thun 1998) aus, so läßt sich Kommunikation als Austausch von Nachrichten zwischen Sender und Empfänger verstehen. Sachinhalt, Appell, Beziehung und Selbstoffenbarung sind dabei Aspekte einer Nachricht. Daß Sender und Empfänger unterschiedliche Einschätzungen der Aspekte einer Nachricht haben können, erschwert den Kommunikationsprozeß. *Beratung als helfendes Gespräch* zeichnet sich nun dadurch aus, daß Hilfen zur Klärung von

Problemlagen in definierten Kommunikationssituationen gegeben werden. Dabei können Art (schriftlich, mündlich), Dauer (einmalig, mehrmals, Dichte/Frequenz), Medien (E-Mail, Telefon etc.), Personenzahl (Einzel- oder Gruppenberatung), Gegenstand (Informationsfragen, Beziehungsprobleme etc.) variieren. »Beratung im hier verstandenen Sinne (als Beratung in helfenden Berufen) ist eine professionelle, wissenschaftlich fundierte Hilfe, welche rat- und hilfesuchenden einzelnen und Gruppen auf der Basis des kommunikativen Miteinanders vorbeugend, in Krisensituationen sowie in sonstigen Konfliktlagen aktuell und nachbetreuend dient« (Brem-Gräser 1993, S. 15). Damit umfaßt Beratung (Seibert 1990) ganz allgemein (1) Information und praktische Hilfen, (2) Informationen zu psychischen und sozialen Zusammenhängen, (3) besondere Settings, (4) besondere Rolle der Fachleute, (5) besondere Gestaltung von Nähe und Distanz und (6) besondere Methoden.

Aus Sicht einer handlungstheoretisch ausgerichteten Entwicklungspsychologie bringen Effektanz- und Kontrollorientierungen persönliche Überzeugungen von Handlungs- und Entwicklungskompetenzen zum Ausdruck. Sie stehen für die subjektive Einschätzung verfügbarer Mittel zur Bewältigung von Entwicklungsaufgaben. Sie stehen in engem Bezug zu subjektiven Entwicklungszielen und sozial vermittelten Entwicklungsnormen. Zumindest subjektiv grenzen sie das Erreichbare vom Unerreichbaren ab. Damit wird auch deutlich, daß Effektanz- und Kontrollorientierungen zentraler Gegenstand einer entwicklungsbezogenen Beratung sein müssen.

2.3.1 Thesen zur Entwicklungsberatung

Im Folgenden werden wir die Grundzüge der Entwicklungsberatung nach Brandtstädter (1981, 1985; Brandtstädter & Gräser 1999) vorstellen.

Info-Box 5: Entwicklungsberatung

(1) Entwicklung verläuft im Spannungsgefüge von persönlichen Entwicklungszielen und -potentialen einerseits und von sozialen Entwicklungsforderungen und -angeboten andererseits.

(2) Krisen und kritische Lebensereignisse sind Problemsituationen. Sie sind gekennzeichnet durch eine Diskrepanz zwischen subjektiven Anforderungsgehalten der Situation und subjektiven Bewältigungsmöglichkeiten. Sie gelten als Orientierungprobleme der individuellen Handlungs- und Lebensführung. Solche Orientierungskrisen verlangen Handlungsregulationen höherer Ordnung, um das eigene Handeln zu reorganisieren und um stabile Handlungsorientierungen wiederzugewinnen.

(3) Durch das Ringen um eine Bewältigung solcher Krisen hat das Individuum einen Entwicklungsgewinn.

(4) Probleme der Handlungsorientierung verlangen nach einem Mehr an Information und Argumentation. Die argumentative Anwendung der Entwicklungspsychologie nennt Brandtstädter (1981) »Entwicklungsberatung«.

(5) Ziel der Entwicklungsberatung ist der Neuaufbau bzw. die Modifikation bestehender Entwicklungsorientierungen.

(6) Wesentliche Merkmale der Entwicklungsberatung sind: (a) keine Einschränkung auf besondere Problem- oder Altersabschnitte; (b) es geht nicht um Wissensvermittlung; (c) Entwicklungsberatung liefert methodologisch fundierte Hilfen bei der Deutung und kritischen Rekonstruktion von Entwicklungsthemen und Entwicklungsüberzeugungen, bei der Analyse objektiver und subjektiver Entwicklungspotentiale und Handlungskompetenzen, bei der Darstellung von Entwicklungsalternativen, bei der Darstellung von Folgen und Nebenwirkungen alternativer Entwicklungsentscheidungen.

(7) Es gilt, eine bevormundungsfreie Situation zu schaffen. So soll die valide und authentische Erhebung und Reflexion individueller Entwicklungsorientierungen möglich werden. In der Beratung soll insbesondere auf die kontextuellen Bedingungen Bezug genommen werden. Einseitige Kausalattributionen sollten vermieden werden. Eine Intervention, die die »Ursachen« von Problemlagen zu ändern sucht, ist im Zuge einer handlungsorientierten Beratung nicht möglich. Daher wird eine argumentative Strategie bevorzugt, die das Handlungssubjekt in seinem Folgehandeln nicht festlegt.

(8) Entwicklungsberatung ist jene Form beratend-psychologischer Hilfestellung, die sich formal durch handlungstheoretische Begrifflichkeit auszeichnet und sich inhaltlich auf die gesamt Lebensspanne der Ratsuchenden bezieht. Sie ist besonders dort verlangt, wo Lebenssituationen eine Umstrukturierung oder den Aufbau von Handlungsorientierungen fordern.

Wenn wir Beratung nun als *Entwicklungsberatung* verstehen, hat dies verschiedene Folgen: Entwicklungsberatung dient der »Vorbereitung entwicklungsbezogener Entscheidungen und dem Aufbau personaler Entwicklungsorientierungen«. Es geht um Hilfen bei der Bewältigung von Entwicklungsproblemen, -krisen und kritischen Lebensereignissen. Entwicklungsberatung ist überall dort sinnvoll, wo sich der Beratungsanlaß als Entwicklungsproblem, d. h. »als Probleme des Aufbaus oder Neuaufbaus von Entwicklungsorientierungen (Entwicklungszielen, entwicklungsbezogenen Überzeugungen, entwicklungsbezogenen Handlungsorientierungen) rekonstruieren« läßt (Brandtstädter 1985, S. 1). Was dies nun z. B. für die Beratung im Jugendalter bedeuten könnte, wird im Folgenden ausgeführt.

2.3.2 Jugendberatung als Entwicklungsberatung

Information und praktische Hilfen gehören zur Jugendberatung, genauso wie therapeutische Interventionen. Solche praktischen Hilfen sind etwa Hilfestellungen bei der Bewerbung, Gespräche, die auf Bewerbungssituationen vorbereiten, oder auch Informationen zu finanziellen Hilfen. Oft ermöglichen diese konkreten Hilfen erst die Auseinandersetzung mit den grundlegenderen Problemen und Fragestellungen.

Über *Informationen zu psychischen und sozialen Zusammenhängen* wird meist Expertenwissen zur Identitätsentwicklung, Familienentwicklung oder zur schulischen und beruflichen Sozialisation vermittelt. Dabei besteht aber die Gefahr, die Jugendlichen mit relativ abstrakten Hypothesen zu überfordern. Eine Bezugnahme und Verdeutlichung komplexer Zusammenhänge an Hand des alltäglichen Lebens der Jugendlichen ist daher sicher unverzichtbar.

Das *Setting* bezeichnet hier die äußere Organisation der Beratung. Während es im Rahmen der Frühförderung sinnvoll sein kann, über Hausbesuche Förderung und Beratung anzubieten, ist dies in der Jugendberatung sicher nur selten der richtige Weg. Jugendliche werden zunehmend unabhängiger von der Herkunftsfamilie. Sie zeigen oft eine kritische Distanz gegenüber gängigen Beratungsangeboten. Daher ist es sinnvoll, in der Gestaltung der Kontakte viele Freiräume für individuelle Absprachen (Ort, Zeit, Themen) zu lassen. In der Diskussion um den möglichen Beratungsprozeß sollten auch reale oder phantasierte implizite Ziele der Beratung reflektiert werden.

Die *Rolle des Beraters/der Beraterin* sollte kritisch reflektiert werden. Wenn Identität und Autonomie mit ihren vielfältigen Facetten Gegenstand der Beratung sind, so bietet die Beratungssituation sicher viele Anlässe zu Übertragung und Konflikt. Diese Prozesse sollten kritisch reflektiert werden. Damit bietet sich dem Ratsuchenden die Möglichkeit, anders als in Alltagssituationen, Konflikte zu reflektieren und zu bewältigen. Über einen Transfer resultierender Erfahrungen und Erkenntnisse in den Alltag hinein kann dann die zentrale Entwicklungsaufgabe des Jugendalters eher bewältigt werden.

Der *Beziehungsgestaltung* in der Beratung kommt besondere Bedeutung zu. Echtheit und Selbstkongruenz als klassische Beratervariablen (vgl. Rogers 1959) sind dabei unverzichtbar. Jugendliche, die sich mit Fragen der Autonomie auseinandersetzen, sind sicher für Bevormundung oder Anbiedern hoch sensibel und werden darum möglicherweise die Beratungskontakte abbrechen.

Besondere Methoden der Beratung sind zumindest immer dann gefordert, wenn die Klienten die Gesprächssituation als »künstlich« erleben. Wenn Fähigkeiten zur Reflexion und zum verbalen Austausch begrenzt sind, sollten andere Medien oder kreative Methoden eingesetzt werden. Da im Jugendalter der Peer-group besondere Bedeutung zukommt, können Gruppenberatungen besonders hilfreich sein. Ob und inwieweit die Einbeziehung der Familie sinnvoll ist, wird im Einzelfall zu prüfen sein. Dies scheint jedoch überall dort sinnvoll, wo dem Streben nach Autonomie und Selbstbestimmung überzogene Grenzen gesetzt werden. Auch die Eltern bedürfen dann einer entwicklungsbezogenen Beratung, um die Entwicklungsgebundenheit der bestehenden Kommunikationsprobleme zu sehen und alternative Formen der Konfliktbewältigung zu entwickeln.

2.3.3   Entwicklungs-, Erziehungs- und Familienberatung

Aufgrund der oben angeführten Befunde und der sich anschließenden konzeptionellen Überlegungen gewinnen interaktionelle und familiendynamische Aspekte an Bedeutung. Dem entspricht eine Erweiterung des Arbeitsauftrages in verschiedenen pädagogischen und therapeutischen Bereichen. So wird zunehmend gefordert, neben den Klienten auch die unmittelbare soziale Umwelt, zumeist also ihre Familien, begleitend zu beraten (Schmidt 1998). Hier bestehen in der Praxis, etwa in der Entwicklungsrehabilitation, jedoch noch viele Unsicherheiten (Mahoney & O'Sullivan 1990, ausführlicher Steinebach 1995b). Es wird gefordert, daß die Angebote differenzierter werden und zugleich verschiedenste Problemaspekte abdecken (Turner et al. 1980). Es wird gefordert, Aspekte der kindlichen Entwicklung, der Eltern- und Partnerschaft und der Familiendynamik zu berücksichtigen (Dunst 1985). Arbeitsinhalte und Ziele seien auf die Lage der Eltern abzustimmen (Mahoney & O'Sullivan 1990, Speck & Peterander 1994, Steinebach 1997d). Die Auswirkungen kindlicher Entwicklungsauffälligkeiten und die daraus erwachsenden Belastungen für die Mutter, die Auswirkungen auf die Rolle des Vaters in der Familie, die Probleme in der Partnerschaft durch Unterschiede in der Verarbeitung der Krise zwischen den Eltern werden besonders beachtet (Konstantareas & Homatidis 1988). Obwohl in den genannten Veröffentlichungen auch auf empirische Arbeiten zurückgegriffen wird, fehlen Untersuchungen, die im Längsschnitt die Veränderung wesentlicher Merkmale familiärer Interaktion verfolgen und diese mit dem Selbsterleben der Familienmitglieder in Zusammenhang bringen. So fordert Paget (1991) die Berücksichtigung von Lebensspannenentwicklungspsychologie und Familiensystemtheorie in der Förderung des entwicklungsauffälligen Kindes. Konkretere Informationen wären von entsprechenden Evaluationsstudien zu erwarten. Es zeigt sich aber, daß solche Untersuchungen bisher nur unzureichend familienbezogene Variablen berücksichtigten (Shonkoff et al. 1988, Steinebach 1995b). Dieser forschungspraktischen Ignoranz entsprechen Mängel der Praxis. So konnte McCollum (1987) in einer Befragung von 188 Pädagogen im Frühförderbereich zeigen, daß nur ein geringer Teil der Arbeitszeit auf Elternberatung entfällt. Bei dieser steht die Anleitung der Eltern im Vordergrund. Vergleichbares fanden Mahoney und O'Sullivan (1990) sowie Speck und Peterander (1994) heraus. Dagegen wünschten sich die Mitarbeiterinnen und Mitarbeiter, für die Beratung der Eltern genausoviel Zeit einsetzen zu können wie für die Förderung des Kindes. Der zeitliche Aufwand für die *Anleitung* der Eltern sollte, so der Wunsch der Befragten, nicht höher sein als der für die *Beratung* in individuellen und familiären Belangen (McCollum 1987).

Offensichtlich reichen die *Überlegungen* zu einer familienbezogenen Rehabilitation weiter als deren *Realisierung in der Praxis*. Auch in evaluativen Untersuchungen dominieren Wirkungen der Förderung in Bereichen kognitiver Entwicklung. Auswirkungen der Förderung auf das familiäre Geschehen werden meist übergangen. Werden Familienmerkmale berücksichtigt, so werden diese in der Beschreibung der Stichprobe benannt, ohne jedoch als abhängige Variablen kontrolliert zu werden. Hier ist nun die Frage zu stellen, ob nicht Forschungen zu familientherapeutischen Interventionen Informationen liefern, die für die Arbeit mit Familien entwicklungsauffälliger Kleinkinder von Bedeutung sind.

»Familientherapie ist ein psychotherapeutischer Ansatz mit dem Ziel, *Interaktionen* zwischen einem Paar, in einer Kernfamilie, in einer erweiterten Familie oder zwischen einer Familie und anderen interpersonellen Systemen zu verändern und dadurch Probleme einzelner Familienmitglieder, Probleme von Familien-Subsystemen oder der Gesamtfamilie zu lindern« (Wynne 1988, S. 7, Hervorhebung im Original). Demnach richtet sich Familientherapie auf die Interaktion von Personen. Mit Schneewind (1999) verstehen wir Familie als eine Einheit von Personen, die sich gemeinsam im Kontext von Raum und Zeit entwickeln. Die Person verfügt über ein internes Erfahrungsmodell, das ihr »subjektives Wissen von der Familienrealität« wiedergibt. Ziel der psychologischen Familientherapie wäre unter diesen Aspekten eine Veränderung dieses internen Modells, das aus internem Selbstmodell, Umweltmodell und Beziehungsmodell besteht. So wird eine dauerhafte Veränderung der familiären Kommunikation erwartet.

Aufgrund der Überlegungen zu den Grundlagen einer familienbezogenen Frühförderung und der besonderen Situation von Familien mit entwicklungsauffälligen Kindern lassen sich hier viele Ansatzpunkte für familienbezogene Maßnahmen in der Frühförderung aufzeigen. Daß eine Adaptation familientherapeutischer Konzepte und Praktiken in der Entwicklungsrehabilitation dennoch nur in geringem Umfang zu beobachten ist, mag verschiedene Gründe haben: (1) Für Familientherapie, gleich welcher Provenienz, war lange Zeit eine Ablehnung symptombezogener und personbezogener Diagnostik kennzeichnend. Eine Diagnosestellung, so nahm man an, würde die Rolle des Symptomträgers in der Familie festschreiben und die bereits bestehende Stigmatisierung vertiefen. Dagegen ist anzunehmen, daß eine Diagnostik wertvolle Informationen auch für ein Verständnis des Systems liefern kann, sofern sie einseitige Ursachenzuschreibungen vermeidet (Schneewind 1999). Zudem besteht die Gefahr, daß vorhandene Entwicklungsdefizite ohne eine differenzierte Diagnostik nicht erkannt werden und damit Kindern notwendige Therapien vorenthalten werden (Lustermann 1987). (2) Die familientherapeutische Evaluationsforschung steht noch am Anfang (Wynne 1988). (3) Studien, die die Effektivität familientherapeutischer Interventionen nachweisen sollen, werden zunächst explorativen Charakter haben. Da zentrale Kriterien zur Beurteilung des Fortschrittes unter Einfluß von Therapie noch nicht bekannt sind, oder hier zumindest noch keine Einigkeit besteht, werden die unterschiedlichen Perspektiven der beteiligten Personen zu berücksichtigen sein. (4) In der familientherapeutischen Praxis werden Kleinkinder vom Therapiegeschehen oft genug ausgeschlossen (Zilversmit 1990). Dies wird mit zu geringen sprachlichen Kompetenzen und zu großer motorischer Unruhe begründet. Im Sinne einer ökologischen Validität des Beratungsprozesses macht die Anwesenheit von Kindern aber überhaupt erst eine Beziehungsdiagnostik möglich (Zilversmit 1990). Außerdem kann sich die Therapie auf das aktuelle Geschehen beziehen. Auf einer metaphorischen Ebene gelten Kinder als Symbol für Wandel und unterstützen damit die angestrebten therapeutischen Veränderungen. (5) Kindertherapie und Familientherapie galten lange Zeit als unvereinbar. Moss-Kagel und Mitarbeiter (1989) sprechen hier gar von einem unerklärten Krieg. Unter Rückgriff auf systemtheoretische Positionen läßt sich jedoch die Parallelität wichtiger Grundannahmen zwischen beiden Therapierichtungen aufzeigen (Moss-Kagel et al. 1989, Zilversmit 1990). So können zu den jeweiligen Gründen für eine zurückhaltende Übernahme familientherapeutischer Positionen in die Arbeit mit kleinen und entwicklungsauffälligen Kindern entsprechende Gegenargumente angeführt werden. Die laufende Diskussion macht deutlich, warum keine empirischen Arbeiten zur Effektivität familientherapeutischer Interventionen bei Familien mit Kleinkindern vorliegen. So bleibt mit Moss-Kagel und Mitarbeitern (1989) zu fordern, daß in der Arbeit mit Kleinkindern eine Annäherung und Verbindung von Kindertherapie und Familientherapie geschieht, die den individuellen Aspekten des Lebenslaufs, der Familienentwicklung, dem Familiensystem sowie den Wechselwirkungen zwischen den bestehenden Symptomen und der familiären Interaktion gerecht wird. Unter Bezugnahme auf Schneewind (1999) ist hier auch eine Berücksichtigung des internen Erfahrungsmodells der Familienmitglieder zu fordern. Dabei ist jedoch nicht nur an die konkreten situationsbezogenen Repräsentationen von Personen und Beziehungen zu denken, sondern auch an die situationsübergreifenden Zuschreibungen. Wir gehen davon aus, daß solche Repräsentationen die Wahl und Bewertung von Zielen und Mitteln familien- und entwicklungsbezogener Handlungen beeinflussen und selbst wiederum durch die wahrgenommene Familiendynamik und das individuelle Entwicklungserleben beeinflußt sind (Steinebach 1995b).

Tabelle 8 bietet eine Systematik unterschiedlicher Ansätze familienbezogener Beratung. Daß diese Ansätze durchaus als Entwicklungsinterventionen zu verstehen sind, wird deutlich, wenn man den Beratungsgegenstand als Entwicklungsproblem und die Zielsetzungen relativ zum Entwicklungsstand der Familie und ihrer einzelnen Mitglieder sieht. Darüber hinaus werden Entscheidungen über angemessene Methoden auf problem- und zielbezogenen Überlegungen beruhen. Damit wird Beratung Ergebnis, aber auch Ausdruck entwicklungspsychologischer Reflexion.

📖 Heekerens, H. P. (1988). Familientherapie und Erziehungsberatung. Heidelberg: Asanger

§ Brandtstädter, J. (1985). Entwicklungsberatung unter dem Aspekt der Lebensspanne: Zum Aufbau eines entwicklungspsychologischen Anwendungskonzeptes. In: Brandtstädter, J. & Gräser, H. (Hrsg.): Entwicklungsberatung unter dem Aspekt der Lebensspanne. Göttingen: Hogrefe, S. 1–15

Tabelle 8: Familienbezogene Beratung in der Entwicklungsrehabilitation (vgl. Mattejat 1993, Heekerens 1988, Steinebach 1995b)

ANGEBOTE	PROBLEME	ZIELE	METHODEN
Elternberatung	Vorbereitung, Begleitung und Reflexion der Angebote durch Informationserhebung und -vermittlung.	Kooperation, Entwerfen eines gemeinsamen Planes zur Förderung, Hypothesenbildung, Erfolgsbewertung.	Rational reflektierend, teilweise auch Verbalisierung von Gefühlen, Informationen und Instruktionen.
Erziehungsberatung	Verhaltensauffälligkeiten der Kinder, problematisches Erzieherverhalten.	Veränderung des Erziehungsverhaltens, angemessener Einsatz von Belohnung und Bestrafung, Erhöhung der elterlichen Empathie für das Kind.	Anleitung zum Einsatz von Belohung: Förderung einfühlenden Verstehens und offener Kommunikation.
Entwicklungsberatung	Entwicklungsprobleme, Erwartungen und Möglichkeiten des Kindes und seiner Umwelt relativ zu sozialen Entwicklungsnormen und personalen Überzeugungen.	Korrektur unangemessener Erwartungen, Gestaltung einer angemessenen Entwicklungsumwelt unter Bezugnahme auf entwicklungspsychologisches Wissen.	Argumentative Anwendung der Entwicklungspsychologie in einer offenen und bevormundungsfreien Beziehung.
Familienberatung	Bedeutung des Problems für die familialen Beziehungen, Reflexion des Problems als Ausdruck einer bestehen-Beziehungsstörung.	Therapiebündnis, Unterstützung der angestrebten Entwicklungsschritte durch Änderung der familialen Kommunikation und wechselseitige Unterstützung.	Reflexion der familialen Kommunikation, der gegenseitigen Erwartungen, der Organisation der Familie unter den bestehenden Belastungen; Herausarbeiten der Stärken dieses Familiensystems.
Strukturelle Familientherapie	Kommunikation, Flexibilität und Nähe in Wechselwirkung mit dem Entwicklungsproblem.	Aufbrechen von Bedingungszirkeln, Absprechen und Realisieren von konkreten Verhaltensweisen zur Modifikation von Nähe und Distanz in kritischen Situationen.	Klare und konkrete Vereinbarungen zu beispielhaft besprochenen Familiensituationen,»Hausaufgaben«.
Strategische und systemische Familientherapie	Kommunikationsmuster in Abhängigkeit zum systemaren und subsystemaren Geschehen.	Veränderung von energiebindenden Problemlagen, Destabilisierung des Systems, um Neustrukturierung zu ermöglichen.	Arbeit an gegenwärtiger Kommunikation, symptombezogene, paradoxe Techniken.

3
Grundlagen der angewandten Entwicklungspsychologie

In diesem Kapitel geht es um klassische Themen der Entwicklungspsychologie. Traditionell beschäftigt sich die Entwicklungspsychologie mit der kindlichen Entwicklung. Dabei war bisher von besonderem Interesse, wie die Entwicklung in den Bereichen der Grob- und Feinmotorik, der Wahrnehmung und des Denkens, des Sprachverständnisses und aktiven Sprechens u.a.m. *allgemein* verläuft. Diese Bereiche der menschlichen Entwicklung sind vergleichsweise gut erforscht. Zunächst erleichtert dies ihre Darstellung in einem Lehrbuch. Die Forschungsergebnisse machen aber auch deutlich, daß eine getrennte Darstellung dieser Entwicklungsbereiche problematisch ist. Viele Entwicklungsschritte in unterschiedlichen Bereichen sind miteinander verbunden und setzen einander voraus. Die Entwicklung einzelner Kompetenzen kann häufig nur aus Handlungen erschlossen werden, für die unterschiedliche Bereiche (Schlüsselkompetenzen)

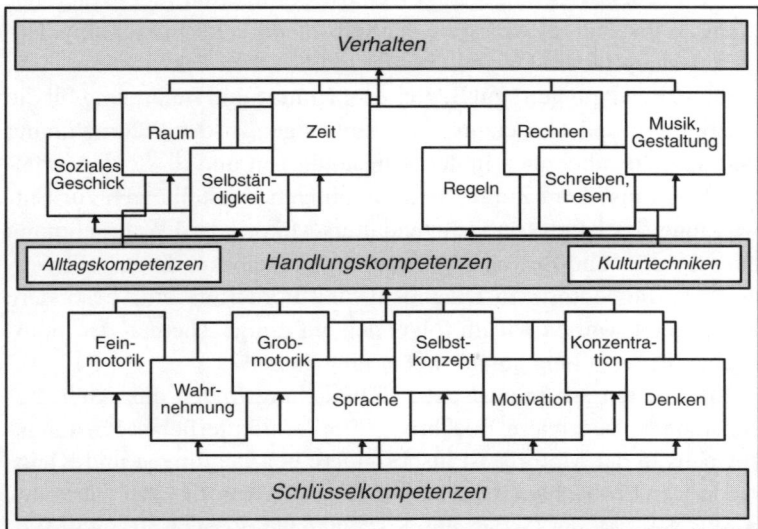

Abbildung 3.1: Grob- und Feinmotorik als Schlüsselkompetenzen

verantwortlich sind. Von den bestehenden Zusammenhängen gibt Abbildung 3.1 einen Eindruck.

Fand also traditionell bei der Beschreibung der Entwicklung von Motorik, Wahrnehmung, Sprache und Denken die Perspektive *allgemeiner* Entwicklungsverläufe besondere Beachtung, wird erst in neuerer Zeit nach den Unterschieden in der menschlichen Entwicklung gefragt. Unterschiede zwischen verschiedenen Generationen, Altersabschnitten, Kulturen oder Fragen nach Ursachen von spezifischen Entwicklungen und Fehlentwicklungen werden nun stärker berücksichtigt (Cicchetti 1999).

3.1 Entwicklung der Motorik

Die Motorik ist ein grundlegender und zentraler Entwicklungsbereich. Dennoch nimmt die Darstellung der Entwicklung der Motorik in entwicklungspsychologischen Lehrbüchern in der Regel nur wenig Raum ein, wenn sie nicht ganz übergangen wird (vgl. Arbinger 1995). Die Motorik ist Grundlage und Teil von Fähigkeiten, die anderen Entwicklungsbereichen zugeschrieben werden: Sprechmotorik der Sprachentwicklung, Auge-Hand-Koordination der Wahrnehmung, selbständiges Anziehen der Selbständigkeitsentwicklung. Gerade deshalb ist die Darstellung der motorischen Entwicklung nicht einfach. Bewegungen sind Begleiterscheinung und Bedingung für die Ausbildung und Umsetzung von Leistungen in der Wahrnehmung und Sprache, aber auch in der Selbständigkeit und im Sozialverhalten. Es ist also kein Zufall, wenn in einigen Darstellungen zur Entwicklung des Kindes- und Jugendalters Motorik und Wahrnehmung oder Sprach- und Bewegungsförderung gemeinsam dargestellt werden. Da die Motorik in Diagnostik und Förderung eine besondere Rolle spielt, wollen wir im folgenden auf einige Themen der motorischen Entwicklung ausführlicher eingehen.

In Arbeiten zur motorischen Entwicklung finden die ersten Lebensmonate besondere Beachtung. Ein kontinuierlicher Leistungszuwachs in der Motorik ist insbesondere bei Säuglingen und Kleinkindern zu beobachten. Die Entwicklung der Motorik setzt allerdings bereits weit vor der Geburt ein. So zeigen bereits acht bis zwölf Wochen alte Föten spontane Bewegungen, die nicht als reines Ausagieren von Reflexen verstanden werden können. Schon zwischen der 12. und 16. Woche werden bereits Räkeln, Strecken und Gähnen beobachtet. Nach und nach nehmen die Aktivitäten zu, werden aber durch die zunehmende Enge und den Aufbau von Steuerungsmechanismen auch wieder begrenzt (vgl. zusammenfassend Rauh 1998a). Es stellt sich ein Rhythmus von Ruhe- und Aktivphasen ein. Bei steigendem Muskeltonus und zunehmender Ausprägungsstärke von Reflexen zeigt der Fötus bereits ab der 28. Woche eine Vielzahl von unterschiedlichen motorischen Aktivitäten.

Worin liegt der Sinn solcher früher Bewegungsmuster? Nach Rauh lassen sich dazu in der Literatur unterschiedliche Sichtweisen finden: Demnach können frühe Bewegungsmuster (1) als Aktivität des sich ausdifferenzierenden Nervensystems, (2) als Ausdruck der Feinanpassung motorischer Abläufe, (3) als Zeichen des Abbaus überzähliger neuronaler Verknüpfungen oder als (4) Hilfen zur Bahnung künftiger wichtiger Funktionen verstanden werden. Es bleiben jedoch bei weitem nicht alle der hier auftretenden Bewegungsmuster über den weiteren Lebenslauf erhalten.

Das Neugeborene verfügt über eine Reihe von Reflexen, die in Tabelle 9 (s. folgende Seite) aufgeführt sind.

Warum ist das Wissen um Arten und Ausprägungsgrade von Reflexen wichtig? Arbinger (1995) hebt zunächst die diagnostische Bedeutung hervor. Reflexe können bei dem einen Kind normal, beim anderen sehr stark oder auch gar nicht ausgeprägt sein. Einige Reflexe sollten später wieder abgebaut und daher nicht mehr nachzuweisen sein. Reflexprüfungen in dieser Phase der menschlichen Entwicklung verweisen auf Störungen des zentralen Nervensystems (ZNS). So lassen sich wesentliche Probleme der Motorik von Kindern mit einer spastischen Tetraplegie auf die Persistenz von frühkindlichen Reflexen zurückführen.

Es kann jedoch nur bei einem Teil der Reflexe angenommen werden, daß sie für die weitere motorische Entwicklung und den Aufbau spezifischer Bewegungsmuster grundlegend oder bahnend sind.

Ausprägung und Präsenzdauer der unterschiedlichen Reflexe geben wichtige Hinweise auf den Reifungsgrad und den allgemeinen Entwicklungsstand im Neugeborenen- und Säuglingsalter. So lassen sich schon früh auch diskrete Auswirkungen prä-, peri- oder postnataler Schädigungen nachweisen. »Zu den häufigsten Einflüssen, die

75

*Tabelle 9: Übersicht über die Reflexe der Neugeborenen
(vgl. Keller & Meyer 1982)*

REFLEX	BESCHREIBUNG	AUSLÖSENDER REIZ
Moro	Arme und Beine werden wie zur Umarmung symmetrisch von der Körpermittenachse ausgestreckt.	Abrupte Lageveränderung, scheinbares Fallenlassen, lautes ' Geräusch.
Greifen	Schließen der Hand und Festhalten des berührenden Gegenstands.	Druck auf Finger und Handinnenfläche.
Babkin	Mundöffnen, Kopfdrehen von der Seite nach vorn, gelegentliches Kopfheben.	Druck auf Handinnenfläche beider Hände nach unten.
Babinsky	Spreizen der Zehen nach außen.	Taktile Stimulation der Fußsohle.
Schreiten	Schreitbewegungen.	Halten in der Aufrechten mit Berühren eines Untergrunds.
Plazieren	Säugling setzt ganzen Fuß auf den Tisch.	Berührung einer Tischkante mit oberem Fußteil.
Kriechen	Arme und Beine werden unter den Körper gezogen, Kopf gehoben.	Fuß gegen Oberfläche drücken.
Schwimmen	Arm- und Beinbewegungen.	Neugeborenes bäuchlings in Wasser legen.
Flexion	Beine anziehen.	Druck auf Fußsohle.
Abdominal	Kontraktion des abdominalen Muskels.	Taktile Stimulation auf Bauch.
Kopfdrehen	Kopfdrehen nach der stimulierten Seite.	Taktile Stimulation einer Kopfseite.
Tonischer Nacken-Reflex	Arme und Beine auf der Seite, zu der hin der Kopf gedreht ist, sind gestreckt, auf der anderen Seite gebeugt.	Baby in Rückenlage bringen und Kopf nach einer Seite drehen.
Niesen	Niesen.	Kitzeln der Nasalpartie.
Blinzeln	Blinzeln.	Helles Licht.
Rooting	Kopfdrehen nach der stimulierten Seite und Mundsuchverhalten.	Taktile Stimulation der Wange oder des Mundwinkels.
Saugen	Saugbewegungen.	Taktile Stimulation der Lippen.
Schlucken	Schluckbewegungen.	Nahrung im Mund.

je nach Zeitpunkt, Dauer und Intensität die fötale Entwicklung beeinflussen und gravierende Spätfolgen haben können, gehören:
- Unter- und Fehlernährung der Mutter,
- Metabolismusfehler der Mutter,
- Alter der Mutter (Funktionsuntüchtigkeit der Plazenta)
- Infektionskrankheiten,
- Strahlenexposition (z. B. Röntgen),
- Umweltbelastungen (z. B. Bleigehalt der Luft),
- Alkohol,
- Drogen (bes. Schmerz- und Rauschmittel),
- Rauchen (und ›Mitrauchen‹),
- Streß,
- ablehnende Einstellung zum Kind« (Rauh 1987, S. 137 f.; s. auch Abb. 3.2).

Die Entwicklung der Motorik folgt bestimmten Prinzipien, die bereits früh in der entwicklungspsychologischen und -neurologischen Literatur beschrieben wurden. Demnach schreitet die Entwicklung vom Kopf über den Rumpf zu den Armen und Beinen voran (Prinzip der cephalo-caudalen Entwicklungsrichtung). Genauso gelingt eine Kontrolle der körperzentralen Muskeln eher als die der von der Körpermitte weiter entfernten, feineren Muskeln (Prinzip der proximodistalen Entwicklungsrichtung). Zur Entwicklung der Koordination der beiden Körperhälften »findet ein fortlaufender Wechsel in der Dominanz zwischen Beugern und Streckern ... und gleichzeitig ein periodischer Wechsel von unilateralen (bzw. gekreuzt lateralen) zu bilateralen Muskelgruppen« statt (Prinzip der reziproken Verflechtung, Arbinger 1995, S. 47). Zur Kompensation eines unvollständigen Gleichgewichts zwischen den beiden Seiten können funktionelle Asymmetrien ausgebildet werden (z. B. Händigkeit, Prinzip der funktionellen Asymmetrie). Als weitere Tendenzen nennt Arbinger das Prinzip der festgelegten Reihenfolge, der individuellen Unterschiede, der Nichtumkehrbarkeit, der negativen Beschleunigung (zunehmende Verlangsamung der Entwicklungsfortschritte). Von »Prinzipien« zu sprechen erweckt den Eindruck, als erläutere man einen abgegrenzten, eindeutig bestimmbaren und festgelegten Gegenstand. Aber auch für den Bereich der Motorik gilt, daß es erhebliche interindividuelle Unterschiede gibt und eine Übertragung der Prinizpien auf andere Entwicklungsbereiche sicher unangemessen ist.

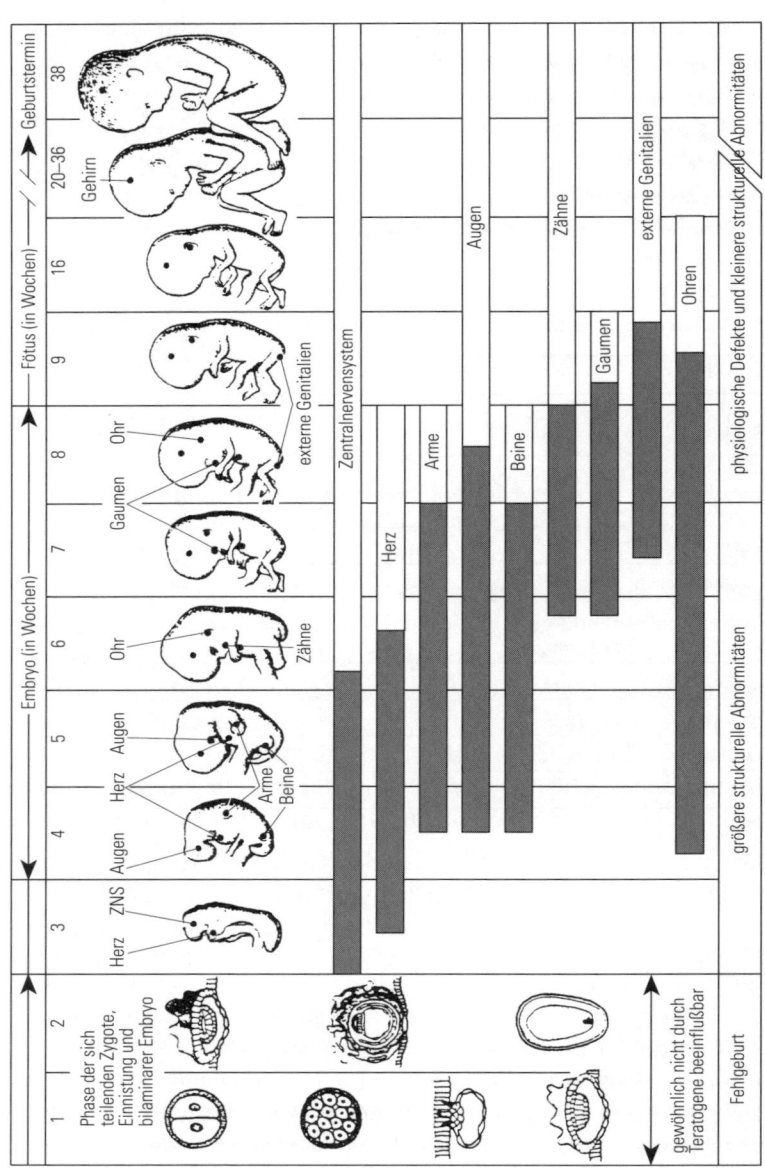

Im ersten Lebensjahr zeigt das gesunde Kind einen permanenten Zuwachs an grob- und feinmotorischen Leistungen. Dabei dominieren Fähigkeiten, die schließlich zum Laufen und Greifen führen. Tabelle 10 gibt einen Überblick über die Entwicklung des Sitzens, Krabbelns und Laufens. Die Zahlen in den Feldern stehen für das durchschnittliche Alter (in Monaten) jener Gruppe, in der 25 % bzw. 50, 75 oder 90 % der Kinder die jeweilige Leistung zeigten.

Tabelle 10: Die Entwicklung motorischer Kompetenzen in den ersten Lebensmonaten (vgl. Mönks & Knoers 1996)

KOMPETENZ	25 %	50 %	75 %	90 %
Kann auf dem Bauch liegend den Kopf um 45° drehen.	0.5	1.0	1.7	2.5
Gestützt sitzen, Kopf stillhalten.	0.6	1.2	2.0	3.2
Bauch/Brust heben.	1.4	2.2	3.3	4.8
Sitzen ohne Stütze.	6.5	7.6	8.8	10.2
Gestützt stehen.	7.7	9.0	10.6	12.2
Zieht sich zum Stehen hoch; erste Form des Krabbelns.	7.6	9.2	11.0	13.0
Gestützt laufen.	9.0	10.4	11.9	13.6
Frei stehen.	11.2	12.8	14.5	16.2
Läuft gut.	12.4	13.8	15.4	16.9
Tritt Ball nach vorne.	14.0	15.8	18.6	24.7

Arbinger (1995) unterteilt diese Reihe von Entwicklungssequenzen in fünf qualitativ unterschiedliche Abschnitte. So geht es in den ersten 4 bis 5 Monaten um die Kontrolle der oberen Körperpartien. Im folgenden Abschnitt (bis zum 8. Monat) verfügt das Kind über eine

Abbildung 3.2 (S. 78): Kritische Phasen der pränatalen Entwicklung. Das Risiko von Mißbildungen (in der Abb. dunkel) ist in der Embryonalzeit, in der sich die Organe bilden und die wesentlichen strukturellen (morphologischen) Veränderungen ablaufen, am größten. (aus: Mussen et al. 1999, Bd. 1; modifiziert nach K. L. Moore. The developing human: Clinically oriented embryology. Philadelphia: W. B. Saunders 1988, 4. Aufl.)

gute Rumpfkontrolle und kann gleichzeitig erste Bewegungen ausführen. Bis zum 9. Monat können wir dann erste Versuche gerichteter Fortbewegung beobachten. Im vierten Abschnitt (bis zum 11. Monat) krabbelt das Kind auf Händen und Knien. Im fünften Abschnitt erwirbt das Kind das freie Laufen und kann auch schwierigere Körperbewegungen kontrollieren. Zu recht verweist auch Arbinger (1995) auf die relative Ungenauigkeit der jeweiligen Zeitangaben. Repräsentative Untersuchungen fehlen. Befunde sind sowohl durch Selektion in der Stichprobenwahl als auch zeit- und damit kultur- und gesellschaftsbedingt verzerrt. Dennoch muß davon ausgegangen werden, daß die Entwicklung des Sitzens, Krabbelns und Laufens in hohem Maße reifungsbedingt ist.

»Unter der Entwicklung des ›Greifens‹ soll hier die Herausbildung der *Fähigkeit* verstanden werden, *wahrgenommene Objekte bewußt zu ergreifen und zu manipulieren,* d. h. es soll hier nicht nur auf bestimmte Aspekte der Handmotorik (›Feinmotorik‹) eingegangen werden, sondern es geht – um mit Piaget zu sprechen – um die Koordination verschiedener ›Schemata‹ (hier Sehschema, Greifschema, Saugschema)« (Arbinger 1995, S. 52, Hervorhebungen im Original; vgl. auch Abb. 3.3). Mit diesem Zitat wird deutlich, wie eng die Entwicklung motorischer Kompetenzen z. B. mit der Aufnahme (dem Erfassen) von Gegenständen durch die Hände, mit Aspekten der Wahrnehmung und des Denkens verwoben ist.

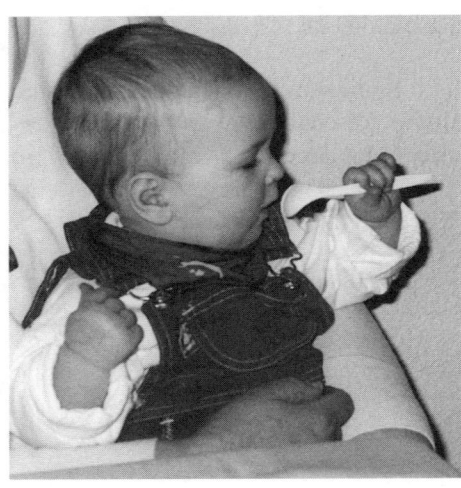

Abbildung 3.3:
Die Verbindung von
Sehen, Greifen, Saugen
(Clara, 30 Wochen)

Mönks und Knoers (1996, vgl. Tab. 11; vgl. auch Arbinger 1995, Holle 1996) nennen einige Richtwerte für die Entwicklung des Greifens. Allerdings sind die Angaben wegen der größeren Streuung der Werte weniger genau als bei der Beschreibung der Entwicklung hin zum Laufen.

Tabelle 11: Die Entwicklung des Greifens (vgl. Mönks & Knoers 1996)

KOMPETENZ	ALTERSANGABE ALS UNGEFÄHRER WERT
Kein wirklicher Kontakt mit dem Objekt; das Kind sieht das Objekt an. Es wird aber nicht danach greifen. Das Greifen wird durch den asymmetrisch tonischen Nackenreflex erschwert.	+/– 16 Wochen
Das Kind kann visuell gezielt greifen. Die Auge-Hand-Koordination bildet sich langsam aus. Das Kind berührt den Gegenstand, versucht ihn zu greifen, kann ihn aber noch nicht festhalten.	+/– 20 Wochen
Nun wird auch die Handfläche benutzt (palmares Greifen).	+/– 28 Wochen
Der Zeigefinger beginnt eine Rolle zu spielen (Entwicklung vom Pinzettengriff ...	+/– 36 Wochen
... zum Zangengriff). Daumen und Zeigefinger arbeiten koordiniert zusammen, und auch die anderen Finger können effektiv genutzt werden.	+/– 52 Wochen

Verfügt das Kind über diese Kompetenzen, werden nun die Möglichkeiten »zur Arbeit am Objekt«, zur spielerischen Veränderung von Gegenständen, komplexer und differenzierter. Mit zwei Jahren kann das Kind Zylinder in ein Steckbrett, später auch Formen in eine Formbox stecken.

An dieser Stelle wäre eine Überleitung von der Analyse der motorischen Entwicklung zur Beschreibung der Entwicklung des Wahrnehmens denkbar. Denn gerade in der Beschreibung der Entwicklung des Greifens bietet sich eine Überleitung zum »Begreifen« an. Wir möchten dennoch zunächst bei diesem Bereich bleiben und Fragen der motorischen Entwicklung im Kindergarten- und Vorschulalter nachgehen.

Wer einen Kindergarten besucht, dem wird der Zuwachs an motorischen Fertigkeiten über das vierte bis sechste Lebensjahr unmittelbar auffallen: Während die jüngeren Kinder noch unter Zuhilfenahme beider Hände auf eine Kiste klettern, gelingt dies den älteren »mit einem Schritt«. Während die einen vorsichtig im Sitzen rutschen und sich um Gleichgewicht mühen, liegen die anderen auf dem Bauch oder Rücken. Vielleicht drehen sie sich dabei. Ein augenfälliges diagnostisches Indiz ist in dieser Altersspanne das Treppensteigen (vgl. zusammenfassend Arbinger 1995). So können Kinder mit etwa 20 Monaten aufrecht die Treppe ersteigen. Allerdings tun sie dies stufenweise, Schritt für Schritt (»Kinderschritt«) und halten sich dabei fest. Mit etwa 24 Monaten gelingt dies auch ohne Festhalten. Mit 2;6 Jahren wechseln die Kinder in den Erwachsenenschritt (Nutzung der jeweils folgenden Stufe für jeweils einen Fuß). Ohne Festhalten gelingt dies in der Regel Kindern zwischen 3 und 4 Jahren. Das Hinabsteigen gelingt in gleicher Form erst mit etwa vier Jahren. Wie Arbinger (1995) zeigt, steht die Entwicklung solcher Kompetenzen mit der Entwicklung der grundlegenden Bewegungsmerkmale (Kraft, Gleichgewicht, Koordination) in Zusammenhang. Auch in diesen Bereichen lassen sich wichtige Fortschritte nachweisen. So nennt Arbinger Befunde zum Schlußweitsprung (Kraft) und zum 30-m-Lauf (Geschwindigkeit).

Die Weiterentwicklung des Greifens wird in der Beobachtung von Alltagskompetenzen wie selbständiges Essen oder An- und Ausziehen, aber auch in der Beobachtung des Spiels (Malen, Bauen, Werfen und Fangen) deutlich (vgl. auch Abb. 3.4).

Im Alter von 6 bis 12 Jahren findet sich ein permanenter Leistungszuwachs. Dieser läßt sich bei den grundlegenden Bewegungsmerkmalen, aber auch bei einzelnen Leistungsbereichen nachweisen. Kraft, Gleichgewicht und Koordination nehmen zu, genauso wie die Leistungen im Springen, Werfen o.ä. Dabei sind Mädchen bei all jenen Leistungsbereichen überlegen, die Rhythmik und Bewegungsgenauigkeit verlangen (Arbinger 1995). Leistungsunterschiede zwischen Jungen und Mädchen werden dann im Laufe des Jugendalters noch deutlicher. Jungen sind dann zunehmend in Kraft und Ausdauer, teilweise auch in der Koordination überlegen. Dabei spielen natürlich auch unterschiedliche soziale Anforderungen und Erwartungen, konkrete Angebote, aber ebenso unterschiedliche Interessen bei Jungen und Mädchen eine Rolle.

Als Anwendungsaspekte der Entwicklungspsychologie haben wir bisher die Bedeutung der neurologischen Diagnostik im frühen Kindesalter hervorgehoben. Bewegungsdiagnostik ist aber nicht nur im Neugeborenen- und Säuglingsalter, sondern auch in späteren Entwicklungsabschnitten notwendig. Zwar kann davon ausgegangen werden, daß die meisten Kinder Laufen oder Greifen lernen – oder daß irgendwann im Laufe der Entwicklung wichtige Kompetenzen in diesem Bereich erworben werden. Dennoch spielt der Zeitpunkt und der Grad der erworbenen Kompetenzen für die Entwicklung in anderen Bereichen eine wichtige Rolle. Motorische Probleme können aber auch Ausdruck von Störungen oder Auffälligkeiten in anderen Entwicklungsbereichen sein. Inzwischen liegen unterschiedliche Verfahren zur Einschätzung der motorischen Entwicklung im Kindesalter vor. Tabelle 12 vermittelt einen Eindruck von den Aufgabenstellungen des Motoriktests für vier- bis sechsjährige Kinder (MOT 4–6, Zimmer & Volkamer 1987).

Es wird zu prüfen sein, ob ein übervorsichtiges Die-Treppe-Hinabsteigen wirklich mit den motorischen Aspekten Kraft, Gleichgewicht, Koordination oder eher mit einer stärkeren Fehlsichtigkeit des Kindes zusammenhängt. Außerdem darf nicht vergessen werden, daß motorisches Können eine wichtige Rolle bei der Selbstbewertung und der sozialen Anerkennung von Kindern und Jugendlichen spielt.

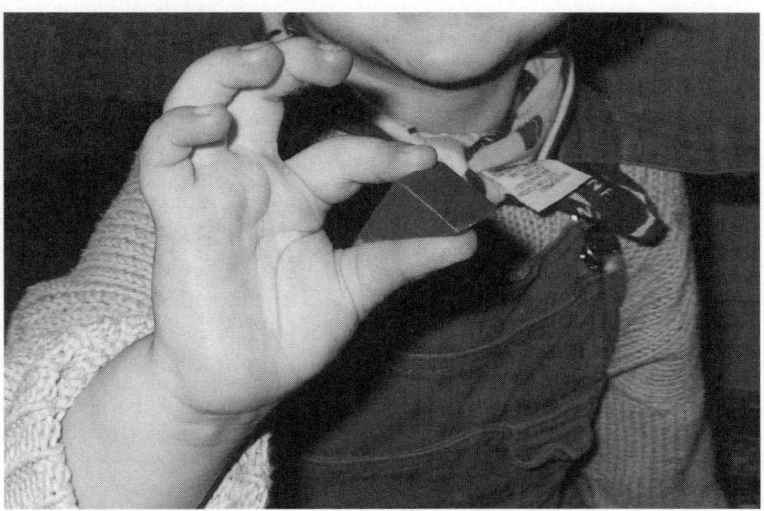

Abbildung 3.4: Beobachtung des Greifens beim Spiel (Anna, 40 Monate)

Tabelle 12: Eine Auswahl von Aufgaben des MOT 4–6

AUFGABE NR.	KURZBESCHREIBUNG	ZEIT	BEWERTUNG	
... 2	Balancieren vorwärts		0	kein erfolgreicher Versuch
			1	1 erfolgreicher Versuch
			2	2 erfolgreiche Versuche
3	Punktieren (Tapping)	10 sec	0	26 und weniger Punkte
			1	27–37 Punkte
			2	38 und mehr Punkte
4	Mit den Zehen Tuch greifen	2 × 5 sec	0	kein erfolgreicher Versuch
			1	1 erfolgreicher Versuch mit dem rechten oder linken Fuß
			2	1 erfolgreicher Versuch mit dem rechten und linken Fuß
5	Seil seitlich überspringen	10 sec	0	7 Sprünge und weniger
			1	8–11 Sprünge
			2	12 und mehr Sprünge
6 ...	Stab auffangen (Markierungslinien auf dem Stab entsprechen »Zonen«. Der Stab rutscht durch die Hand und wird durch Zugreifen gehalten.)		0	Zone 4 oder Stab fallengelassen
			1	Zone 2 und 3
			2	Zone 1
8	Balancieren rückwärts		0	kein erfolgreicher Versuch
			1	1 erfolgreicher Versuch
			2	2 erfolgreiche Versuche
9 ...	Zielwurf auf eine Scheibe		0	kein Treffer
			1	1 Treffer
			2	2–4 Treffer
12 ...	Einbeiniger Sprung in einen Reifen	2 × 5 sec	0	kein erfolgreicher Versuch
			1	1–2 erfolgreiche Versuche
			2	mehr als 2 erfolgreiche Versuche
16	Rollen um die Längsachse		0	kein erfolgreicher Versuch
			1	1 erfolgreicher Versuch
			2	2 erfolgreiche Versuche
17 ...	Aufstehen und Setzen mit Halten eines Balles		0	weder Aufsetzen noch Hinsetzen geschafft
			1	Aufstehen oder Hinsetzen geschafft
			2	Aufstehen und Hinsetzen geschafft

Daher scheint eine fundierte Beratung der Bezugspersonen wichtig. Über- und Unterforderung im häuslichen Bereich müssen vermieden werden. Es gilt, für eine Unterstützung der Entwicklung in den Grundlagen der Bewegung und nicht für ein unmittelbares, entmutigendes Üben einzelner Leistungsbereiche zu sensibilisieren. So ist es sicher erfolgversprechender und für die Eltern auch befriedigender, erst das Gleichgewicht zu fördern, bevor man sich wieder an hilflose Versuche wagt, ohne Stützräder Fahrrad zu fahren. Entsprechend versucht die motopädagogische Förderung (Eggert 1994) über ihre kreativen Angebote, Material-, Sozial- und Selbsterfahrung so zu ermöglichen, daß grundlegende Bewegungsmerkmale mit Aspekten der Persönlichkeits- und Sozialentwicklung verbunden werden.

📖 Arbinger, R. (1995). Entwicklung der Motorik. In: Hetzer, H., Todt, E., Seiffge-Krenke, I. & Arbinger, R. (Hrsg.): Angewandte Entwicklungspsychologie des Kindes- und Jugendalters. Heidelberg: Quelle & Meyer, S. 42–67
Eggert, D. (1994). Theorie und Praxis der psychomotorischen Förderung. Dortmund: Modernes Lernen
Holle, B. (1996). Die motorische und perzeptuelle Entwicklung des Kindes. München: PVU (4. Aufl.)

🧍 Aucouturier, B. & Lapierre, A. (1982). Bruno. Bericht über eine psychomotorische Therapie bei einem zentral geschädigten Kind: München: Reinhardt

3.2 Entwicklung der Wahrnehmung

Wahrnehmung ist, zu diesem Schluß kommt Hajos (1977, S. 540) am Ende seiner lexikalischen Übersicht,»also ein räumlich, zeitlich und nach intermodalen Parametern organisierter Informationsgewinn des Individuums über die Umwelt zum Zwecke des erfolgreichen Agierens und Reagierens, formuliert in der anschaulichen, überwachten und stabilisierten Sprache der zur Einheit strukturierten Sinneserlebnisse«. Mit dieser Definition ist das Programm entwicklungspsychologischer Forschung und Theoriebildung umrissen. Es reicht von der Bedeutung der Wahrnehmung für die allgemeine Entwicklung bis hin zu Theorien der Förderung der Wahrnehmung. Auch wenn Wahrnehmungsprozesse meist nicht bewußt ablaufen, ist die Wahrnehmung selbst als aktiver Prozeß zu verstehen, in dem das Individuum Aspekte der Umwelt aufnimmt und verarbeitet. Dabei werden jene Aspekte der Umwelt repräsentiert, die auch über das Sinnessystem vermittelt werden. Hier spielen art-, aber auch erfahrungsbedingte Präferenzen eine wichtige Rolle. Tiere nehmen anders wahr als Menschen, und junge Menschen nehmen anders wahr als Erwachsene (vgl. Kaufmann-Hayoz 1989). Die menschlichen Sinne lassen sich in körperferne (visueller und auditiver Sinn) und körpernahe Sinne (olfaktorischer, gustatorischer, vestibulärer, taktiler und propriozeptiver Sinn) unterscheiden. Gleichgewichts-, Tast- und Tiefensensibilität sind nur theoretisch voneinander zu unterscheiden. Sie wirken in einem taktil-kinästhetischen Sinn zusammen (vgl. Tabelle 13 zur Übersicht).

3.2.1 Die Entwicklung der Sinne

In der Darstellung der Entwicklung der Wahrnehmung können nun diese unterschiedlichen Bereiche der Wahrnehmung als Gliederungs- und Orientierungslinien dienen. Wie entwickelt sich die Wahrnehmung in den unterschiedlichen Bereichen? Wie werden die unterschiedlichen Sinneseindrücke zu einem Gesamtbild integriert, und welche Entwicklungsbedingungen und -erfahrungen spielen hierfür eine wichtige Rolle? Doch zunächst einige Informationen zur Entwicklung in den einzelnen Wahrnehmungsbereichen (vgl. ausführlicher Keller & Meyer 1982):

Visuelle Wahrnehmung: Bereits das Neugeborene ist in der Lage, auf visuelle Reize zu reagieren. Kinder richten ihren Blick auf Objekte, wobei aber angenommen wird, daß die Konvergenz anfangs nur unvollständig und erst mit 7 bis 8 Wochen richtig gelingt. Bei einer Distanz zum Objekt von ca. 20 Zentimetern sehen Säuglinge relativ scharf. So sind sie z. B. in der Lage, das Gesicht der Mutter beim Stillen zu fixieren. Die Kinder reagieren schon früh auf Helligkeit und Bewegung und können vorgegebene Objekte visuell evaluieren. Die Dauer der Evaluationsbemühungen hängt davon ab, inwieweit die vorgegebenen Reize von vorhergehenden Erfahrungen abweichen. Eine Bevorzugung von Neuheit und Komplexität im Vergleich zu früheren Erfahrungen, die die Ausbildung entsprechender Schemata begünstigten, wird ab 2 Monaten nachgewiesen. Die Dauer bis zur Gewöhnung (Habituierung) an bestimmte Reizmerkmale gilt als

Tabelle 13: Übersicht über die Bereiche der Wahrnehmung
(vgl. Kaufmann-Hayoz 1989, S. 404)

BEREICH	REIZ	REZEPTOR	EMPFINDUNGEN
Taktile Wahrnehmung	Druck, Vibration	Meisnersche Tastkörper	Berührung
	Temperatur- differenz	Krausesche Körperchen	Wärme, Kälte
	Intensive Reize	Freie Nervenendungen	Schmerz
Propriozeptive Wahrnehmung	Lageveränderung, Bewegung	Vater-Pacini-Körper- chen in tiefen Haut- schichten	Körperstellung, Raumlage
		Spannungsrezeptoren in Muskel- und Sehnenspindeln	
Vestibuläre Wahrnehmung	Kopfbewegung	Vestibulärapparat des Innenohrs	
Gustatorische Wahrnehmung	Chemische Substanzen in wäßriger Lösung	Geschmacksknospen der Zunge	Geschmack
Olfaktorische Wahrnehmung	Chemische Substanzen in Gasform	Riechepithel im Nasendach	Geruch
Auditive Wahrnehmung	Mechanische Vibration 20–20 000 Hz	Corti-Organ im Innenohr	Töne, Klänge, Geräusche
Visuelle Wahrnehmung	Elektromagnetische Wellen 400–760 nm	Netzhaut im Auge	Licht, Muster, Farben

Hinweis auf die kognitive Entwicklung des Kindes. Untersuchungen mit der »visuellen Klippe« (vgl. Abb. 3.5) zeigten, daß Kinder schon früh Tiefen mit ihrer potentiellen Bedrohung wahrnehmen.

Auditive Wahrnehmung: Besondere Probleme der auditiven Entwicklung bei Kindern können durch eine erhöhte Infektanfälligkeit aufgrund der kürzeren Eustachischen Röhre entstehen (Keller & Meyer 1982). Außerdem weisen Keller und Meyer darauf hin, daß aufgrund des kürzeren Gehörgangs ein qualitativ anderes Hören als im Erwachsenenalter vorliegt. Dies erschwert sicher die Einschätzung von Entwicklungsprozessen, da Schlüsse von der Wahrneh-

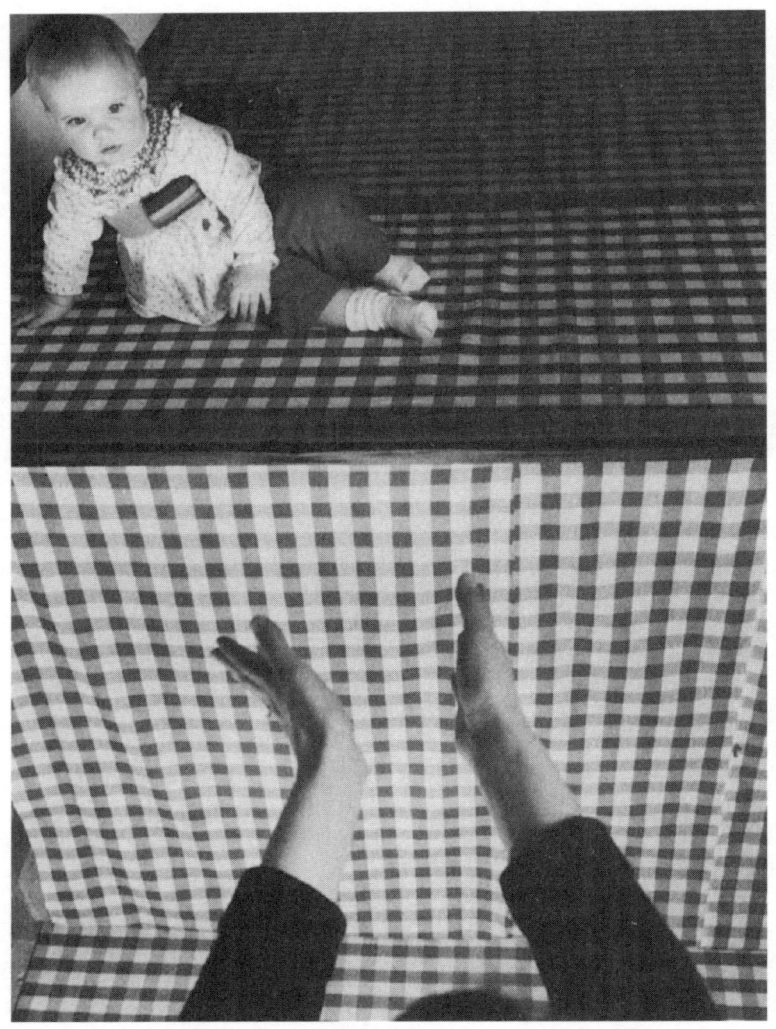

Abbildung 3.5: Die visuelle Klippe. Der Säugling nähert sich der mittels einer Glasplatte abgesicherten tiefen Seite (Foto: Enrico Ferovelli)

mung der Erwachsenen auf die der Kinder damit prinzipiell fraglich sind. Bereits Föten reagieren auf Töne und Geräusche. Das gesunde Neugeborene verfügt über einen ausgebildeten auditiven Cortex.

Neugeborene reagieren sensibel auf unterschiedliche Reizqualitäten (Frequenz, Intensität, Rhythmus und Ort; ausführlicher Keller & Meyer 1982). Im Laufe des ersten Lebensjahres entwickeln Kinder Fähigkeiten, den Ort einer Reizquelle genauer zu bestimmen. Zunächst sind sie in der Lage, den Kopf in der Rückenlage dorthin zu drehen (bis 3 Monate), anschließend zeigen sie vertikale Orientierung auf ein Geräusch hin (3–5 Monate). Diese Fertigkeit wird in den beiden folgenden Monaten vertieft. Ab etwa 7 Monaten zeigen Kinder »direktes und effizientes Lokalisieren auch unterhalb der Augenhöhe (durch Kopfsenken und -heben)« (Keller & Meyer 1982, S. 36).

Olfaktorische Wahrnehmung: Offensichtlich nehmen bereits Neugeborene Gerüche wahr. Die Atmung verändert sich, sie drehen den Kopf. Wie bei anderen Reizen zeigen sie eine Gewöhnung. Die Bedeutung des Geruchssinns bei der interpersonalen Wahrnehmung wird von Entwicklungspsychologen diskutiert.

Gustatorische Wahrnehmung: »Das Neugeborene hat mehr Geschmacksknospen als der Erwachsene; diese sind auch noch in anderen Mundregionen lokalisiert, verschwinden jedoch im Laufe der Zeit« (Keller & Meyer 1982, S. 41). Durch Veränderungen der Nahrungsmenge, im Saugdruck und in der Saugrate wird auf die wahrgenommene Qualität der angebotenen Stoffe geschlossen. So scheinen Neugeborene Zuckerlösungen salzigen Lösungen vorzuziehen und Bitteres aktiv zu meiden.

Vestibuläre und propriozeptive Wahrnehmung: Die Körperlage wird aus den vestibulären und kinästhetischen Informationen abgeleitet. Dabei reagieren Kinder sehr früh auf entsprechende Reize, sei es, daß sie durch maßvolles Schaukeln wachgehalten werden oder daß sie durch rhythmische Stimulation zum Schlafen gebracht werden. Häufig zeigen die Kinder bei einer entsprechenden Stimulation ein Lächeln, das als Beleg für die Wechselwirkung zwischen Wahrnehmung und sozialer Stimulation gedeutet wird (Keller & Meyer 1982).

Taktile Wahrnehmung: Kinder reagieren von Geburt an sensitiv auf Schmerzreize, auf Temperaturschwankungen und auf Berührungen. Diese Sensibilität scheint in den ersten Tagen zuzunehmen. »Bereits der Fötus erhält eine regelmäßige, rhythmische Stimulation, die dadurch entsteht, daß durch den Herzschlag die amniotische Flüssigkeit in Schwingungen gerät und die gesamt Hautoberfläche berührt. Nach der Geburt wird diese Stimulation durch spezifische Interaktionsformen ersetzt. Deren Bedeutung für verschiedene Entwicklungsbereiche, insbesondere zur Entwicklung des explorativen Verhaltens, ist unbestritten« (Keller & Meyer 1982, S. 46). Demnach verfügt das Neugeborene über entscheidende Kompetenzen in der Wahrnehmung von Reizqualitäten. Neben dem Nachweis reizspezifischer Verarbeitungskompetenzen ist aber auch der Frage nachzugehen, wie diese »Einzelinformationen« zu einem Gesamtbild zusammengefügt werden und wie sich diese Fähigkeit zur Integration von Sinneseindrücken entwickelt. Ausgehend von neurophysiologischen und entwicklungsneurologischen Befunden, formulierte Jean Ayres dazu einen theoretischen Entwurf, der insbesondere in der entwicklungsneurologischen Rehabilitation große Beachtung fand.

3.2.2 Die Entwicklung der sensorischen Integration

Ayres definiert *sensorische Integration* als den »Prozeß des Ordnens und Verarbeitens sinnlicher Eindrücke (sensorischer Inputs), so daß das Gehirn eine brauchbare Körperreaktion und ebenso sinnvolle Wahrnehmungen, Gefühlsreaktionen und Gedanken erzeugen kann. Die sensorische Integration sortiert, ordnet und vereint alle sinnlichen Eindrücke des Individuums zu einer vollständigen und umfassenden Hirnfunktion« (Ayres 1992, S. 37). In einem Stufenmodell unterscheidet Ayres vier Stufen sensorischer Integration:

Auf der ersten Ebene der Integration benötigt das Kleinkind Körperkontakt zur Bezugsperson, um Gefühlsbindungen zu entwickeln. Dadurch erfährt es Sicherheit und »sein erstes Bewußtsein über sich selbst als ein körperliches Wesen« (Ayres 1992, S. 87). Die über das Hautnetz aufgenommenen Berührungsreize durch die Bezugsperson müssen vom Organismus des Säuglings richtig gedeutet werden, um Sicherheitsgefühle und grundlegende Gefühlsbindungen aufbauen zu können. Auf eine gestörte taktile Integration folgt dagegen emotionale Unsicherheit. Daneben wird der Wahrnehmung der Schwerkraft besondere Bedeutung beigemessen. »Die Erdschwere vermittelt das Gefühl, fest mit der Erde verbunden zu sein und auf ihr immer einen sicheren Platz zu finden« (S. 88). Zusammen mit den oben genannten Kompetenzen ermöglicht ein gut integriertes vestibuläres und propriozeptives System koordinierte Augenbewegungen, einen angemessenen Muskeltonus und liefert damit die Voraussetzungen für Gehen und Laufen.

Auf der zweiten Ebene der sensorischen Integration gilt die taktil-kinästhetische Verarbeitung als grundlegend für die emotionale Stabilität des Kindes. Störungen in diesen Sinnesbereichen erschweren angemessene Reaktionen, begünstigen Überaktivität. Die Ausbildung eines altersgemäßen Körperschemas und damit die Grundlage für einen zielgenauen Bewegungsentwurf wird behindert. Visuelle und auditive Reize können nicht angemessen verarbeitet werden. Sie führen zu Irritationen und stören den eigentlichen Handlungsablauf.

Auf der dritten Ebene des Entwicklungsmodells der sensorischen Integration stehen akustische und vestibuläre Prozesse im Zentrum der Überlegungen. Probleme der Sprachentwicklung werden auf Störungen in diesem Entwicklungsabschnitt zurückgeführt. Während das Sprechen selbst (Lautbildung) insbesondere von taktil-kinästhetischen Kompetenzen abhängig ist, müssen zur Entwicklung des Sprachverständnisses akustische und vestibuläre Reize integriert werden. Das erste Erkennen eines Objekts gilt als relativ einfache Wahrnehmungsleistung. Wichtig ist aber auch das Erkennen von Beziehungen der Gegenstände untereinander und die Aufnahme des Figur-Hintergrundes. Mittels des vestibulären Systems wird es nun möglich, die über das visuelle System aufgenommenen Gegenstände in ihrer Bedeutung zu erfassen.

Auf der vierten Ebene der sensorischen Integration spezialisieren sich einzelne Funktionen des Gehirns. So bildet sich die Dominanz einer Hemisphäre. Diese vierte Ebene sollte bis zum Schulalter erreicht worden sein.

Sensorische Integration gilt als Grundlage und Zeichen einer gut entwickelten Wahrnehmung, aber auch als Grundlage für ein positives Selbstwertgefühl, für Selbstkontrolle und Selbstvertrauen.

3.2.3 Der Beitrag von Félicie Affolter

Eine stärkere Ausrichtung insbesondere an den theoretischen Arbeiten von Jean Piaget (1973) findet sich im Entwicklungsmodell von Félicie Affolter. Im Zentrum des Interesses steht, ähnlich wie bei

Ayres, die Frage nach der Organisation verschiedener Sinneseindrücke. Wahrnehmungsentwicklung und Wahrnehmungsleistungen
werden mit einem Baum verglichen, dessen Wurzeln taktil-kinästhetische Interaktionserfahrungen bilden. Mangelnde Erfahrungen in
diesem frühen Entwicklungsbereich führen zu Störungen grundlegender Wahrnehmungsfunktionen und Organisationsleistungen
(Abbildung 3.6).

»Die Therapie setzt bei der gespürten Interaktion und damit an der
Wurzel an, d. h. mit dem wahrnehmungsgestörten Kind werden all-
tägliche Probleme gelöst, und über das Führen wird versucht, die
Gewinnung gespürter Information dabei zu verbessern. Wenn infol-
ge dieser Behandlung die gespürte Interaktionserfahrung verbessert
wird und sich ausweitet, dann wächst und erstarkt die Wurzel; und
dies ist die Voraussetzung für die Entwicklung von Leistungen verschiedener Entwicklungsstufen, die ›Teilleistungen‹ mitinbegriffen«
(Affolter 1992, S. 84).

Affolter führt nun unterschiedliche Entwicklungsstörungen auf
Probleme in der Wahrnehmung zurück. Dabei ordnet sie unterschiedliche Störungen den verschiedenen Stufen der Wahrnehmungsentwicklung zu. So werden Wahrnehmungsstörungen beim Spüren, Ta-
sten, Sehen, Fixieren, Hören oder Horchen als *modale Wahrnehmungsstörungen* bezeichnet. *Intermodale Wahrnehmungsstörungen*

Seriale Stufe	Vervollkommnung der Integration bis ins Jugendalter. Wahrnehmungen werden zeitlich und
ab ca. 12. Monat	räumlich eingeordnet, Kausalzusammenhänge, Handlungsverläufe werden nachvollziehbar.
Intermodale Stufe	Beginnende Koordinierung einzelner Sinnesbereiche. Nachdem nun nach Zahl und Qualität ausreichend modalitätsspezifische Schemata gebildet sind, werden
ab ca. 4. Monat	nun Intermodalitätsschemata hervorgebracht. Lokalisationsverhalten und Objektbeziehungen werden möglich.
Modale Stufe	Jeder Sinnesbereich primär für sich. Sinnesleistungen werden getrennt aufgenommen. Spezifische Entwicklung der einzelnen Sinnesbereiche. Es entwickeln sich Ordnungsschemata auf jedem
1. bis 4. Monat	Sinnesgebiet, gleichzeitig und unabhängig voneinander.

Abbildung 3.6: Entwicklung der Wahrnehmung nach Affolter (1992)

haben nach Affolter Auswirkungen auf das Ergreifen, das Lokalisationsverhalten und den Blickkontakt. *Seriale Wahrnehmungsstörungen* zeigen Auswirkungen auf die Wahrnehmung von Raumlage, Reihenfolgen, auf Objektpermanenz, Nachahmung oder etwa das Sprachverständnis.

Ausgehend von klinischen Beobachtungen wurde ein Modell entwickelt, in dem die Interaktion zwischen Kind und Umwelt im Zentrum pädagogisch-therapeutischer Bemühungen steht. Besondere Beachtung finden Widerstandserfahrungen, die dem Kind Eindrücke über die Beziehung zwischen seinem Körper und der Umwelt vermitteln. Dieser Prozeß ist eng mit Berührung verknüpft und verstärkt so taktil-kinästhetische Informationen (»gespürte« Information). Der Akzent liegt auf Alltagssituationen und Alltagsproblemen, die für das Kind bedeutsam sind. In diesen alltäglichen Problemlösungen werden die Kinder geführt. Dabei wird der gesamte Körper des Kindes beim Berühren, Umfassen und Bewegen durch die Therapeutin oder allgemein die Bezugsperson geführt.

Nun wirken solche Interventionen wenig spielerisch und sehr direktiv. Die Motivation und Akzeptanz der Kinder für diese Art unterstützten Handelns hängt wesentlich von der erkannten Sinnhaftigkeit, dem subjektiven Wert der vorgenommenen Handlung ab. Daher gelten Handlungsabläufe, die dem Alltag der Kinder entspringen und mit einer natürlichen, positiven Konsequenz abschließen, etwa dem Essen der zuvor mühevoll geschälten Apfelsine oder dem Fest nach Basteln und Schminken als rechter Weg.

Einen anderen Weg der Wahrnehmungsförderung legt die folgende Spiel- und Förderanregung nahe (Schökle 1994):

Spiele mit dem Bierdeckel: (1) Bierdeckel mit geschlossenen Augen erspüren. (Die Kinder liegen auf dem Boden, auf Kopf, Rücken, Beine werden Bierdeckel gelegt. Die Kinder benennen die Körperteile.) (2) Partner mit Bierdeckeln belegen (später dann raten lassen, welche Körperteile bedeckt wurden). (3) Einen Bierdeckel balancieren (Körperteile, Positionen, Anzahl der Bierdeckel variieren). (4) Auf einem Bierdeckel stehen. (5) Zwei Bierdeckel als Standfläche (später Entfernungen, Anzahl – zwei oder vier –, Ort – vorne, hinten – variieren). (6) Auf einem Bierdeckelweg laufen (verschiedene Schwierigkeitsgrade). (7) Mit den Deckeln Figuren legen (später raten lassen). (8) Rollen, Werfen, Fangen. (9) ... die Kinder haben meist selbst tolle Ideen. (10) Die Übungen können mit einer Geschichte verbunden werden (Schatzsuche, Urwald mit Gefahren und Hindernissen ...).

📖 Fisher, A. G. & Murray, E. A. (1998). Einführung in die Theorie der Sensorischen Integration. In: Fisher, A. G., Murray, E. A. & Bundy, A. C. (Hrsg.): Sensorische Integrationstherapie. Berlin: Springer, S. 3–42

Wilkening, F. & Krist, H. (1998). Entwicklung der Wahrnehmung und Psychomotorik. In: Oerter, R. & Montada, L. (Hrsg.): Entwicklungspsychologie. Weinheim: PVU (4. Aufl.), S. 487–517

📖 Zimmer, R. (1998). Handbuch der Sinneswahrnehmung. Grundlagen einer ganzheitlichen Erziehung. Freiburg i. Br.: Herder (6. Aufl.)

3.3 Entwicklung der Sprache

Wenn Kinder mit dem Sprechen beginnen, haben sie bereits wichtige Entwicklungsschritte hinter sich. Der Sprachbeginn und der weitere Verlauf der Sprachentwicklung steht mit Entwicklungsfortschritten in anderen Bereichen in engem Zusammenhang. Wenn Kinder zu sprechen beginnen, verfügen sie bereits über grundlegende Kompetenzen in Motorik, Wahrnehmung, im Denken und haben wichtige Erfahrungen mit ihrer sozialen Umwelt sammeln können (vgl. Szagun 1996, Zollinger 1997).

Soziale Erfahrungen spielen in der Entwicklung der Sprache eine zentrale Rolle. Besondere Bedeutung hat die vorsprachliche und sprachliche Interaktion zwischen Mutter und Kind. Das Kind begegnet dem Erwachsenen von Geburt an als aktiver Interaktionspartner. Es reagiert bereits nach kurzer Zeit auf soziale Reize und »sendet« selbst Reize, die aktive soziale Handlungen auslösen. So entstehen schon früh durch gegenseitige Anpassung Interaktionen. *Anpassung* meint hier zweierlei: Die Mutter bietet im Sinne einer zeitlichen Abstimmung komplementäre oder parallele Aktionen und Reaktionen. Als inhaltliche Anpassung versucht sie, ihre Angebote auf den Entwicklungsstand des Kindes abzustimmen. Dabei fallen besonders jene Verhaltensweisen auf, die als »turn-taking« und »mothereses« bezeichnet werden.

Dabei meint *turn-taking* Abläufe, die nach dem Muster von »Ich bin dran – du bist dran« gestaltet werden (Zollinger 1997). In solchen Interaktionen werden Dialogstrukturen der Interaktion vermittelt. Bei diesen Wechselspielen kommt dem Blickkontakt, den vorsprachlichen Routinespielen und dem Austausch von Vokalisationen besondere Bedeutung zu. So sucht die Mutter den Blickkontakt zum Säugling und hält diesen aufrecht, bis das Kind zur Seite schaut. Bereits früh lernen die Kinder, dem Blick der Mutter zu folgen. Schon mit 8 Monaten können Kinder einen so bemerkten Gegenstand mit der Präsenz der Mutter verbinden und am gemeinsamen Schauen eines Objektes teilnehmen. Es wird davon ausgegangen, daß das gemeinsame Schauen auf ein Objekt im Sinne der Konstruktion einer Trias von Ich, Du und Gegenstand eine wesentliche Grundlage für die Entwicklung sprachlicher Referenzen darstellt. Indem das Kind das Objekt betrachtet und sich zugleich vergewissert, daß die Mutter ebenfalls den Gegenstand anschaut, zeigt das Kind, daß es über diese Kompetenz verfügt.

Geben und Nehmen sind die wesentlichen Inhalte des frühen kindlichen Spiels. Nach und nach lernt ein Kind, den gesichteten Gegenstand zu ergreifen, mit ca. 6 Monaten gelingt dies sicher und zielstrebig. Später reicht es dann den Gegenstand zurück. Mit ca. 1 Jahr kann das Kind dann dieses Wechselspiel von Geben und Nehmen in eine Spielstruktur einbinden und variieren. Gegenseitigkeit und Rollenwechsel werden souverän beherrscht. Solche vorsprachlichen Routinespiele helfen dem Kind zu lernen, Akteur und Objekt der Handlung zu unterscheiden. Es erkennt, daß gleiche Handlungen bei unterschiedlichen Objekten möglich sind.

Der Austausch von Vokalisationen wird wohl am ehesten mit dem Spracherwerb in Verbindung gebracht. Laute des Kindes werden imitiert und im Wechselspiel gespiegelt. Diese Reaktionen sind für das Kind Anlaß, den Dialog der Laute fortzusetzen. Häufig enden solche Wechselspiele mit Freude und Lachen bei Erwachsenem und Kind.

Motherese bezeichnet eine Strategie, um sich dem Sprachverständnis des Kindes anzupassen. Die Mutter (bzw. der Vater oder allgemein die Bezugsperson) greift die Äußerungen des Kindes auf und erweitert sie. Sie wiederholt die Äußerungen und verbindet sie mit Fragen. Dabei spricht sie langsam, mit einfacher Grammatik, und bezieht sich in ihrem Sprechen auf Aktuelles in der Umgebung des Kindes. Die Mutter spricht in einer Frequenz, die dem Kind hilft, sich auf sie auszurichten. Indem die Mutter die Äußerungen des Kindes aufgreift, zeigt sie, daß Sprechen Sinn macht. Indem sie die Äußerungen erweitert, vertieft sie das Sprachverständnis des Kindes. Daß dieser Prozeß wechselseitiger Aktion und Reaktion, vertieften Verstehens und sensiblen Erweiterns sprachlicher Äußerungen gelingt, ist jedoch nicht selbstverständlich. So müssen die Äußerungen des Kindes für die Mutter verständlich, »lesbar« sein. Die Mutter muß sensibel sein, das Kind darf aber auch nicht durch ein Übermaß an Aktivität die Eltern verwirren oder durch Passivität die Eltern verunsichern. In diesem Sinne meint *motherese* eigentlich eher einen *Prozeß* zwischen Mutter, aber auch Vater und Kind, statt nur irgendwelche förderlichen Kompetenzen der Erwachsenen.

Im folgenden werfen wir nun einen kurzen Blick auf die Phasen der kindlichen Sprachentwicklung. Wir folgen dabei einer Darstellung von Trautner (1992).

3.3.1 Phasen der Sprachentwicklung

Die vorsprachliche Phase: Diese erste Phase der Sprachentwicklung umfaßt die Zeit von der Geburt bis zum Alter von 10 bis 13 Monaten, wenn in der Regel erstmals Wörter mit Bedeutung vernommen werden. Die erste Lautäußerung eines Menschen ist der physiologisch bedingte Geburtsschrei. In den ersten Wochen nach der Geburt differenziert sich das Schreien des Säuglings als Ausdruck unterschiedlicher Bedürfnisse. Mit 6 Wochen beginnt er, Laute wie »gr«, »ah«, »ae« zu produzieren (»Gurren«). Solche Laute sind eher kulturunabhängig. Es werden Vokale (wie »a«, »i«, »u«) geäußert. Es folgen Konsonanten (wie »g«, »r«, »b« und »n«). Mit 6 Monaten (Ende der Expansionsphase) hören wir Verdopplungen von Konsonanten- und Vokalverbindungen wie »dada«, »mama«, »didi« (kanonisches Lallen mit 6 bis 9 Monaten). Auch diese Lautverdopplungen sind noch universell. In der folgenden Zeit entwickeln sich die beibehaltenen Vokalisierungen immer mehr in Richtung der Sprache, die im Umfeld des Kindes gesprochen wird. Die Vokalisierungen treten aufgrund der Freude des Kindes am Sprechen, durch Bekräftigung und Nachahmung in der Umwelt immer häufiger auf. Nachahmungen erweitern den Lautbereich der Kinder. Mit 8 Monaten sucht der

Säugling bereits mit seinen Lautbildungen die Rhythmik der mütterlichen Sprachmelodie nachzuahmen.

Der Beginn des Sprechens: Die ersten bedeutungshaltigen Worte treten beim Kind ungefähr in der ersten Hälfte des 2. Lebensjahres auf. Dabei mag die erste Produktion eines sinnvollen Wortes noch Zufall sein. Dadurch daß dieses Wort jedoch von den Bezugspersonen aufgegriffen und mit einem Objekt, einer Handlung oder einer Person verbunden wird, gewinnt dieses Wort an Bedeutung. Die Interaktionspartner können nun das Kind zum Wiederholen anregen und so einen Interaktionsprozeß fortführen, in dem die Bedeutung des Wortes eine besondere Rolle spielt. Damit bleibt aber für das Kind zunächst das Wort mit der Situation verbunden (Zollinger 1997). So lernt es, Beobachtungen oder Wünsche in Einwortsätzen mitzuteilen. Im 2. Lebensjahr wird der Wortschatz umfangreicher, erste Zweiwortsätze werden gebildet. Nach Zollinger entdeckt das Kind zunehmend die repräsentative und kommunikative Funktion von Sprache. Es spricht nun aktiv andere Personen an, um Gefühle, Absichten und Wünsche mitzuteilen. Mit 18 Monaten erreicht das Kind so die »50-Wort-Grenze«. Dieser Grenze kommt nach Grimm besondere Bedeutung zu. »Die Quantität von 50 Wörtern markiert eine qualitative Reorganisation des Lexikons, die sich als Wunsch nach Kategorisierung der erfahrbaren Objekte und Ereignisse fassen läßt. Es geht den Kindern nicht mehr nur darum, Informationen über bestimmte Dinge oder Personen mitzuteilen, sondern der Wortgebrauch gewinnt nun eine abstrakt-kognitive Qualität« (Grimm 1998, S. 460, Abbildung 3.7).

Die weitere Sprachentwicklung: Zwischen 3 und 3;6 Jahren nehmen Quantität und Qualität der Sprache deutlich zu. Zunehmend treten verschiedene Wortklassen auf. Waren anfangs nur Substantive und Verben zu vernehmen, so treten nun auch Adverbien, Präpositionen, Pronomen und Konjunktionen auf. Die Grammatik wird differenzierter. Im Kindergartenalter kommen nun die grammatikalischen Morpheme hinzu (Trautner 1997). Korrekte Wortstellungen und Satzstrukturen, aber auch schwierigere Ausnahmen werden erlernt. Aussagen wie Metaphern oder Doppeldeutigkeiten, die über eigentliche Informationen hinausgehen, werden nun eher verstanden. Im Schulalter werden die erworbenen Kompetenzen verfeinert und ergänzt. Mit dem Beginn der Pubertät gilt das Erlernen der Muttersprache als weitgehend abgeschlossen.

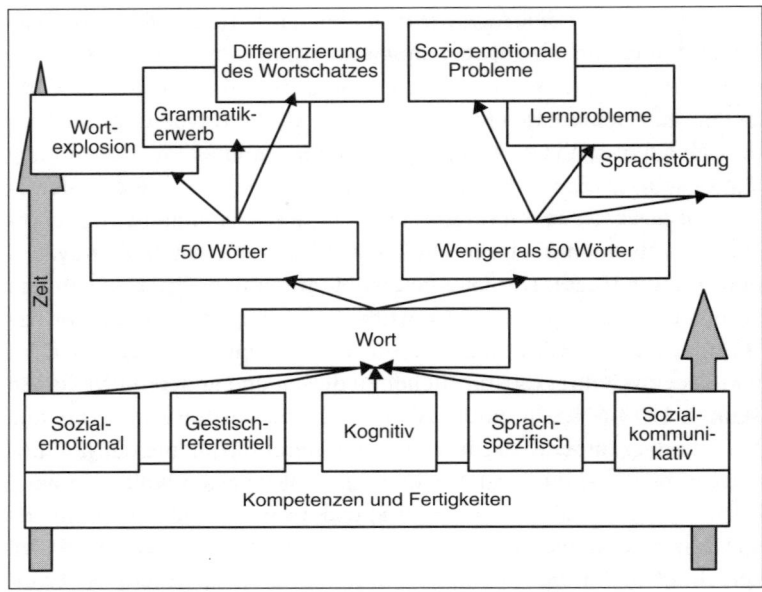

Abbildung 3.7: Die Anzahl der Wörter (vgl. Grimm 1998)

3.3.2 Sprachentwicklung bei Down-Syndrom

Auch Säuglinge mit Down-Syndrom schreien, weinen oder lachen und zeigen damit all jene vorsprachlichen Äußerungen, die wir von Kindern ohne Down-Syndrom vernehmen können. Auch Kinder mit Down-Syndrom lallen anfangs oder sprechen erste Einwortsätze. Später beherrschen sie Aussage-, Aufforderungs- und Fragesätze (vgl. Flehinghaus 1984, Wilken 1997). Und auch hier sind die begleitenden Aktionen und Reaktionen der Umwelt zum Aufbau und zur Erweiterung der Sprache wichtig. Dies gilt auch für die kritischen Sprachentwicklungsperioden zwischen dem 6. und 9. Lebensmonat (Weikert 1981). Die Beschreibung der Entwicklung von Kindern mit Down-Syndrom kann sich durchaus an dem orientieren, was als »normal« gilt. Die Entwicklung folgt durchaus vergleichbaren Mustern. Ähnliche Bedingungen erweisen sich als förderlich oder hinderlich. Trotz solcher Gemeinsamkeiten auch in der Entwicklung des Sprechens bei Kindern mit Down-Syndrom und Kindern ohne Down-Syndrom bestehen erhebliche Unterschiede: Zumeist ist die Entwicklung verzögert. Dieser Eindruck wird duch die größere Streubreite bei der Bewältigung verschiedener Entwicklungsaufgaben verstärkt (vgl. Abbildung 3.8).

Die besonderen Erschwernisse der Sprachentwicklung bei Kindern mit Down-Syndrom liegen einerseits in einer Verlangsamung der kognitiven Entwicklung, andererseits in gravierenden orofazialen Beeinträchtigungen (Wilken 1997). So erscheinen die Sprechorgane massiv beeinträchtigt. Die Lippen sind hypoton, Kieferanomalien sind die Regel. Der Gaumen ist oft eng und hoch, das Gaumensegel wenig beweglich, die Zunge ist dick und tritt häufig hervor, die Nase ist flach, die Atmung ist erschwert, das Gehör durch frühe Infekte beeinträchtigt (ausführlicher zu diesen und anderen Problemen Wilken 1997). Neben diesen Auffälligkeiten der Sprechorgane sind Verzögerungen der Sprachentwicklung durch Probleme der kognitiven Entwicklung zu erwarten. So treten Probleme der Wahrnehmung, Speicherung und Produktion von Sprache auf. Mangelndes Wortverständnis und eingeschränkter aktiver Wortschatz erschweren den sprachlichen Austausch mit den Kommunikationspartnern. So erreichen diese Kinder nach einem verzögerten Sprachbeginn meist nur einfache Formen der Kommunikation. Dabei fällt besonders die Diskrepanz zwischen aktivem und passivem Wortschatz auf. Eine Sprachförderung würde demnach sowohl die Bereiche der Sprachverarbeitung als auch Probleme des Sprechens in den Blick nehmen. Durch die bestehenden Auffälligkeiten in der Mundmotorik und beim Atmen treten häufiger Stammeln, Näseln und Stottern auf. Aber auch

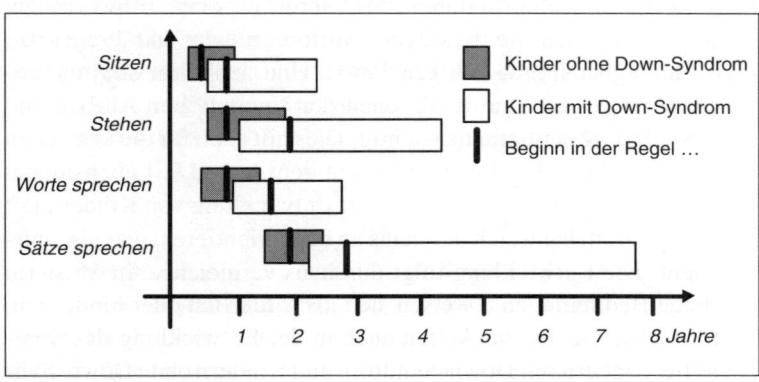

Abbildung 3.8: Streubreite in der Entwicklung (vgl. Püschel 1995)

an der oft als heiser und rauh beschriebenen Stimme kann im Rahmen der Sprachförderung gearbeitet werden, insofern sie als Ausdruck einer Hypotonie des Kehlkopfes gedeutet wird (Wilken 1997).

📖 Keller, H. & Meyer, H.-J. (1982). Psychologie der frühesten Kindheit. Stuttgart: Kohlhammer

⚇ Grimm, H. (1998). Im Zentrum steht das Wort. In: Keller, H. (Hrsg.): Lehrbuch Entwicklungspsychologie. Bern: Huber, S. 445–473
Wilken, E. (1997). Sprachförderung bei Kindern mit Down-Syndrom. Berlin: Wissenschaftsverlag Volker Spiess (7. Aufl.)

3.4 Entwicklung des Denkens

Denken gilt allgemein als die höchste Leistung des Menschen (Oerter 1977). Gedanklich wird die Welt repräsentiert, geordnet, verständlich gemacht. Wer denkt, faßt etwas aktiv, schafft eine Gestalt, ohne dabei unbedingt Einfluß auf seine Umwelt zu nehmen. So liefert das Denken Einsichten und bietet die Möglichkeit, kreativ weiterzuentwickeln und im gedanklichen Handeln auszuprobieren, was im direkten Versuch vielleicht zu bösen Überraschungen führen könnte. Denken meint also vielerlei, und wir können hier nur eine vage Vorstellung von dem vermitteln, womit sich Denkpsychologie und die Entwicklungspsychologie des Denkens beschäftigen. Wir werden hier nur einen Ansatz vorstellen, der allerdings in der Forschung zur Denkentwicklung zentrale Bedeutung hat und der darüber hinaus nicht nur Erkenntnisse für die Entwicklungspsychologie brachte, sondern auch vielfältige Auswirkungen auf andere Bereiche der Sozialwissenschaften hatte: die Sicht Jean Piagets (1896–1980).

3.4.1 Die kognitive Entwicklung nach Jean Piaget

Ausgangspunkt seiner theoretischen und empirischen Arbeiten zur Entwicklung kindlichen Denkens waren für Jean Piaget die Fehler im Denken der Kinder. Über systematische Beobachtungen und experimentelle Untersuchungen gelang es ihm, die regelhaft auftretenden Fehler, aber auch den Leistungszuwachs im Erkennen und Bewerten

Abbildung 3.9: Jean Piaget
(Foto: Archiv Klett-Cotta)

von Begebenheiten und im Lösen von Problemen herauszuarbeiten. In seiner Entwicklungstheorie sind *Schema* und *Struktur*, *Assimilation* und *Akkomodation* zentrale Begriffe. Die *Struktur* eines Verhaltens gilt dabei als die allgemeine Form einer spezifischen Erkenntnistätigkeit (Trautner 1992). Über den Strukturbegriff werden vergleichbare Handlungen zusammengefaßt. Entsprechend wird hier auch von *Schemas* (in Abgrenzung zu Schemata) gesprochen. So werden Gruppen von Handlungen benannt, zugleich werden damit aber auch die den Handlungen zugrundeliegenden kognitiven Muster benannt (kognitive Schemas, Trautner 1992). Dabei werden im Laufe der Entwicklung sensumotorische oder kognitive Schemas zu Schemas höherer Ordnung strukturiert. Die resultierenden Strukturen sind zu wechselseitig aufeinander bezogenen »Ganzheiten« (Trautner 1992, S. 323) organisiert. Trotzdem sind das Verhalten und die grundlegenden kognitiven Prozesse ständig veränderbar. Piaget spricht hier unter Bezugnahme auf biologische Theorien von *Adaptation* und unterscheidet Prozesse der *Assimilation* (Anpassung des Gegenstands an die eigene Struktur) und der *Akkomodation* (Veränderung der eigenen Struktur im Sinne einer Angleichung an die Erfordernisse und Begebenheiten der Umwelt).

Piaget unterscheidet die folgenden Phasen der Denkentwicklung:

Phase 1: Sensumotorische Intelligenz (0 bis 2 Jahre)

Das Geschehen dieser Phase wird ganz wesentlich durch die Wahrnehmung und die Motorik bestimmt. Deren Wechselbeziehung und Koordinierung macht den grundlegenden Teil der Intelligenzentwicklung nach Piaget aus.

Stadium 1: Einfache Reflexhandlungen (0 bis 4 Wochen). Das Kind ist von Geburt an mit einer Vielzahl von Reflexen ausgestattet. In diesem Stadium werden Reflexe weitgehend unverändert ausgeführt. Eine Akkomodation an bestehende Umweltbedingungen findet nur begrenzt statt.

Stadium 2: Primäre Kreisreaktion (1 bis 4 Monate). Zufälle führen zu einer Ausweitung der bestehenden Assimilationsschemata auf immer neue Gegenstände. So entstehen differenzierte und angepaßte Verhaltensmuster, die sich durch ständiges Wiederholen stabilisieren. Assimilationsschemata werden verbunden.

Stadium 3: Sekundäre Kreisreaktion (4 bis 8 Monate). Nun wird der Zusammenhang zwischen eigenen Aktivitäten und ihren Effekten in der Umwelt entdeckt. Hier werden Vorformen des Mittel-Zweck-Schemas erworben.

Stadium 4: Koordinierung und Anwendung der sekundären Kreisreaktion (8 bis 12 Monate). Jetzt kann eine Zielhandlung erfolgen, bevor eine Mittelhandlung realisert wird (Mittel-Zweck-Verhalten). So wird ein Ball zur Seite gerollt, um zum Schaukelpferd zu gelangen. Mehrere Assimilationsschemata können nun auch auf den gleichen Gegenstand angewandt werden. Dabei kann die Koordination dieser Schemata besser an den Gegenstand angepaßt werden.

Stadium 5: Tertiäre Kreisreaktion (12 bis 18 Monate). Neben der Anwendung und Kombination vorhandener Mittel-Schemata zur Zielsetzung kann das Verhalten in diesem Stadium bewußt variiert werden. Die unterschiedlichen Effekte werden beobachtet. Neue Mittel-Zweck-Handlungen werden entdeckt und Akkomodationen werden nun aktiv angestrebt.

Stadium 6: Erfinden neuer Handlungsmuster durch verinner-lichtes Handeln (18 bis 24 Monate). Nun können Handlungen »im Kopf« ausgeführt werden. Das Bezeichnete kann vom Bezeichnenden unterschieden werden. Damit ist der Übergang vom äußeren repräsentativen Handeln zum verinnerlichten Denken geschaffen.

Phase 2: Vorbegriffliche Intelligenz (2 bis 7 Jahre)
Stadium des symbolischen Denkens (2 bis 4 Jahre). In diesem Stadium wird die zuvor erworbene Kompetenz der Unterscheidung zwischen Bezeichnetem und Bezeichnendem durch den systematischen Spracherwerb verstärkt. So wird die Symbolfunktion erlangt. Wörter haben jedoch noch nicht den Charakter von Begriffen, so daß die Zuordnung von Teilmengen zu übergeordneten Mengen noch nicht möglich ist (Katze zu Tieren oder Autos zu Fahrzeugen). Als wesentliche Merkmale des symbolisch vorbegrifflichen Denkens werden Animismus (alles, was sich bewegt, lebt), Egozentrismus (alles Wahrgenommene wird auf die eigene Person bezogen) und Irreversibilität (beobachtbare Abläufe sind nicht umkehrbar) genannt.

Stadium des anschaulichen Denkens (4 bis 7 Jahre). In diesem Stadium sind auch weiterhin die Begriffe an die Anschauung gebunden. Das Denken erfolgt in Bildern. Beobachtete Ereignisse können in ihrem Ablauf gedanklich nicht umgekehrt werden. Es können immer nur einzelne Handlungen ausgeführt werden. Verschiedene Aspekte eines Gegenstands können nur nacheinander beachtet werden.

Phase 3: Konkrete Operationen (7 bis 11 Jahre)
Nun löst sich das Denken nach und nach von den konkret beobachtbaren Abläufen und wird komplexer. Handlungen werden prinzipiell gedanklich umkehrbar. Mehrere Aspekte des Geschehens können nun gleichzeitig berücksichtigt werden. Kinder in dieser Phase können jetzt aus Beobachtungen Sachverhalte erschließen, Aspekte gleichzeitig beachten, Abläufe oder Sachverhalte transformieren und beobachtbare Abläufe gedanklich um-

kehren. Auch wenn sich Begriffe wie »Menge«, »Gewicht«, »Raum«, »Zeit« etc. herausbilden, bleiben die Operationen immer noch auf prinzipiell sichtbare Gegenstände oder zumindest in der Vorstellung gegebene Handlungen bezogen (vgl. Abbildung 3.10).

Phase 4: Formale Operationen (ab 12 Jahre)

Auf der höchsten Stufe der kognitiven Entwicklung sind gedankliche Abläufe unter Bezugnahme auf komplexe Operationen möglich. Zugleich nimmt die Systematisierung und Integration der Operationen in komplexen Gesamtstrukturen zu. Folgende Merkmale zeichnen das Denken dieser Phase aus: (1) Das Denken wird abstrakt. (2) Es erfolgt unabhängig von konkreten Beobachtungen in Form von Hypothesen. (3) So werden auch Vorhersagen formuliert und an den Beobachtungen geprüft. (4) Zwischen Aussagen werden logische Verknüpfungen hergestellt. (5) Zur Bewertung von Variablen oder Teilaspekten sind systematische Kombinationen und Permutationen möglich. (6) Zur Kausalanayse sind Merkmalsvariationen unter Beibehaltung anderer Aspekte möglich. (7) Reversibles Denken zeichnet sich nun durch eine Integration von Rückgängigmachen und Kompensieren aus.

Abbildung 3.10 (S. 105): In beiden Gläsern ist die gleiche Menge Orangensaft (1. Foto). Kinder in der präoperatorischen Stufe sagen meist, daß das höhere, schmälere Glas mehr Flüssigkeit enthält. Wenn Kinder die Flüssigkeit des höheren, schmäleren Glases in ein Glas schütten können, das genauso groß ist wie das andere, fangen sie an nachzudenken (Fotos: Sibylle Rauch).

Flammer (1996) faßt diese und andere Überlegungen Piagets wie folgt zusammen: Piaget sieht den Menschen als ein Wesen, das sich aktiv mit seiner Umwelt auseinandersetzt. In dieser Auseinandersetzung eignet sich der Mensch kognitive Fähigkeiten an, verändert aber auch seine Welt. Damit wächst die Bedeutung des Individuums, wenn es um die Gestaltung der eigenen Entwicklung geht. Soziale Aspekte sind dann jedoch weniger bedeutsam. Piaget konzentriert sich in seinen Arbeiten auf Fragen der kognitiven Entwicklung. Dennoch sind seine theoretischen und empirischen Arbeiten sicher auch wichtig, wenn es um Fragen der sozialen oder emotionalen Entwicklung geht. In seinen Arbeiten stand die Frage der Entwicklung des Kindes- und Jugendalters im Mittelpunkt. Entwicklung wird vorangetrieben durch ein Streben nach einem Gleichgewicht, das dennoch fortlaufend gefährdet ist. Im Ringen um dieses Gleichgewicht werden qualitative Entwicklungsschritte notwendig, will sich das Individuum nicht in Widersprüchen verstricken. Piaget nennt den Prozeß der Entwicklung von Strukturen hin zu einem stabileren Gleichgewicht *Äquilibration*. Sicher ist der Anspruch auf Universalität und Invarianz der Stufenfolge fragwürdig. Dennoch gingen von den Forschungsarbeiten Piagets wichtige Impulse für die human- und sozialwissenschaftliche Forschung aus. *Assimilation*, *Akkomodation* und *Schema* lassen sich auch als Kernbegriffe einer Theorie der Förderung der Denkentwicklung verstehen. Dabei liegt die Rolle der Fördernden darin, Inhalte zu präsentieren, die Adaptation verlangen, sei es durch Assimilation, sei es durch Akkomodation. Zugleich sind aber auch Freiräume wichtig, um genügend Platz für Eigenaktivität zu lassen. »Man kann dann entweder darauf vertrauen, daß die Welt genügend heterogen ist, um immer wieder Assimilationswiderstand zu bieten und dadurch Akkomodation zu veranlassen, oder man kann auf die tertiären Kreisreaktionen bauen, die spontane Akkomodationsversuche darstellen« (Flammer 1996, S. 157).

3.4.2 Trainings zur Förderung der Denkentwicklung

Entsprechend versucht Lauth (1996) im Rahmen einer empirischen Studie zur Effizienz eines metakognitiv-strategischen Trainings bei lern- und aufmerksamkeitsgestörten Grundschülern die Bedeutung der Mediatorenbeteiligung zu klären. *Metakognition* meint im wei-

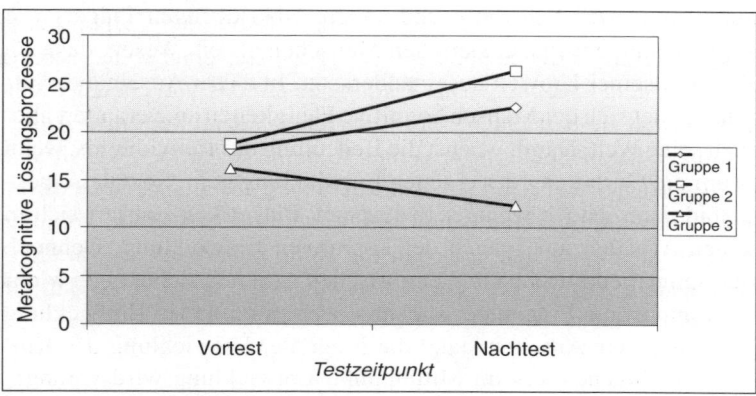

Abbildung 3.11: Interventionseffekte im Bereich metakognitiver Handlungsvermittlung

testen Sinne das Denken über das Denken.»Als therapeutisches Verfahren werden dabei Modifikationen des Selbstinstruktionstrainings eingesetzt, um Handlungsstrategien und Selbstregulationskompetenzen zu vermitteln. Durch diese Intervention sollen die Kinder dysfunktionale Handlungsroutinen unterbrechen und ein analytisches Vorgehen (Analyse der vorliegenden Aufgabe, Zielbestimmung, Ableitung einer Strategie, exekutive Kontrolle) an den Tag legen sowie das eigene Vorgehen mittels Selbstinstruierung Schritt für Schritt steuern ...« (Lauth 1996, S. 22). Grundlage der Intervention sind demnach theoretische Überlegungen, die »Lernbeeinträchtigungen als Störungen des komplexen, zielgerichteten Handelns sowie als Manifestation metakognitiver Inaktivität« (Lauth 1996, S. 21) verstehen. In drei unterschiedlichen Gruppen werden Kinder gefördert: *Gruppe 1* (Anzahl der Probanden: N=19) erhielt ein metakognitiv-strategisches Training, *Gruppe 2* erhielt das gleiche Training, jedoch mit Mediatorenbeteiligung (N=19), und *Gruppe 3* (N=17, Kontrollgruppe) beschäftigte sich mit den Trainingsmaterialien, ohne jedoch bezüglich der Strategien angeleitet zu werden.

Die Ergebnisse zeigen, daß die Interventionsgruppen nach Abschluß des Trainings der Kontrollgruppe in Aufmerksamkeitsleistungen, dem Einsatz von Lösungsstrategien, der intellektuellen Leistungsfähigkeit und der über ein Lehrerurteil erfaßten Sorgfalt im Unterricht überlegen sind. Es zeigt sich, daß eine Einbeziehung der

Eltern die Effekte des Trainings verstärkt (Abbildung 3.11). Lauth kommt aufgrund dieser und anderer Ergebnisse seiner Untersuchung zu folgendem Ergebnis:»Das Training ändert das Vorgehen der Kinder, so daß sie bedachter und reflexiver an sozial-kognitive Anforderungen herangehen. Sie erwerben Kenntnisse darüber, wie sie sich in förderlicher Weise mit den Anforderungen auseinandersetzen können und wie sie ihr Handeln prozeßorientiert überwachen. Vor allen Dingen aber wird deutlich, daß die Kenntnisse auch in trainingsdivergenten Anforderungsbereichen umgesetzt werden, so daß ein Transfer erreicht wird« (Lauth 1996, S. 29 f.).

📖 Wendt, D. (1997). Entwicklungspsychologie: Eine Einführung. Stuttgart: Kohlhammer
Aebli, H. (1993). Denken, das Ordnen des Tuns. Bd. 1: Kognitive Aspekte der Handlungstheorie. Stuttgart: Klett-Cotta (2. Aufl.)
Aebli, H. (1994). Denken, das Ordnen des Tuns. Bd. 2: Denkprozesse. Stuttgart: Klett-Cotta (2. Aufl.)
Ginsburg, H. P. & Opper, S. (1998). Piagets Theorie der geistigen Entwicklung. Stuttgart: Klett-Cotta (8. Aufl.)

𝄃 Oerter, R. (1992). Denken und kognitive Prozesse. In: Finger, G. & Steinebach, Ch. (Hrsg.): Frühförderung. Zwischen passionierter Praxis und hilfloser Therapie. Freiburg i. Br.: Lambertus, S. 129–137
Sternberg, R. J. (1988). Lessons from the life span: What theorists of intellectual development among children can learn from their counterparts studying adults. In: Hetherington, E. M., Lerner, R. M. & Perlmutter, M. (Hrsg.): Child development in life-span perspective. Hillsdale: Erlbaum, S. 259 ff.

4
Entwicklungspsychologie über die Lebensspanne

Die Perspektive der Lebensspannenentwicklungspsychologie: Nach Montada (1998b) ist der Gedanke, die Entwicklung über die gesamte Lebensspanne zu verfolgen, nicht wirklich neu. Er ist jedoch seit Ende der 60er Jahre verstärkt beachtet worden. Erste Entwürfe finden sich dazu etwa bei Erikson (1950), der Annahmen Freuds unter dem Aspekt einer Entwicklung über die Lebensspanne weiterentwickelte. Havighurst (1953) ging in seinem Entwurf von einer Reihe relativ klar benennbarer Entwicklungsaufgaben aus, die das Individuum zu bewältigen habe und in deren Bewältigung wichtige Kompetenzen erworben würden (vgl. Tabelle 2). In der Erweiterung dieses Konzepts auf die Frage nach nicht-normativen Ereignissen hat die Lebensereignisforschung (etwa Filipp 1995, Flammer 1993, Perrez 1992) wichtige Befunde zu bedeutsamen Einflüssen auf Lebensläufe liefern können. Bis zu diesen Arbeiten war der Begriff »Entwicklung« für universelle, invariante, irreversible, unidirektionale und altersgebundene Veränderungen gedacht (vgl. Montada 1998b). Für das Erwachsenenalter wird jedoch von kultur-, subkultur- oder personspezifischen Veränderungen ausgegangen. Betont wird nunmehr die Plastizität von Entwicklung und die Bedeutung historisch-gesellschaftlichen Wandels. Nach Montada (1998b) stehen die auf diesen Überlegungen fußenden Forschungsprogramme für anthropologische Positionen, denen zumindest drei Kernannahmen über den Menschen und seine Entwicklung entsprechen: (1) Die Entwicklung des Menschen erscheint als ein vom Menschen selbst geplanter und realisierter Prozeß. (2) Im Prozeß der menschlichen Sozialisation werden die Beteiligten gleichermaßen Subjekt und Objekt. (3) Gelingen oder Mißlingen menschlicher Entwicklung hängt ganz wesentlich von der gegebenen Passung individueller Wünsche und Möglichkeiten einerseits und sozialer Anforderungen und Unterstützungen andererseits ab. Diese Positionen blieben auch für die Erforschung der frühkindlichen Entwicklungsprozesse nicht ohne Bedeutung. Horowitz (1980) folgend, können wir annehmen, daß frühkindliche Entwicklung auch wegen der konflikthaften Auseinandersetzung über Anlage und Umwelt, Reifung und Erziehung paradigmatische Bedeutung hat. Wesentliche Belege, die für die oben genannten Annahmen sprechen, wurden daher auch im Bereich der frühkindlichen Entwicklung erhoben. Danach erscheinen selbst Kinder als Produzenten ihrer eigenen Entwicklung (Belsky & Tolan 1981). Wechselwirkungen zwischen kindlichen und mütterlichen Verhaltensweisen und die damit einhergehenden Entwicklungsprozesse sprechen für die Einflüsse retroaktiver Prozesse (vgl. Montada 1998b). Entwicklungsbezogenes Handeln und Mensch-Umwelt-Systeme werden zu zentralen Themen der Lebensspannenentwicklungspsychologie.

Die ökologische Perspektive: Ausgehend von Lewins Lebensraumkonzept (Lewin 1936) und Barkers Begriff des Settings (Barker 1968), entwickelte Bronfenbrenner (1978) eine Systematik zur Analyse von Person-Umwelt-Beziehungen in der menschlichen Entwicklung. Er ließ sich dabei von dem Anliegen leiten, menschliche Entwicklung im Rahmen ihrer konkreten Umwelten zu untersuchen. Gefordert wurden *ökologisch valide* Untersuchungen, die zumindest von den Betroffenen als valide in bezug auf die konkreten Bedingungen eingeschätzt würden (vgl. Flammer 1996). Bronfenbrenner (1978, S. 44) versteht unter *Entwicklung* einen »Prozeß, durch den die sich entwickelnde Person erweiterte, differenziertere und verläßlichere Vorstellungen über ihre Umwelten erwirbt. Dabei wird sie zu Aktivitäten und Tätigkeiten motiviert und befähigt, die es ihr ermöglichen, die Eigenschaften ihrer Umwelt zu erkennen und zu erhalten oder auf nach Form und Inhalt ähnlich komplexem oder komplexerem Niveau umzubilden.« In der Analyse menschlicher Entwicklung habe man aus experimentell ökologischer Sicht von einer verschachtelten Struktur verschiedener Entwicklungsumwelten auszugehen. Im Mittelpunkt dieser konzentrisch anzuordnenden Umweltsysteme steht das *Mikrosystem*. Es bezeichnet das ort- und zeitspezifische, tätigkeits- und rollenabhängige Beziehungsgefüge zwischen Person und Umwelt. Das *Mesosystem* besteht umfassender aus den wichtigen Settings, in denen sich eine Person zu einem bestimmten Zeitpunkt ihres Lebens befindet. Entwicklung und Fehlentwicklung hängen nach Meinung Bronfenbrenners ganz entschieden davon ab, wie die verschiedenen Mikrosysteme, repräsentiert im Mesosystem, vernetzt sind. Bestehende Verbindungen zwischen Mikrosystemen begünstigen eine positive Entwicklung. Die Entwicklungsdynamik wird wesentlich durch die im Entwicklungsverlauf immer wieder geforderten Übergänge von einem Mikrosystem zum nächsten beeinflußt. Solche ökologischen Übergänge werden als Motor der Entwicklung angesehen. Eine Vernetzung und Kompatibilität zwischen solchen Systemen kann entstehende Belastungen abfedern und den weiteren Entwicklungsverlauf positiv beeinflussen (vgl. Flammer 1996).

Die entwicklungsbestimmenden Settings sind ihrerseits von weiteren formellen und informellen sozialen Strukturen beeinflußt, die der Autor als *Exosystem* zusammenfaßt. Übergeordnete institutionelle Muster der Kultur oder einzelner Subkulturen sind dem *Makrosystem* zugeordnet. Aus der Sicht Bronfenbrenners, so Oerter (1998b), entwickelt sich ein Individuum, wenn es lernt, sich in neuen Settings zurechtzufinden. Menschliche Entwicklung erscheint somit als ein Durchlaufen verschiedener Settings. In den neueren Arbeiten hat sich Bronfenbrenner besonders mit den Auswirkungen kritischer Lebensereignisse und dem individuellen Beitrag des Individuums zur Entwicklung im Setting auseinandergesetzt. So fügt Bronfenbrenner seiner Systematik noch das *Chronosystem* hinzu, in dem er besondere biographische Übergänge berücksichtigt. Der resultierenden kumulierten Biographie komme besondere Bedeutung zu (vgl. Flammer 1996).»These experiences may have their origins either in the external environment (e.g., the birth of a sibling, entering school, divorce, winning sweepstakes), or within the organism (e. g., puberty, severe illness). Whatever their origin, the critical feature of such events is that they alter the existing relation between person and environment, thus creating a dynamic that may instigate developmental change« (Bronfenbrenner 1989, S. 201).

Konzeptionelle Weiterentwicklungen und Vertiefungen beschäftigen sich insbesondere mit den Wechselwirkungen zwischen Subsystemen, der Analyse transaktionaler oder zirkulärer Prozesse in der Familienentwicklung und mikrosystemübergreifenden Transaktionen (Lüscher 1989, Petzold 1992, Gerris 1989). Unter Bezugnahme auf diesen Ansatz sieht Lüscher (1989) als zentrale Aufgaben der Familie (1) die Gestaltung einer Lebenswelt für die individuelle Entwicklung unter Berücksichtigung der sozialen und kulturellen Verhältnisse, (2) die Koordination von Tätigkeiten unterschiedlicher Aufgabenbereiche und (3) die Herausbildung personaler und kollektiver Identität. In der empirischen Forschung steht die Analyse konkreter Tätigkeiten zumeist im Vordergrund (vgl. Lüscher 1989). Solche Tätigkeiten werden unter dem Aspekt wechselseitiger Beeinflussung verschiedener Systemebenen als transaktionale Prozesse verstanden (Gerris 1989, Petzold 1992).

Wenn Entwicklung wesentlich von der individuellen Auseinandersetzung mit und in neuen Settings abhängt, so wird auch zu fragen sein, welche Merkmale auf seiten des Individuums diesen Prozeß begünstigen. Bronfenbrenner geht in der Beantwortung dieser Frage davon aus, »that, among the personal characteristics likely to be most potent in affecting the course of subsequent psychological growth, including cognitive development, are those that set in motion, sustain, and encourage processes of interaction between the person and two aspects of the proximal environment: first, the people present in the setting; and second the physical and symbolic features of the setting that invite, permit, or inhibit, engagement in sustained, progressively more complex interaction with, and activity in, the immediate environment (Bronfenbrenner 1990, S. 103). Der Autor nennt hier als grundlegend (1) »personal stimulus characteristics« und (2) »developmentally instigative characteristics«. Letztere bestehen aus (a) »selective responsivity«, (b) »structuring proclivities« und (c) »directive beliefs« (ebd., S. 104 f.). Damit lassen sich nun persönlichkeitspsychologische und handlungstheoretische Positionen für eine ökologische Analyse menschlicher Entwicklung nutzen. Dies führt uns zum nächsten Punkt.

Die aktionale Perspektive: Aus einer handlungstheoretischen Perspektive erscheint Entwicklung über die Lebensspanne als ein vom Menschen beeinflußter und gestalteter Prozeß. Mit dieser Grundaussage lassen sich, Flammer (1992) folgend, zwei Typen entwicklungsbezogener Handlungen unterscheiden: (1) eine unbemerkte Einflußnahme auf Umweltbedingungen, quasi als Nebenwirkung menschlichen Handelns, und (2) gezielte entwicklungsbezogene Handlungen. Sowohl normative als auch nicht-normative Ereignisse sind Herausforderungen, denen sich das Individuum stellen muß, will es einen ihm angemessenen Platz in der Gesellschaft finden oder halten. Entwicklungsaufgaben fordern gemeinschaftliches, objektbezogenes Handeln und bilden damit die »Scharnierstellen zwischen Individuum und Umwelt, zwischen der sog. subjektiven (individualpsychischen) Struktur und der sog. objektiven Struktur« (Flammer 1993, S. 120). Die Bewältigung der für den Lebensabschnitt innerhalb der gegebenen Kultur typischen Aufgaben hängt sowohl von den konkreten Anforderungen und Hilfen der Umwelt ab als auch von den individuell gegebenen Voraussetzungen, Möglichkeiten wie Grenzen (Burgess & Houston 1979, Duvall 1977, Havighurst 1953, Kahn & Antonucci 1980, Lerner 1976, Thomae 1981). Es ist davon auszugehen, daß das Individuum selbst in der Auseinandersetzung mit den sich stellenden Aufgaben die eigenen Ressourcen, intern wie extern, und Bewältigungsmöglichkeiten oder gar das drohende Scheitern einschätzt und bewertet (Brandtstädter 1981, 1983b). Entwicklungsüberzeugungen erhalten dabei eine besondere Bedeutung. Unter Berufung auf einschlägige Arbeiten zum Einstellungsbegriff (Allport 1935, Heinerth 1979) definieren wir *Entwicklungsüberzeugung* als relativ lang andauernde gelernte psychische und physiologische Bereitschaft, durchgängig und einheitlich persönliche Entwicklungsziele und Entwicklungsmöglichkeiten sowie soziale Forderungen und Angebote wahrzunehmen, zu bewerten und sich ihnen gegenüber in bestimmter Weise zu verhalten. Hier erscheinen entwicklungsbezogene Einstellungen eng verbunden mit entwicklungsbezogenen Emotionen und konkreten Verhaltensweisen.

Handlungen lassen sich als Verhaltensweisen verstehen, die auf angenommene Einstellungen bezogen werden. Unter Bezugnahme auf Lenk (1978, vgl. Kapitel 1.2.6) können wir festhalten, daß Handeln durch soziokulturelle Regeln, bzw. durch ihren bewußten Gebrauch, konstituiert wird. Dem Handeln wird also nicht nur durch Naturgesetze, sondern auch durch Kulturgesetze Grenzen gesetzt. Dies bewahrt, trotz handlungstheoretischer Bezugnahme, vor einer voluntaristischen und subjektivistischen Entwicklungspsychologie. Sprachliche Verwendungsregeln bestimmen auch die Verbindungen zwischen Handlung und Emotion. Von Emotionen spricht man nicht als gewählte Ereignisse, sondern als unkontrollierbar auftretende Widerfahrnisse. Emotionen konstituieren jedoch Handlungen, da bestimmte Handlungstypen emotionale Komponenten begrifflich einschließen (Brandtstädter 1983b). Positive oder negative Emotionen sind konzeptuell mit der subjektiven Einschätzung eigener und fremder Kontrollmöglichkeiten in persönlich bedeutsamen Handlungsfeldern verbunden.

Entwicklungskontrolle wurde zunächst analog den Positionen Rotters (1966, Krampen 1987b) verstanden und unter Bezugnahme auf Arbeiten von Seligman (1975) und Lazarus (1981) auf Aspekte der Entwicklungsgestaltung und -bewertung bezogen. Neben die Frage nach den möglichen Quellen von Kontrolle, internal oder external, tritt nun vermehrt die Frage nach dem Zielbereich der Kontrollbemühungen. In neuerer Zeit gewinnen Konzepte an Bedeutung, die zwischen akkomodierenden und assimilierenden Kontrollorientierungen unterscheiden (Rothbaum, Weisz & Snyder 1982). Diese unterschiedlichen Konzepte ausgeübter Kontrolle erweisen sich sowohl für die Analyse entwicklungsbezogenen Handelns über die Lebensspanne (Brandtstädter 1986) als auch für das Verständnis der unterschiedlichen Verarbeitung von Entwicklungsaufgaben in verschiedenen Kulturen als hilfreich (Trommsdorff 1993b).

Aus handlungstheoretischer Sicht erscheint Entwicklung als ein Prozeß, der von einer hoch komplexen, dynamischen und konfliktreichen Struktur persönlicher Ziele und Möglichkeiten sowie sozialer Forderungen und Angebote abhängt. Dabei geht man nicht nur davon aus, daß wahrgenommene Veränderungen in engerer Beziehung zur Verhaltensänderung stehen als objektive Veränderungen (vgl. Thomae & Kranzhoff 1979). Man nimmt auch an, daß Ereignisse entwicklungsbezogene Einstellungen, Kognitionen oder Überzeugungen schaffen, die, gerade weil sie handlungsleitend sind, auch Entwicklung bestimmen (Brandtstädter 1981).

Diesen Annahmen entsprechen Überlegungen Oerters (1998b) zu entwicklungsrelevanten Aspekten menschlichen Handelns, welche die ökologische Perspektive mit der aktionalen verbinden. Handlung ist demnach immer ein zweiseitig gerichteter Prozeß der Vergegenständlichung und Aneignung. In sozialen Systemen geschieht Handeln in einem gemeinsamen Gegenstandsbezug. Indem Sprache die Bedeutung der Gegenstände fixiert, verbindet sie den Gegenstand mit sozialen Erwartungen der Interaktionspartner. Die entwicklungsrelevante soziale Interaktion läßt sich damit auch, Mead folgend, durch den Gegenstandsbezug charakterisieren (vgl. Oerter 1998b). Im Gegenstandsbezug werden dann verschiedene individuelle und soziale Valenzen des Objektes deutlich bzw. vermittelt. Dabei stellt die sogenannte *subjektive Struktur* das Wissen des Individuums um Handlungsmöglichkeiten dar, während die sogenannte *objektive Struktur* die Ordnung von Handlungsmöglichkeiten einer Kultur repräsentiert (Oerter 1998b). Wie Lüscher (1990) zeigt, läßt sich unter Bezugnahme auf Meads Konzept der Perspektive auch die Entstehung von Identität als Merkmal von Personen und unterschiedlichen sozialen Gruppen verstehen. »*Das Konzept der Perspektive verweist somit auf theoretischer Ebene auf die Verknüpfung jener sozialen Sachverhalte, die mit den Konzepten Identität, Wissen und Handeln angesprochen werden. Ferner postuliert das Konzept der Perspektive, daß für diese Verknüpfung spezifische Kontexte innerhalb der Sozialität bestehen, die diese ihrerseits strukturieren und denen wiederum Identität zugeschrieben werden kann*« (Lüscher 1990, S. 259; Hervorhebungen im Original).

📖 Brandtstädter, J. (1998). Action perspectives on human development. In: Lerner, R. M. (Hrsg.): Theoretical models of human development (=Handbook of child psychology, Bd. 1, 5. Aufl.). New York: Wiley, S. 807–863
Heckhausen, J. & Mayr, U. (1998). Entwicklungsregulation und Kontrolle im Erwachsenenalter und Alter: Lebenslaufpsychologische Perspektiven. In: Keller, H. (Hrsg.): Lehrbuch Entwicklungspsychologie. Bern: Huber, S. 399–442

🔖 Brandtstädter, J. (1986). Personale Entwicklungskontrolle und entwicklungsregulatives Handeln: Überlegungen zu einem vernachlässigten Forschungsthema. Zeitschrift für Entwicklungspsychologie und Pädagogische Psychologie 18 (4), S. 316–334
Reinert, G. (1976). Grundzüge einer Geschichte der Humanentwicklungspsychologie. In: Balmer, H. (Hrsg.): Die europäische Tradition. Die Psychologie des 20. Jahrhunderts, Bd. 1. Zürich: Kindler, S. 862–896

4.1 Frühe Kindheit: Bindung und soziales Verhalten

Kleinkinder können in unterschiedlicher Hinsicht auffallen. Meist werden bei ihnen geringere Ansprechbarkeit oder zu große Unruhe, fehlende Kontaktnahme und Reaktionen oder mangelnder Rhythmus, später dann Passivität und Rückzug bis hin zu großer Ängstlichkeit oder aber Aggressivität und Hyperaktivität als Probleme genannt. In den alltäglichen Gesprächen kommen Erklärungsmuster zur Sprache, die auf Frustrationen in der Lebensgeschichte der Kinder schließen: Frustrationen, die dann zu Aggression oder Depression führen, Frustrationen, von denen angenommen wird, daß sie sehr früh in der Geschichte dieses Kindes lagen und grundlegenden Bedürfnissen widersprachen. Schon früh haben literarische Arbeiten, psychoanalytische Konzepte und Ethologie auf die Bedeutung früher Erfahrungen hingewiesen. Solche Hinweise stießen in weiten Teilen der Bevölkerung auf großes Interesse. Sicher kann die Bereitschaft, auf frühe Bedürfnisse von Kleinkindern einzugehen, auf eine »kulturprägende Wirkung« solcher Arbeiten zurückgeführt werden (Grossmann & Grossmann 1997, S. 5). Was sind das für grundlegende Bedürfnisse?

Hier ist neben den grundlegenden körperlichen Bedürfnissen das soziale Motiv nach Anschluß, das Bindungsmotiv zu nennen (vgl. etwa Kornadt & Husarek 1989). *Bindung* ist ein biologisch verankertes Motivsystem, das dazu dient, ein Gefühl der Sicherheit aufzubauen oder zu erhalten. Es wird besonders in Situationen der Angst, Krankheit, Müdigkeit oder Streß aktiviert. Aus den entsprechenden Erfahrungen werden kognitive Systeme über die Umwelt und das eigene Selbst entwickelt (»working models«, Bowlby 1982). Den Forschungen von Mary Ainsworth (Ainsworth et al. 1978) verdanken wir wichtige Einsichten in die Entwicklung des Bindungsmotivs.

4.1.1 Die Entwicklung des Bindungsmotivs

Ainsworth unterscheidet vier Phasen der Entwicklung des Bindungsverhaltens und drei Typen von Bindung. In ihren Forschungsarbeiten geht sie von folgenden Grundannahmen aus: (1) Bindung ist ein angeborenes Motivsystem, das Sicherheit schafft und Exploration ermöglicht. (2) Je nach Zuwendungsverhalten finden sich unterschiedliche Arten von Bindung, die (3) bis ins Erwachsenenalter hinein Dauerwirkung zeigen. In der Entwicklung des Bindungsmotivs unterscheidet sie verschiedene Phasen.

116

Info-Box 7: Entwicklung und Diagnostik der Bindung nach
Mary Ainsworth

1. *Phase (preattachment phase):* 1. Lebenswoche.
   Orientierung und Signale unabhängig von den umgebenden Personen.
2. *Phase (phase of attachment in the making):* 2. Woche bis 7. Lebensmonat.
   Kind unterscheidet zwischen vertrauten und weniger vertrauten Menschen.
3. *Phase (phase of clear-cut attachment):* ab 7. Lebensmonat.
   Das Kind sucht aktiv die Nähe zur Pflegeperson.
4. *Phase (goaldirected partnership):* um 3. Lebensjahr.
   Entwicklung von Objekt- und Personpermanenz, Rollenübernahme und damit Verstehen und Einplanen der Handlungsweisen der Betreuungspersonen.

Ainsworth entwickelte einen Test zur Beurteilung der Bindungsqualität, den »Fremde-Situation-Test«. Bei diesem Test spielt das Kind in einem Raum mit der Bezugsperson. Im Laufe der Zeit zieht sich die Bezugsperson zurück, verläßt den Raum. Das Verhalten des Kindes nach der Wiederkehr der Bezugsperson gilt als entscheidendes Kriterium zur Einschätzung der Bindungsqualität: Reagiert das Kind
– der Mutter freudig zugewandt, gilt dies als Hinweis auf eine sichere Bindung (»Typ B«);
– die Mutter zurückweisend, gilt dies als Hinweis auf eine unsicher-meidende Bindung (»Typ A«);
– ärgerlich widerspenstig, gilt dies als Hinweis auf eine unsicher-ambivalente Bindung (»Typ C«).
Bei der Durchführung des Fremde-Situation-Tests ist die Auswertung schwierig. Die im Sinne des Verfahrens richtige Einschätzung des Verhaltens der Kinder nach der Wiederkehr der Eltern sollte, etwa unter Verwendung von Trainingsvideos, eingeübt werden.
Dieser Test ist als diagnostisches Instrument für die Altersgruppe der 12 bis 18 Monate alten Kinder geeignet. Es wurden aber auch, vornehmlich zu Forschungszwecken, Verfahren für ältere Kinder entwickelt.

Als Bedingungen für unterschiedliche Bindungsformen gelten (1) der körperliche Kontakt, (2) die Häufigkeit und Qualität der Mutter-Kind-Interaktion, (3) Strenge vs. Nachgiebigkeit in der Erziehung, (4) die Responsivität der Mütter und (5) die Signale des Kindes und ihre Bedeutung für die Interaktion. Daraus lassen sich Hinweise auf unterschiedliche Deprivationstypen ableiten (vgl. Yarrow 1964): (a) sensorische Deprivation, (b) soziale Deprivation und (c) emotionale Deprivation.

4.1.2 Bindung, Empathie und »theory of mind«

Mit Blick auf die Verknüpfung von Bindungserfahrungen und Deprivationen wird deutlich, daß Ursachen für Verhaltensauffälligkeiten durchaus in frühen negativen Erfahrungen liegen könnten. Jedoch wird noch nicht deutlich, wie mangelnde Bindungserfahrungen zu dissozialem Verhalten führen könnten.

Ein wesentlicher Hinweis für die zentrale Bedeutung von Bindung für das weitere Sozialverhalten wäre der Nachweis von Zusammenhängen zwischen Bindung und Empathie. Dabei meint *Empathie* die Fähigkeit, am Erleben eines anderen Menschen emotional Anteil zu nehmen (Friedlmeier & Trommsdorff 1992). So entsteht eine emotionale Verbindung, die für Hilfehandlungen ganz wesentlich ist. Ihr Fehlen läßt aggressives Verhalten wahrscheinlicher werden. Auch für Empathie liegen inzwischen Hinweise auf unterschiedliche Entwicklungsphasen vor: (1) Reaktives Weinen (schon bei 2 bis 4 Tage alten Babys), (2) Erkennen des eigenen emotionalen Befindens (2 bis 3 Monate), (3) social referencing (10 bis 12 Monate).

Was erleichtert empathisches Verhalten? Sicher sind Trennung zwischen Selbst und anderen wichtig, aber auch das Verstehen anderer, Fähigkeiten zur Rollenübernahme und entsprechende sprachliche Kompetenzen. Empathie zeigen eher jene, die auch bereit sind, emotional zu reagieren, auch wenn diese Reaktionen eher dem eigenen Erleben entsprechen und dem eigenen Wohlbefinden dienen sollten. Aber auch kognitive Faktoren wie die eben angesprochene Trennung von Selbst und anderem sind von Bedeutung. Empathie zeigen eher jene, die elterliche Zuneigung erfahren haben, die emotionale Modelle kennen, die einen eher induktiven Erziehungsstil erlebt haben, die mit Geschwistern aufgewachsen sind, die über ein positives

Selbstkonzept verfügen, die die Verbundenheit mit anderen betonen oder die durch ihre Bezugspersonen eine solche Verbundenheit erlebt haben. All diese Erfahrungen stehen in einem engen Zusammenhang mit den frühen Bindungserfahrungen. Damit ist der Schluß naheliegend, daß frühe Bindungserfahrungen eine wesentliche Rolle in der Entwicklung des emotionalen und sozialen Verhaltens spielen. Dabei hat in jüngster Zeit das Verstehen anderer – die Ausbildung von Annahmen, die das Verhalten anderer erklären – besondere Beachtung gefunden. Verfügen bereits kleine Kinder über eine solche »theory of mind«? Als Hinweise, daß solche »theories« bereits früh formuliert werden, gelten angemessenes Verhalten auf soziale Anforderungen im ersten Jahr, Symbolspiel und Empathie im zweiten Jahr, entsprechende soziale, sprachliche und kognitive Leistungen im dritten Lebensjahr. Vierjährige beeindrucken, indem sie falsche Annahmen als Grundlage fremden Verhaltens vorhersagen, täuschen und Perspektiven übernehmen können (Bischof-Köhler 1998). Insgesamt wird deutlich, daß aufgrund der Befunde zur »theory of mind« die klassischen Befunde Piagets zum Egozentrismus in Frage zu stellen sind.

Mit Blick auf die Komplexität und die vielfältige Vernetzung des Bindungskonzepts mit anderen Kompetenzbereichen ist der Vorsatz naheliegend, die Bindungstheorie in Richtung auf eine allgemeine Theorie der sozialen Motivation zu ergänzen und zu erweitern. Dies geschieht im Zürcher Modell der sozialen Motivation, das im folgenden Abschnitt vorgestellt wird.

4.1.3 Das Zürcher Modell der sozialen Motivation von Norbert Bischof

Im *Zürcher Modell der sozialen Motivation* wird statt von einer triebhaften Grundlegung von einem System von Variablen ausgegangen, die für die Steuerung des Bindungsverhaltens wesentlich sind (Bischof 1993, 1997; zusammenfassend Bischof-Köhler 1998; vgl. Abbildung 4.1, s. S. 121).

Das Zürcher Modell beschreibt die Vorgänge im Zusammenhang mit Bindungsverhalten in der Sprache der Regelungstechnik. Es unterscheidet bezüglich des Verhaltens von Kleinkindern ein *Sicherheits-* und ein *Erregungssystem*. Das *Sicherheitssystem* regelt das

119

Verhalten gegenüber Vertrautem, das Erregungssystem die Distanz gegenüber Fremdem. Die Wahrnehmung geschieht einmal allgemein unspezifisch, aber auch detektorenspezifisch. Der Typusdetektor verweist auf die Relevanz eines Objekts, der Individualdetektor zeigt an, ob das Objekt fremd oder vertraut ist. Über einen Sollwert (Abhängigkeit) zeigt das Sicherheitssystem an, wie stark das Bedürfnis nach Nähe zu Vertrautem ist. Entsprechend zeigt der Sollwert im Erregungssystem (Unternehmungslust) an, wie stark das Bedürfnis nach Erregendem ist. »Melden die Detektoren einen vertrauten Menschen in der Nähe, dann erlebt sich das Kind in einer Lage, die als ›sicher‹ beschreibbar ist, die Umgebung strahlt ›Nestwärme‹, ›Heimeligkeit‹ aus. Emotional entspricht dem das Gefühl der *Geborgenheit*. Nähert sich dagegen eine fremde Person, dann ist die Empfindung der Lage ›erregend‹, emotional präzisierbar im Gefühl des *Faszinierenden*, bzw. Unheimlichen. In die Sprache der Regelungstechnik übersetzt, entspricht die Lage dem ›Istwert‹« (Bischof-Köhler 1998, S. 331 f., Hervorhebungen im Original). Die Regulation der Motivation erfolgt über Vergleiche zwischen Ist- und Sollwert. Liegt der Istwert unter dem Sollwert, so entsteht Appetenz, liegt der Istwert über dem Sollwert, so entsteht Aversion. Widerstände bei der Umsetzung von Appetenz und Aversion führen zu Copingversuchen; scheitern diese Versuche, so ist die Änderung des Sollwertes möglich. Sicherheits- und Erregungssystem stehen in Verbindung mit dem Autonomiesystem, dessen interner Sollwert als Autonomieanspruch bezeichnet wird. »Dieser korreliert positiv mit der Unternehmungslust und negativ mit der Abhängigkeit« (Bischof-Köhler 1998, S. 332).

Schlüsse über die Entwicklung der genannten Systeme werden aus dem Auftreten der für die Systeme typischen Emotionen gezogen. Bindung kann das Kind zeigen, wenn es mit einer Person entsprechend vertraut geworden ist. Dazu dient das Lächeln als Indikator. Mit sechs Wochen zeigt das Baby erstmals soziales Lächeln. Da das Lächeln noch unspezifisch, also nicht auf die Bezugsperson beschränkt ist, wird dies als Hinweis auf die Bildung des Typendetektors »Mensch« gedeutet. Ab dem vierten Monat wird über die Bildung eines entsprechenden Individualdetektors das gezieltere Anlächeln vertrauter Personen möglich. »Die Bindung an eine Person gilt als etabliert, wenn Kinder etwa im siebten Monat auf Verlassenwerden mit *Trennungsprotest* reagieren … Während Bezugspersonen

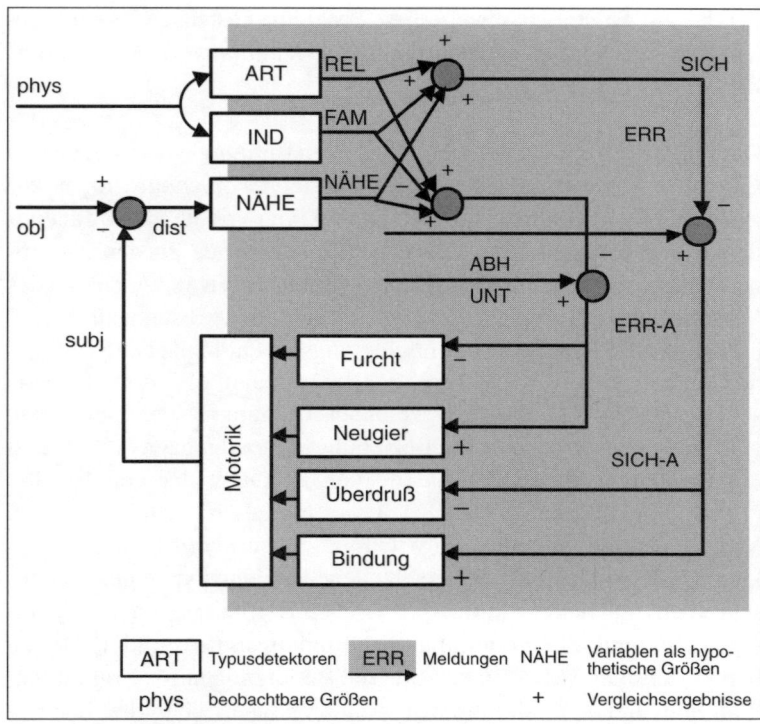

Abbildung 4.1: Bindung im Zürcher Modell sozialer Motivation (Grundmodell, Bischof 1997)

Die Pfeile *obj* bzw. *subj* bezeichnen den Standort eines Objekts bzw. des Subjekts. Die Distanz *dist* ergibt sich aus der Substraktion von *obj* und *subj*. Blöcke im Modell stehen für Organteile, Organe, den ganzen Organismus oder einen Umweltausschnitt. So liefert der Block NÄHE den Grad der NÄHE des Objekts. Sonstige Merkmale des Objekts werden in *phys* berücksichtigt, die über einen Typusdetektor ART (für »Artmerkmale«) ansprechen und Meldungen als REL (für »Relevanz«) geben. Individuumspezifisches wird über IND verarbeitet und liefert Meldungen zur Vertrautheit, Familiarität (FAM). Zusammen mit REL, FAM und NÄHE bildet IND die wichtigen Eingangsgrößen für Sicherheit (SICH). A bezeichnet Appetenz, Aversion und Aktivation als Ergebnis der Differenzbildung von Sollwerten bei Abhängigkeit und Unternehmungslust (ABH, UNT) einerseits und den entsprechenden Istwerten andererseits. Durch Einführung der Variable Erregung (ERR) wird ein Erregungssystem konstruiert, das mit NÄHE, FAM und REL negativ korreliert. In diesem Teilsystem bezeichnet UNT dann den Wunsch nach Erregung (ausführlicher: Bischof 1997).

121

vor diesem Alter noch ohne größere Probleme austauschbar sind, treten jetzt bei Verlust nachhaltige *Trauerreaktionen* auf« (Bischof-Köhler 1998, S. 333 f.).

Die Frage nach den Zusammenhängen von Bindungserfahrungen und Empathie verweist auf eine Vielzahl anderer Forschungsfragen zur Bedeutung von Bindung für die Entwicklung von Kindern, Jugendlichen und Erwachsenen. Dabei sind die Befunde zu den Zusammenhängen zwischen frühen Bindungserfahrungen und Aspekten des Verhaltens und Erlebens im Jugend- und Erwachsenenalter eher ernüchternd. So bleiben aus entwicklungspsychologischer Sicht viele Fragen offen. Gloger-Tippelt (1997) nennt als künftige Forschungsfragen: (1) Was kennzeichnet Bindungsbeziehungen, wie sind sie von anderen sozialen Beziehungen abzugrenzen? (2) Wie ist die Entstehung mentaler Modelle von Bindung, der von Bowlby (1982) eingeführten »internal working models of attachment«, im Verlauf der individuellen Entwicklung zu beschreiben und zu erklären? (3) Wie lassen sich verschiedene Bindungstypen genauer beschreiben, und welche kulturspezifischen Einflüsse auf das Erscheinungsbild und die Verteilung der Bindungstypen sind dabei zu berücksichtigen? (4) Welches sind die Bedingungen für Kontinuität, Stabilität und Veränderung von Bindungstypen über die Lebensspanne? (5) Welche Prozesse sind bei der transgenerationalen Vermittlung von Bindungstypen beteiligt? (6) Wie lassen sich unterschiedliche Ansätze der Interventionen zur Veränderung von unsicheren Bindungstypen theoretisch begründen, und wie bewähren sie sich? (Gloger-Tippelt 1997)

📖 Bischof-Köhler, D. (1998). Zusammenhänge zwischen kognitiver, motivationaler und emotionaler Entwicklung in der frühen Kindheit und im Vorschulalter. In: Keller, H. (Hrsg.): Lehrbuch Entwicklungspsychologie. Bern: Huber, S. 319–376
Mussen, P. H., Conger, J. J., Kagan, J. & Huston, A. C. (1999). Lehrbuch der Kinderpsychologie. Bd. 1 und 2. Stuttgart: Klett-Cotta (5./6. Aufl.)

⚇ Bischof, N. (1997). Das Rätsel Ödipus. München: Piper (5. Aufl.)

4.2 Kindheit: Entwicklung von Kontrollüberzeugungen

Einleitend schreibt Reinecker (1978) in seiner Arbeit über Selbstkontrolle: »Durch Kritik wurde man darauf aufmerksam, daß Verhaltenstherapeuten nicht nur auf der Verhaltensebene arbeiteten und nicht nur Verhaltensänderungen erzielen wollten. Es wurde desgleichen theoretisch schwierig, bestimmte Verfahren (z. B. Modellernen) nur mit Hilfe explizit behavioristischer Terminologie zu erklären. Dieser Zustand führte zu einer ›kognitiven Wende‹ (s. Miller, Galanter & Pribram 1960, 1968, Mahoney 1974), derzufolge auch Gedanken, Bewertungen, Attribuierungen und dergl. als legitimer Bestandteil der Verhaltenstheorie anerkannt wurden« (S. 9). Für diesen Zeitraum, die 70er Jahre, und die folgenden Jahre machten Thomae und Kranzhoff (1979) ein Anwachsen und Populärwerden kognitiver Theorien in der Psychologie und ihren Nachbargebieten aus. Als Varianten kognitiver Theorien nennt er (1) handlungsbezogene Konzeptualisierungen von Informationsverarbeitungsprozessen und (2) kognitiven Repräsentationen, (3) Überzeugungs- und Werttheorien, (4) Theorien generalisierter Erwartungen, (5) Attribuierungstheorien, (6) Theorien über handlungsleitende Funktionen kognitiver Strukturen und (7) Theorien über handlungsleitende Funktionen von Selbst- und Fremdbild.

All diese Theorien versuchen, dem Faktum Rechnung zu tragen, daß das Verhalten einer Person eher der Situation entspricht, wie sie von dieser Person wahrgenommen wurde, als der objektiven Situation. In dem Maße, in dem die Wahrnehmung entwicklungsrelevanter Situationen in den Blick genommen wird, bieten sich Ansatzpunkte für eine kognitive Theorie menschlicher Entwicklung. Theorien, die handlungsleitende Funktionen oder vergleichbare Variablen berücksichtigen, werden so in Zusammenhang mit Entwicklung gebracht. Zugleich wird aber auch angenommen, daß die intervenierende Variable, etwa Zielorientierungen oder Überzeugungen, Ergebnis von Entwicklungsprozessen ist. Kognitionen beeinflussen Handlungen, und Ereignisse schaffen Kognitionen, die ihrerseits sowohl handlungsleitend sind als auch, gerade weil sie handlungsleitend sind, Entwicklung bestimmen (vgl. Brandstädter 1981). Entwicklung ist demnach nur noch in handlungstheoretischen Begriffssystemen zu beschreiben und zu verstehen. Dabei können sowohl im wesentlichen

123

als fremdbestimmt gedachte Entwicklungsverläufe (Erziehung, Sozialisation, Entwicklungsrehabilitation und -therapie) als auch der Beitrag des Individuums selbst zu seiner Entwicklung (Ziele, Selbstkontrolle, Präferenzen) und schließlich die wechselseitige Beeinflussung dieser Bereiche Thema sein.

Im Folgenden werden wir die letzten beiden Aspekte, den eigenen Beitrag und mögliche Wechselwirkungen, aufgreifen, indem wir die Effektanzorientierungen nach Bandura als entwicklungsregulative Dispositionen im Kindesalter vorstellen.

4.2.1 Personale Kontrolle und Entwicklung

Bandura (1986) kritisiert, daß es viele vorwiegend physiologische Arbeiten zur Umweltwahrnehmung von Kindern gibt. Viel wichtiger sei jedoch die Frage, wie Kinder sich selbst und die Wirkungen der Umwelt auf den eigenen Organismus wahrnehmen. Den wichtigsten handlungsrelevanten Faktor, der aus solchen Wahrnehmungen resultiere, bezeichnet er als »self-efficacy«. Diese Wirksamkeits- oder Effektanzüberzeugungen beinhalten Gedanken und Gefühle über Handlungsergebnisse und wirken daher auf das konkrete Handeln. Effektanzüberzeugungen drücken aus, inwieweit man zumindest subjektiv glaubt, eine Handlung ausführen zu können. Neben bereichsspezifischen Effektanzüberzeugungen postuliert Bandura auch Überzeugungen, die über eine Reihe von Situationen hinweg wirken. Die Wahrnehmung von Effektanz bewirkt eine Veränderung auf kognitiver, affektiver und Verhaltensebene. Situationen, die eine Handlung jenseits des eigenen Fähigkeitsbereichs erfordern, werden gemieden. Aber gerade Erfolge jenseits des eigenen Fähigkeitsbereichs erweitern und stärken Effektanzüberzeugungen. Es bedeutet einen Fortschritt in der Entwicklung, sich mit Situationen außerhalb des Bekannten auseinanderzusetzen. Andererseits drohen Mißerfolge die Effektanzüberzeugungen zu verringern. Gute Effektanzüberzeugungen bewirken eine längere Beschäftigung mit einer Situation, in der eine Bewältigung nicht auf Anhieb gelingt. Allgemein trauen sich Personen mit geringer Effektanzüberzeugung weniger zu, als es eigentlich ihren Fähigkeiten entspräche. Eine Effektanzüberzeugung hat Einfluß auf die Entscheidung einer Person, wie lange sie bestimmte Handlungen in bestimmten Situationen versucht. Vorausetzung für eine der Realität entsprechende Entscheidung ist eine gute Einschätzung der eigenen Fähigkeiten. Diese Entscheidung ist deshalb so wichtig, weil extreme Über- oder Unterforderung einen negativen Einfluß auf die Entwicklung nehmen kann. Die Hauptfunktion der Effektanz liegt also in der Beeinflussung der Handlungs- und Situationsauswahl und der Ausdauer in dieser Handlung.

Handlungen auszuführen, andere zu beobachten, überredet zu werden oder »starke« Gefühle wie Furcht oder Neugier, dies alles liefert Informationen, die zur Bildung von Effektanzüberzeugungen führen. Nicht nur die Quelle der Information ist wichtig, sondern auch ihre Art. So sind bei der Information, die aus der Handlungsausführung resultiert, diejenigen Faktoren zu berücksichtigen, welche auf die erbrachte Leistung einen Einfluß hatten. Dazu gehören die Aufgabenschwierigkeit, die Stärke der Anstrengung, das Maß an Hilfeleistung von außen u.a.m.

Nach Bandura entwickelt sich die Effektanz eines Menschen in einem Prozeß, der nie abgeschlossen ist. Für die verschiedenen Lebensabschnitte lassen sich unterschiedliche Entwicklungsschritte aufzeigen.

Anfänge der wahrgenommenen Effektanz: Kleine Kinder wissen noch nicht um ihre Effektanz und Fähigkeiten. Daher neigen sie häufig zu Selbstüberschätzungen. Im Alltagshandeln erwerben die Kinder erste realistische Eindrücke von ihren Möglichkeiten. Das Kind lernt in der Interaktion mit der Umwelt, was es kontrollieren kann und was nicht. Daraus leitet sich die Forderung ab, dem Kind viele Möglichkeiten zu Interaktionen mit der sozialen und nonsozialen Umwelt zu geben, es zum Handeln zu ermutigen, aber auch Selbstüberschätzungen und damit oft verbundenen Selbstgefährdungen vorzubeugen.

Die Familie als Quelle der Effektanz: Die ersten Lebensmonate und Lebensjahre sind durch physische Abhängigkeit von den Eltern gekennzeichnet. Der Umgang mit den Eltern wird zu einer wichtigen Quelle der Bedürfnisbefriedigung. Das Kind lernt im Lauf der Zeit, wie es seine Bedürfnisse am besten befriedigen kann, wie es das Verhalten der Eltern oder die weitere Umwelt beeinflussen kann. Aus diesen Erfahrungen leitet das Kind seine ersten Annahmen über Kontrollmöglichkeiten ab. Dieser Lernprozeß wird begünstigt, wenn den Verhaltensweisen des Kindes eindeutig bestimmte Effekte in der Umwelt zuzuordnen sind. Hier werden konzeptionelle Analogien zu den »working-modells« im Bindungskonzept und den Forderungen nach einer sensitiven Erziehungshaltung bei den Bezugspersonen deutlich.

Die Bedeutung der Peer-Gruppe bei der Erweiterung und Stärkung der Effektanz: Mit zunehmenden Alter erweitert sich auch das soziale Umfeld des Kindes. So wird das Kind auch gezwungen, seine sozialen Kompetenzen zu erweitern. Es muß lernen, sich zu behaupten, aber auch sensibel auf soziale Signale zu reagieren.

Die Schule als treibende Kraft beim Erwerb von Effektanzüberzeugungen: Neben sozialen Kompetenzen muß das Kind auch kognitive Fähigkeiten erwerben und differenzieren. Die neuen Leistungsmöglichkeiten werden in einem ständigen Vergleich mit den anderen Schülerinnen und Schülern ausgebildet. Der Prozeß wird durch angemessene Anforderungen (Vermeidung von Über- und Unterforderung) begünstigt. Dabei lernt das Kind, Mißerfolge konstruktiv zu verarbeiten.

Das Wissen über die Entwicklung von Selbstwirksamkeits- bzw. Kontrollüberzeugungen ist noch recht vage. Trotz ihrer offensichtlichen Bedeutung erweist sich die Erforschung der Entwicklung von

Abbildung 4.2: Außerhalb des Familienkreises sind die wichtigsten sozialen Beziehungen von Kindern die Beziehungen in ihrer Peer-Gruppe (Foto: Sibylle Rauch)

Effektanzüberzeugungen allgemein (siehe etwa Smedslund 1978), aber auch gerade im Kindesalter als recht schwierig (zusammenfassend Krampen 1987a).

Selbstwirksamkeit ist ein den Kontrollüberzeugungen verwandtes Konstrukt. »Kontrollüberzeugung« (locus of control of reinforcement, Rotter 1966) gilt als Konstrukt, das »auf differentialpsychologischer Ebene generalisierte Erwartungen eines Individuums darüber, ob es durch eigenes Verhalten Verstärker und wichtige Ereignisse in seinem Leben beeinflussen kann (internale Kontrolle) oder nicht (externale Kontrolle)« bezeichnet (Krampen 1982, S. 1). Neben der Person können über dieses Konzept auch Aspekte der Situation (Kontrollierbarkeit) berücksichtigt werden. Das Konzept hat rege Forschungstätigkeiten ausgelöst.

Wie Abbildung 4.3 (S. 128) zeigt, steht das Konstrukt der Kontrollüberzeugungen mit einer Vielzahl von Forschungs- und Anwendungsaspekten in Verbindung. So wundert es um so mehr, daß der Frage nach der Entwicklung von Kontrollüberzeugungen bisher wenig Beachtung geschenkt wurde (vgl. Krampen 1987a). Dieser Eindruck bleibt auch dann bestehen, wenn man die Befunde zu vergleichbaren Konstrukten berücksichtigt. Insgesamt scheint es sinnvoll, zwischen Kompetenz- und Kontrollüberzeugungen zu unterscheiden. »Insbesondere bei Weisz (1983) wird die Fruchtbarkeit dieser Differenzierung für entwicklungspsychologische Fragestellungen deutlich. Seine experimentellen Befunde (vgl. Weisz 1980) zeigen, daß jüngere Kinder insbesondere ihre Kompetenzen in unkontrollierbaren Situationen erheblich stärker überschätzen als ältere und daß sich für Kompetenz- und Kontingenzschätzungen sowie deren Integration zu einem gesamten ›Kontrollurteil‹ differentielle Entwicklungsverläufe zeigen« (Krampen 1987a, S. 198). Kontrollüberzeugungen sind dann von größerer Bedeutung, wenn es um neue und eher diffuse Situationen geht. Bei kognitiv gut strukturierbaren Situationen sind eher Aspekte der Kontrollierbarkeit wichtig. Mit Blick auf die empirischen Forschungsbefunde zeigt Krampen (1987a), daß im Laufe der Kindheit wohl von einem Anwachsen der Internalität auszugehen ist. Diese wird jedoch im späteren Erwachsenenalter wieder abnehmen. Arbeiten, die Internalität und Externalität auf unabhängigen Skalen zu erfassen suchen, belegen parallel zur Zunahme von Internalität einen Anstieg der Externalität. Perez

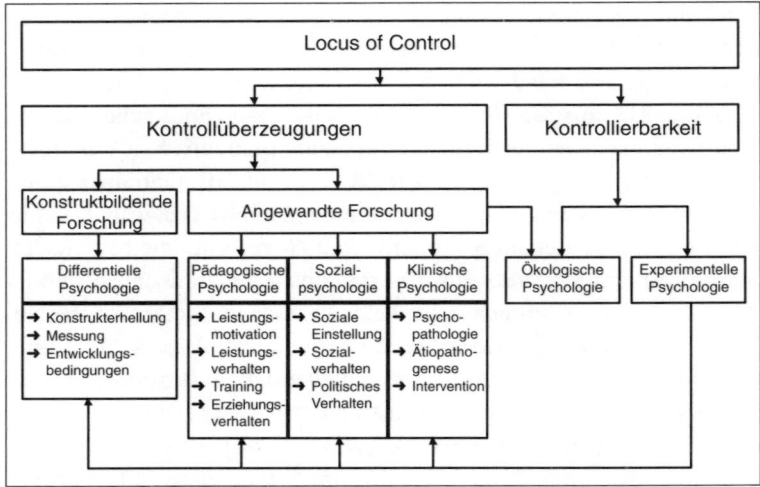

Locus of Control					

| Kontrollüberzeugungen | | | | Kontrollierbarkeit | |

| Konstruktbildende Forschung | Angewandte Forschung | | | | |

Differentielle Psychologie	Pädagogische Psychologie	Sozial-psychologie	Klinische Psychologie	Ökologische Psychologie	Experimentelle Psychologie
→ Konstrukterhellung → Messung → Entwicklungs-bedingungen	→ Leistungs-motivation → Leistungs-verhalten → Training → Erziehungs-verhalten	→ Soziale Einstellung → Sozial-verhalten → Politisches Verhalten	→ Psycho-pathologie → Ätiopatho-genese → Intervention		

*Abbildung 4.3: Forschungsschwerpunkte zum »locus of control«
(vgl. Krampen 1982)*

und Mitarbeiter (Perrez 1987b, Supersaxo, Perrez & Kramis 1986, vgl. Krampen 1987a) gehen davon aus, »daß frühere Erwartungsmuster von späteren überformt werden können. An diesem Überformungsprozeß sind (a) objektive Kontingenzen, (b) beobachtete Kontingenzen (im Sinne stellvertretender Kontingenzerfahrungen), (c) symbolisch vermittelte Kontingenzen (etwa aus Medien), (d) durch andere Personen interpretierte Kontingenzen (Fremdattributionen) und (e) durch die Person selbst vorgenommene Interpretationen der Kontingenzen beteiligt« (Krampen 1987a, S. 204).

4.2.2 Externale Kontrolle und verwandte Konzepte

Die Theorie der »gelernten Hilflosigkeit« – nach Seligman kann die Erfahrung, keinen Einfluß auf wichtige Ereignisse zu haben, zu einem allgemeinen Gefühl der Hilflosigkeit, zu Angst und Depression führen – steht in enger konzeptioneller und empirischer Beziehung zur Theorie der Kontrollüberzeugungen. Dabei wurden in einer theoretischen Reformulierung Kausalattributionen besondere Beachtung geschenkt. Demnach werden Ereignisse als (1) internal vs. external, (2) stabil vs. variabel, (3) global vs. spezifisch bewertet (vgl. Krampen 1982, Seligman & Miller 1979). Unter Bezugnahme und in Abgrenzung zur Theorie der gelernten Hilflosigkeit formulieren Rothbaum, Weisz und Snyder (1982) ihre Theorie sekundärer Kontrolle. »Gelernte Hilflosigkeit« und vergleichbare Konzepte gehen davon aus, daß solche inneren Prozesse mit einem subjektiven Kontrollverlust verbunden sind. Diese Verhaltensweisen könnten aber auch, so Rothbaum, Weisz und Snyder, für eine andere Art wahrgenommener Kontrolle stehen. So ist ein Kontrollgewinn denkbar, indem man seine eigenen inneren Prozesse mit dem äußeren Geschehen in Einklang bringt. Rothbaum und Weisz bezeichnen in ihren Arbeiten diese Form von Kontrolle als »secondary control«.

Damit richtet sich die Aufmerksamkeit auf zwei Prozesse: (1) auf die aktive Umweltgestaltung (primary control) und (2) die Anpassung an die Welt (secondary control).

Für die primäre und sekundäre Kontrolle werden jeweils vier Arten von Kontrolle unterschieden: (1) predictive control (vorhersagende Kontrolle), (2) illusory control (illusorische Kontrolle), (3) vicarious control (stellvertretende Kontrolle) und (4) interpretative control (interpretative Kontrolle).

Konzepte der Selbstwirksamkeit, internaler und externaler Kontrollüberzeugungen oder der primären vs. sekundären Kontrolle haben in der Pädagogischen Psychologie, insbesondere auch in der Arbeit mit Schülern mit Teilleistungsstörungen und Behinderungen, besondere Beachtung gefunden.

4.2.3 Die Genese von Externalität bei SchülerInnen

Edward Zigler (1973) führte bereits in den 60er Jahren Untersuchungen zu motivationalen Defiziten bei Menschen mit grundlegenden Leistungsstörungen durch. Die Untersuchungen zeigten, daß die individuelle Leistung von einer motivationalen Außenorientierung (outerdirectedness), geringen Erfolgserwartungen, einem sorgenvollen Kontakt zu Erwachsenen und atypischer Belohnungsausrichtung beeinflußt wird. Diese Besonderheiten wurden mit Rückgriff auf das Hilflosigkeitsparadigma untersucht.

Zur Erfassung der unterschiedlichen Variablen wurden u. a. folgende Vorgehensweisen (Operationalisierungen) gewählt: (1) Wahlmöglichkeit: (a) schwieriges Puzzle bei früherem Mißerfolg, (b) leichtes Puzzle bei unmittelbar zurückliegendem Erfolg; (2) Reaktionszeitmessung unter Abwesenheit des Untersuchungsleiters; (3) Fragebogen für Lehrer und (4) Fragebogen für Kinder bezüglich Kausalattributionen.

Die Befunde zeigen, daß eher die kompetenteren Kinder mit Entwicklungsauffälligkeiten anfällig für gelernte Hilflosigkeit waren. Negative Rückmeldungen führen bei diesen Kindern zu einer schnellen Aufgabe effektiver Strategien. Sowohl bei den Attributionen als auch bei dem konkreten Verhalten nehmen die Lehrer die entwicklungsverzögerten Kinder als deutlich hilflos wahr.

Mit Weisz (1990) können wir annehmen, daß es unterschiedliche Ursachen für die Entwicklung einer primären Tendenz zu sekundärer Kontrolle im Sinne einer Genese von gelernter Hilflosigkeit gibt. So führt die große Häufigkeit negativer Rückmeldungen zu einer Bereitschaft, Mißerfolge zu erwarten. Diese Bereitschaft wird aktiviert, wenn die Aufgaben schwieriger werden. Mißerfolge werden eher auf die Performanz zurückgeführt und stehen mit den vermeintlich geringen Fähigkeiten der Person in Zusammenhang. Daraus kann eine Tendenz resultieren, Mißerfolge auf geringe Fähigkeit (als stabiles und unkontrollierbares Merkmal) zu attribuieren. Attributionen der nicht-behinderten Erwachsenen fördern bei den Heranwachsenden mit Behinderungen Prozesse, die Mißerfolge zu tolerieren. Daraus erwächst eine »attributional overextension«. Dies führt nun dazu, daß Erwachsene weniger auf einer Fortsetzung von Bewältigungsversuchen bestehen, sondern eher »Hilfen« zu einer Reduktion der Anstrengungen geben. Tabelle 14 gibt eine Übersicht wieder, die diese Überlegungen in die Theoriebegriffe von *primärer* und *sekundärer Kontrolle* überträgt.

Nehmen wir die Hinweise aus den theoretischen Überlegungen und empirischen Befunden ernst, so kann eine pädagogische Situation förderlich, aber auch hinderlich für den Aufbau von angemessener internaler und externaler bzw. primärer oder sekundärer Kontrolle sein. Stellungnahmen der Erziehenden sollten bei Mißerfolgen insbesondere stabile Zuschreibungen auf die Person meiden und diesen, sofern sie vom Kind geäußert werden, klar widersprechen. Statt dessen sind Zuschreibungen erstrebenswert, die neue Versuche und ein stetiges Bemühen sinnvoll scheinen lassen. Sollte bei neuen Versuchen Hilfe notwendig werden, so sollte auch die angemessene Einschätzung von Art und Grad der erfahrenen Hilfestellung gefördert werden. Rückmeldungen über negative Verhaltenskonsequenzen sollten von der Person getrennt werden. Es sollte klar sein, daß das Verhalten und nicht die Person fragwürdig oder zu optimieren ist. In Leistungssituationen sind Ermutigungen wichtig. Diese sind oftmals wichtiger als konkrete Hilfen, wie sie bevorzugt von Eltern behinderter Kinder in Leistungssituationen gegeben werden (vgl. Innerhofer & Peterander 1984).

Tabelle 14: Kontrollorientierungen von Menschen mit Behinderung (vgl. Rothbaum et al. 1982, Zigler 1973)

ART DER KONTROLLE	PROZESS	BESCHREIBUNG	ORIENTIERUNGEN BEHINDERTER MENSCHEN
Vorhersagend	Primär	Versuch der Vorhersage, um das Ereignis zu bewältigen. Anstrengung bei angemessenen Anforderungen.	
	Sekundär	Negative Vorhersage, um Enttäuschungen zu vermeiden. Passivität und Rückzug bei moderaten Anforderungen.	Gerade bei moderaten Anforderungen Passivität. Negative Selbsteinschätzung.
Illusionär	Primär	Versuch, das Glück zu beeinflussen. Positive Selbstzuschreibungen.	
	Sekundär	Meiden von Aufgaben, die vom Glück abhängen. Erfolge werden Glück zugeschrieben.	Glück wird nicht herausgefordert. Skepsis.
Stellvertretend	Primär	Versuch der Einflußnahme auf einflußreiche Personen.	
	Sekundär	Versuch, sich mit einflußreichen Personen durch Unterwürfigkeit zu verbünden.	Unterwürfigkeit als soziales Merkmal. Subjektive Abhängigkeit von einflußreichen Personen.
Interpretativ	Primär	Versuch, Probleme zu verstehen, um sie besser bewältigen zu können.	
	Sekundär	Versuch, Problemen Sinn zu geben, um sie besser akzeptieren zu können.	Mißtrauen bzgl. Einfluß. Gleichgültigkeit gegenüber Sinnfragen.

📖 Krampen, G. (1987a). Entwicklung von Kontrollüberzeugungen. Thesen zu Forschungsstand und Perspektiven. Zeitschrift für Entwicklungspsychologie und Pädagogische Psychologie 19, S. 195–227

⚮ Weisz, J. R. & Stipek, D. J. (1982). Competence, contingency, and the development of perceived control. Human Development 25, S. 250–281

4.3 Jugendalter: Jugendkultur und Moralentwicklung

Im Zuge des kulturellen und gesellschaftlichen Wandels in Europa und Nordamerika wird eine genaue zeitliche Bestimmung des Jugendalters immer schwieriger. Die Grenzen verschieben sich in Richtung der Kindheit. Sie verschieben sich aber auch in jenen Altersabschnitt hinein, bei dem man zuvor noch von Erwachsenenalter sprach (vgl. etwa Oerter & Dreher 1998). Merkmale der körperlichen Reifung, die früher als Hinweis auf den Beginn des Jugendalters galten, setzen früher ein. Gleichzeitig verzögern sich Entwicklungsaufgaben wie Abschluß der beruflichen oder schulischen Bildung, einschließlich Studium oder Familiengründung.

In der deutschen Sozialgesetzgebung (SGB VIII, § 7 Abs. 1, Nr. 1–4) werden Kindheit, Jugendalter und Erwachsenenalter wie folgt definiert: »(1) Im Sinne dieses Buches ist 1. Kind, wer noch nicht 14 Jahre alt ist, soweit nicht die Absätze 2–4 etwas anderes bestimmen, 2. Jugendlicher, wer 14, aber noch nicht 18 Jahre alt ist, 3. junger Volljähriger, wer 18, aber noch nicht 27 Jahre alt ist, 4. junger Mensch, wer noch nicht 27 Jahre alt ist ...«

Nach den geltenden gesetzlichen Bestimmungen sind Jugendliche frei in der Wahl der Religion, aber bedingt strafmündig. Sie können nur mit eigener Einwilligung adoptiert werden. Mit 15 Jahren können sie selbst mit Einschränkungen Sozialleistungen beantragen. Sie unterliegen nicht mehr der Schulpflicht. Mit 16 gelten sie als fähig, einen Eid zu leisten, müssen sich ausweisen, dürfen Alkohol trinken und sich bis 22 Uhr auch ohne Aufsicht von Erziehungsberechtigten auf öffentlichen Veranstaltungen aufhalten. Sie sind berechtigt zu heiraten. Mit 17 Jahren dürfen sie sich freiwillig zum Dienst in der Bundeswehr melden. Mit 18 Jahren sind sie voll geschäftsfähig, prozeßfähig, deliktfähig, strafmündig, ehemündig, dürfen Auto fahren, selbst Betreuer werden und unterliegen der Wehr- oder Zivildienstpflicht. Diese rechtlichen Bestimmungen und die damit verbundene Erweiterung von Rechten und Pflichten sind direkt an das Lebensalter der Jugendlichen gebunden und sagen wenig über individuelle Über- oder Unterforderung. Immer wieder wird bezweifelt, ob nicht durch Änderungen der bestehenden rechtlichen Bestimmungen den Änderungen in der Entwicklung von Jugendlichen Rechnung zu tragen sei. Dies gilt z. B. für die Herabsetzung des Wahlalters.

4.3.1 Pubertät

Das Jugendalter kann aus biologischer, psychologischer, soziologischer und rechtlicher Perspektive betrachtet werden. Bei der Beschreibung grundlegender Veränderungen im Jugendalter stehen häufig zunächst die biologischen Aspekte im Mittelpunkt. Hormonelle Veränderungen führen zu stärkerem Wachstum und zur Geschlechtsreifung mit der Ausbildung primärer und sekundärer Geschlechtsmerkmale. Die erhöhte Ausschüttung der Wachstumshormone zu Beginn der Pubertät (lat. *pubertas* bedeutet»Geschlechtsreife«,»Mannbarkeit«) fördert das Skelettwachstum und das Wachstum von Muskelgewebe. Wachstumshormone beeinflussen den Eiweiß-, Fettund Kohlehydratstoffwechsel und den Elektrolythaushalt. Mit dem biologischen Beginn der Pubertät tritt eine allmähliche Vergrößerung der Eierstöcke im weiblichen Körper sowie eine Vergrößerung der Prostata und der Samenbläschen beim männlichen Körper ein. Diese Vorgänge werden allgemein als *Vorpubertät* bezeichnet. Das Einsetzen der ersten Monatsblutung bzw. des ersten Samenergusses markiert den Beginn der Pubertät. Gegen Ende der Pubertät sind dann zunehmend die Sexualhormone für die körperliche Entwicklung ausschlaggebend. Besondere Bedeutung haben außerdem die Schilddrüsenhormone sowie Insulin und Cortisol für Knochenkernentwicklung bzw. allgemeines Wachstum. In der Pubertät wird der hormonale Regelkreislauf aktiviert: Die Empfindlichkeit des im Hypothalamus sitzenden Sensors wird herabgesetzt, zur Wiederherstellung des Regelgleichgewichts werden von der Hypophyse vermehrt luteinisierendes Hormon (LH) und folikelstimulierendes Hormon (FSH) ausgeschüttet. So werden die Gonaden angeregt, mehr Sexualhormone zu produzieren. Diese Entwicklung ist abgeschlossen, wenn im Erwachsenenalter diese Hormone auf einem relativ hohen Niveau gleichbleibend produziert werden (vgl. Remschmidt 1992). FSH und LH bewirken im Laufe der geschlechtlichen Reifung im weiblichen Körper die Bildung von Östrogen und Gestagen, im männlichen Körper einen Anstieg von Testosteron und Androgen im Verhältnis 7:1.

Die geschlechtliche Reifung gilt als einer jener Entwicklungsprozesse, die genetisch determiniert sind. Sie sind relativ unabhängig vom individuellen Verhalten, Erleben und von Umweltaspekten. Sie hat aber entscheidende Auswirkungen auf das Selbsterleben und die Veränderungen in der sozialen Umwelt des Heranwachsenden. Trotz der genetischen Steuerung bestehen erhebliche Unterschiede zwischen Jungen und Mädchen, aber auch zwischen den Jugendlichen allgemein. Die Geschlechtsreifung setzt bei Mädchen im Schnitt etwa zwei Jahre früher ein. Durch Akzeleration und Retardation wird eine ohnehin bestehende Varianz stark erweitert.

Soziologische Studien belegen eine zunehmende Differenzierung von Lebensabschnitten. Das Jugendalter ist zunächst durch seine Position zwischen Kindheit und Erwachsenenalter (vgl. Oerter & Dreher 1998) zu verstehen. Demnach sind Jugendliche keine Kinder mehr, aber auch noch keine Erwachsenen. Bei genauer Betrachtung erscheint aber auch das Jugedalter selbst segmentiert: So spricht man von Vorpubertät, von früher bis später Adoleszenz, Transeszenz und vom frühen Erwachsenenalter und meint damit unterschiedliche Zeit- bzw. Altersabschnitte. Diese Zeit- oder Altersausrichtung kann aber nur zu einer groben Orientierung dienen, weil zum Teil erhebliche individuelle Unterschiede bestehen (Oerter & Dreher 1998; vgl. Abbildung 4.4: Hurrelmann 1995, S. 23).

In Abbildung 4.4 wird ein historischer Trend deutlich. Geänderte Lebensbedingungen (Wohnen, Ernährung, Ökonomie u. a. m.) führen zu einem früheren Einsetzen der geschlechtlichen Reifung. Gleichzeitig machen erhöhte Anforderungen an eine eigenständige Gestaltung des Erwachsenenalters eine Verlängerung des Jugendalters notwendig. Jugendliche müssen sich vielfältige berufliche und soziale Kompetenzen aneignen: (1) Intellektuelle und soziale Kompetenz, (2) Geschlechtsrolle und Partnerfähigkeit, (3) Fähigkeit zur Nutzung des Warenmarktes und (4) Entwicklung eines Norm- und Wertesystems (Hurrelmann 1995). Dabei gelten personale Individuation und soziale Integration als zentrale Themen des Jugendalters. Verstehen

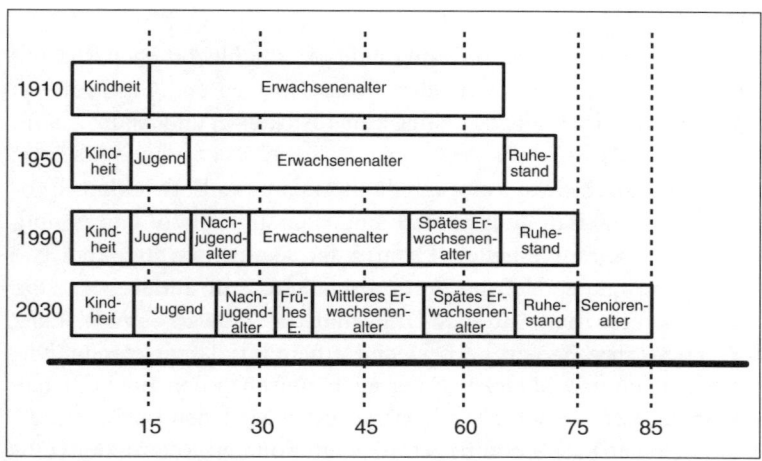

| 1910 | Kindheit | Erwachsenenalter | | | | | | |

Abbildung 4.4: Lebensphasen im historisch-gesellschaftlichen Wandel (nach Hurrelmann 1995)

wir diese Themen als grundlegende Aufgaben oder gar als Grundkonflikt, den es zu lösen gilt, so wird verständlich, daß es bei der Bearbeitung dieser Themen zu Schwierigkeiten kommen kann. Körperliche Probleme, verzögerte kognitive Entwicklung, motivationale Probleme, familiale Beziehungsstörungen u. a. m. können die Bewältigungsbemühungen erschweren. Von daher scheint es verständlich, daß das Jugendalter als Phase diffusen Selbsterlebens und konflikthafter sozial Erfahrungen gesehen wird.

Info-Box 8: Der Übergang ins Jugendalter

Im Rahmen einer Längsschnittstudie untersuchte Fend den Übergang von der Kindheit zur Adoleszenz (1992, 2000). Dabei widmete er sich besonders Fragen der Verselbständigung und der Bewältigung spezifischer Entwicklungsaufgaben. Daneben ging es um Fragen der Identität und der Persönlichkeitsentwicklung. Es wurden Schülerinnen und Schüler in der 6. bis 10. Klassenstufe und ihre Eltern befragt. Am Querschnitt beteiligten sich bis zu 2054 SchülerInnen, am Längsschnitt 851 SchülerInnen. Die Zusammenfassung der Befunde nimmt Fend zum Anlaß, die Kritik

135

der modernen Entwicklungspsychologie an klassischen Ansätzen nochmals zusammenzustellen:

(1) Die Skepsis gegenüber einem Verständnis seelischer Entwicklung als Ablauf von Phasen. (2) Die Kritik an der Annahme eines Parallelismus zwischen körperlicher und seelischer Entwicklung. (3) Zusammenhänge zwischen Natur und Kultur sind differenzierter und zugleich komplexer, als dies im Rahmen einfacher Schichtentheorien vom Leiblichen zum Seelischen zum Geistigen gesehen wurde. (4) Die Rolle der sozialen Umwelt wurde nicht angemessen berücksichtigt. (5) Inter- und intraindividuelle Unterschiede wurden nicht genau genug berücksichtigt. (6) Frühere Befunde und Theorien sind auch wegen historischem, kulturellem und gesellschaftlichem Wandel von eingeschränkter Gültigkeit.

»Nichtsdestoweniger sind in der ›klassischen‹ Entwicklungspsychologie Betrachtungsperspektiven aufgehoben, die nicht ohne schwerwiegenden Verlust aufgegeben werden können« (Fend 1992, S. 256): (1) durch eine Beschränkung auf konkrete, beobachtbare Sachverhalte kommen Aspekte des »Seelenlebens« zu kurz. Fend nennt explizit Gefühle und Phantasien von Jugendlichen. (2) Damit werden die »ganzheitlichen Zusammenhänge im Seelenleben« (S. 257) übersehen. Indem Zielperspektiven übergangen werden, bleiben Fragen der Entwicklungsförderung unbeantwortet. (3) Neuere Forschung orientiert sich nicht mehr an der Frage nach allgemeinen Entwicklungslinien. Spezifische Merkmale des Jugendalters sind damit nicht mehr eindeutig identifizierbar, Hilfen für diese Altersgruppen können kaum noch als altersgruppenspezifische Angebote gestaltet werden. (4) Dieser Trend wird durch eine Perspektive verstärkt, die einzelne Problemgruppen und problematische Verhaltensweisen in den Blick nimmt. (5) Bei der gegenwärtigen Betonung sozialhistorischer Besonderheiten drohen die universellen anthropologisch bedingten Konflikte, etwa wenn es um die Entwicklung der Sexualität geht, aus dem Blick zu geraten. (6) Eines der »wesentlichen Defizite der heutigen Jugendpsychologie liegt darin, daß sie die kulturell-semantischen Inhalte der seelischen Entwicklung ausblendet und damit kulturneutral zu werden droht: dies bedeutet auch, daß schulische Inhalte nicht als Teil der zu berücksichtigenden entwicklungspsychologischen Prozesse betrachtet werden. Die Jugendpsychologie heute ermöglicht so keine *Bildungstheorien* mehr« (Fend 1992, S. 259, Hervorhebung im Original).

Menzen (1996, S. 15) formuliert einleitend zu seiner psychodynamisch orientierten Analyse von Problemen des Kindes- und Jugendalters folgende Thesen:

»1. Es hat eine weitgehende Destabilsierung der familiären Beziehungen stattgefunden.

2. Wir konstatieren eine belastende Um- und Neuorientierung in den schulischen und vorberuflichen Sekundärbeziehungen.

3. Eine enorme Verunsicherung von moralischen Sinn- und beruflich-praktischen Lebensperspektiven findet derzeit statt.

4. Kinder und Jugendliche reagieren auf die Veränderungen, indem sie auf symbiotisch-harmonistische bzw. aggressiv-destruktive Konfliktlösungsmuster regredieren.

5. Kinder und Jugendliche suchen in solchen regressiven Verhaltensweisen sich selbst wieder zu spüren; suchen im Wechselspiel von Entspannung und Spannung Erlebnisreize zu setzen, deren Befriedigung; suchen in solchen Verhaltensweisen neuen spürbaren Lebenssinn.«

Über das Jugendalter läßt sich trefflich streiten. Dabei kann allein schon die Frage, ob man von *dem Jugendalter* sprechen kann, zum Gegenstand alltagspsychologischer, aber auch fachlicher Auseinandersetzungen werden. In der Analyse von Problemlagen des Kindes- und Jugendalters richtet Menzen (1996) seinen Blick auf familiale, sozial-emotionale und politische Aspekte. Er nennt als Stichworte (1) zusammen oder allein sein, (2) ohne Zuwendung sein, (3) überlastet sein, (4) hin- und hergerissen sein, (5) unbetreut sein, (6) orientierungslos sein, (7) psychopathologisiert sein, (8) auf sich selbst zurückgezogen sein, (9) beziehungslos sein, (10) bildungslos sein, (11) sozial minderwertig sein, (12) arbeitslos sein, (13) für Rechtsradikalismus anfällig sein, (14) voller Angst sein und (15) dennoch optimistisch sein. Damit sind sowohl soziologische als auch psychologische Dimensionen der Probleme Jugendlicher angesprochen. Gleichzeitig klingt aber auch die Frage nach dem Ertrag soziologischer und psychologischer Analysen für eine gezielte Jugendpolitik und für die Erziehung an.

Entwicklungspsychologische Analysen des Jugendalters beschäftigen sich mit Veränderungen im Verhalten und Erleben von Jugendlichen. Dabei sind die Auswirkungen körperlicher, emotionaler, kognitiver und sozialer Prozesse auf die Formulierung einer eigenen Identität von besonderem Interesse. Nach Erikson (1998) ist die Bildung einer Identität die wesentliche Aufgabe des Jugendalters. Dieses Ringen um Identität zeigt sich in einer Auseinandersetzung mit spezifischen Entwicklungsaufgaben: Beziehungen zu den Altersgenossen entwickeln, Übernahme einer Geschlechtsrolle, positive Auseinandersetzung mit der körperlichen Entwicklung, Ablösung von den Eltern, Vorbereitung auf Partnerschaft und eigene Familie, Vorbereitung auf die berufliche Karriere, Wertentwicklung, sozial verantwortliches Verhalten (vgl. etwa Schenk-Danzinger 1996). Im Folgenden möchten wir ein Entwicklungsthema des Jugendalters herausgreifen, das Thema der Entwicklung von Werthaltungen. Es geht um die Entwicklung des Denkens über Moral. Bereits Piaget unterschied aufgrund seiner Untersuchungen zwei Stadien der moralischen Entwicklung. Das *Stadium der Heteronomie* zeichnet sich durch eine Außenorientierung in der Begründung von Regeln aus. Hier sind Autoritäten, Sanktionen und strikte Wertungen wichtig. Im *Stadium der Autonomie* werden die gegebenen Maßstäbe hinterfragt und werden nun eigene Entscheidungen unter Bezugnahme auf differenziertere Konzepte möglich. Seit den frühen 60er Jahren ging Lawrence Kohlberg der Frage nach, wie sich die Begründungen normativer Urteile und ihnen zugrundeliegende Orientierungen über den Entwicklungsverlauf verändern.

4.3.2 Stadien der Entwicklung des moralischen Urteilens

Im Folgenden sollen die Stadien der Entwicklung des moralischen Urteils nach Lawrence Kohlberg (1927–1987) vorgestellt werden (vgl. zusammenfassend Montada 1998c, Eckensberger 1998). Kohlberg unterscheidet drei Niveaus moralischen Urteils, denen er jeweils zwei Stufen zuordnet.

Vormoralisches Niveau: Zur Begründung moralischer Entscheidungen werden drohende Strafen, Autoritäten oder die eigenen Interessen angeführt. Interessen anderer werden in dem Maße berücksichtigt, wie sie den eigenen Interessen entsprechen.

Stufe 1: Heteronome Moral (meist mit 10 Jahren). Orientierung an Bestrafung und Gehorsam. Wesentlich ist die Vermeidung von Bestrafung und die Unterordnung unter Autoritäten.

Stufe 2: Individualistische instrumentelle Moral (13–14 Jahre). Instrumentelle Orientierung an den eigenen Bedürfnissen. Gegenseitigkeit und Gerechtigkeit sind keine allgemeinen Prinzipien, sondern sind nur richtungsweisend, wenn sie den eigenen Interessen zuträglich sind.

Konventionelles Niveau: Hier ist die Aufrechterhaltung wichtiger sozialer Beziehungen entscheidungsbestimmend.

Stufe 3: Zwischenpersönliche Moral (16–18 Jahre). Lösungsversuche sind auf persönlich bekannte Personen beschränkt.

Stufe 4: Moral des sozialen Systems (30–36 Jahre). Entscheidungen werden nun von den persönlich bekannten Personen auf übergreifende Systeme erweitert. Dabei gewinnen Gesetz und Ordnung des Systems besondere Bedeutung.

Postkonventionelles Niveau: Die prinzipielle Veränderbarkeit von Systemen wird erkannt. Damit wird Stabilität als relativ verstanden.

Stufe 5: Moral der Menschenrechte und der sozialen Wohlfahrt (Erwachsene). Der Vertragscharakter, aber damit auch die Änderbarkeit von Regeln wird berücksichtigt. Utilitarismus, aber auch die Gerechtigkeit des Aushandlungsprozesses von Regeln gilt als entscheidend.

Stufe 6: Moral universalisierbarer, reversibler und präskriptiver allgemeiner ethischer Prinzipien (nicht empirisch). Suche nach allgemeingültigen Prinzipien. Hier werden abstrakte Regeln formuliert. »Der Bezugspunkt ist nicht ein konkreter Normenkatalog. Es geht um allgemeine Verfahren zur Prüfung normativer Entscheidungen, wie sie sich in den Forderungen der Diskursethik finden« (Montada 1998c, S. 877, Abb. 4.5).

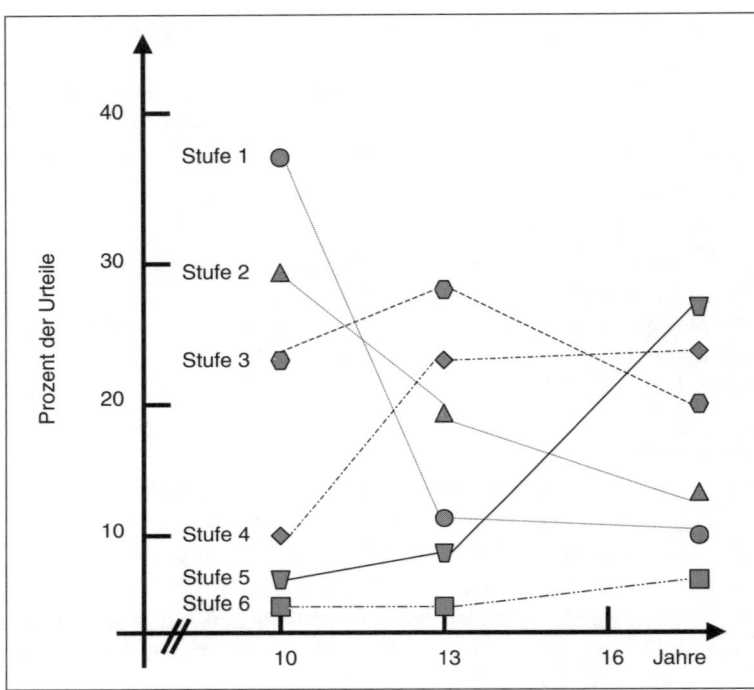

Abbildung 4.5: Empirische Befunde zu den Stufen moralischen Urteilens nach Kohlberg

Flammer (1996) faßt Kohlbergs theoretische und empirische Bemühungen zusammen. Dabei sieht er grundlegende Verbindungen zum kantianischen Rationalismus, eine Verpflichtung des Modells auf a priori und universal gegebene letzte Prinzipien. Die Anerkennung dieser Prinzipien ist Zielpunkt des Entwicklungsprozesses und eine Aufgabe, die sich lebenslang jedem Individuum stellt. Kohlberg beschränkt seine Überlegungen auf kognitive Strukturen. Wie Piaget sieht er das Streben nach Gleichgewicht und die prinzipielle Änderbarkeit durch Erfahrungen und Argumente als wesentliche Merkmale dieser Strukturen an. Dabei sind Äquilibrationsprozesse, die durch Widersprüchliches ausgelöst werden, von zentraler Bedeutung. Die Entwicklung in Richtung auf qualitativ höhere Stufen des Urteilens gilt als erstrebenswert.

140

An dieser Stelle soll kurz auf Weiterentwicklungen des Beitrags von Kohlberg eingegangen werden: Ausgehend von theoretischen Überlegungen und empirischen Befunden zeigt sich, daß »besonders zwischen der dritten und vierten Stufe eine völlig neue Interpretation der Realität enthalten ist« (Eckensberger 1998, S. 505). Um diesen Unterschied klarer zu fassen, liegt es nahe, »nicht die allgemeine Perspektive als Strukturkriterium zu benutzen, wie Kohlberg das tut, sondern die spezifischen Handlungsstrukturen (Ziele, Mittel, Ergebnisse, Konsequenzen, Folgen) zu verwenden, die in einem Urteil angesprochen werden« (ebd.). Es wird deutlich, daß moralische Urteile nach Art und Komplexität des Handlungsbegriffs unterschieden werden können. Außerdem greifen moralische Urteile auf Konflikte zwischen unterschiedlichen Handlungsparametern (Ziele, Folgen, Wahleinschränkungen etc.) zurück. »Schließlich bekommen diese Urteile jedoch ihre eigentliche Dimension durch die *Verwendung eines präskriptiven Standards*, mit dessen Hilfe die Konfliktlösung vorgenommen oder bewertet wird« (ebd., Hervorhebungen im Original). Eckensberger liefert so eine handlungstheoretische Rekonstruktion und Weiterentwicklung der Stufentheorie Kohlbergs, die Ansätze zu einer gezielten Förderung der Entwicklung moralischen Urteilens bietet.

4.3.3 Zur Verbesserung des moralischen Urteilens

Jugendliche erleben sich häufig im Spannungsfeld verschiedener Umwelten. Für sie gilt es, in der Auseinandersetzung mit der eigenen Familie, der Schule, im Ringen mit künftigen beruflichen Anforderungen, im Dialog mit der eigenen Partnerin oder dem eigenen Partner und der Gruppe der Gleichaltrigen (peers) unter der alles überstrahlenden Sonne der Kultur ihre eigene Identität zu formulieren (vgl. die Abbildung in Oerter & Dreher 1998). Bei den Aufgaben, sich von der eigenen Familie abzulösen und eine eigene dauerhafte und emotional tragfähige Partnerschaft zu gründen, kommt der Peergruppe besondere Bedeutung zu. Die Peergruppe bietet gute Möglichkeiten, soziale Kompetenzen zu lernen und auszuprobieren, Selbstdarstellung und Selbstverwirklichung unter Beachtung sozialer Belange zu üben. Emotionale Geborgenheit in einer Phase der Vereinzelung, Erprobung alternativer sozialer Verhaltensweisen, Unterstützung durch Formulierung alternativer Normen, z. B. gegen familiale Regeln, und Unterstützung der Identitätsbildung werden als entwicklungsunterstützende Charakteristika von Peergruppen genannt (Oerter & Dreher 1998). Damit läßt sich die Peergruppe als Träger gesellschaftlicher Funktionen, als Subkultur verstehen. Diese kann Gegenkultur gegen gesellschaftliche Dominanz oder aber *Peer-Group Culture* als Subkultur gegen Trends in der allgemeinen Jugendkultur sein. Dabei spielt dann das spezifische Normensystem der Gruppe, der spezifische Lebensstil und das besondere Sozialsystem eine wesentliche Rolle. Peergruppen entwickeln eigene Stile und verfügen über eigene Kommunikations- und Interaktionsregeln. Eine differenziertere Beschreibung von Jugendgruppen findet sich bei Menzen (1996).

In dem Maß, in dem sich Jugendliche von ihrem Elternhaus abwenden, werden auch die Normen und Regeln der eigenen Familie in Frage gestellt und kritisiert. Aktuelle Konflikte mit den eigenen Eltern spielen dabei eine entscheidende Rolle (vgl. Montada 1998c). Wirkungen der Peergruppe auf Werthaltungen bezüglich Arbeitswelt, Wohnen, Familie und Partnerschaft, Alkohol und Drogen, Delinquenz u. a. m. konnten nachgewiesen werden. Bestehende Wertkonflikte können »gelegentlich durch Aufbau multipler moralischer Selbste ... also einer Anpassung an die Normen des jeweils gegebenen Settings vermieden« werden (Montada 1998c, S. 871).

Wie kann nun die Qualität moralischen Urteilens bei Jugendlichen verbessert werden? Wie kann man Moralentwicklung fördern? Mit Blick auf oben vorgestellte theoretische und empirische Arbeiten lassen sich folgende Positionen formulieren: (1) Förderung des moralischen Urteilens folgt in seinen grundlegenden Strategien der Förderung des Denkens. Denken und Moralentwicklung sind eng miteinander verbunden. (2) Wer nur das Denken fördert, läßt Inhalte des in Frage stehenden sozialen Problems und die Bewertung möglicher Lösungen offen (vgl. Flammer 1996). (3) Wer Urteile oder Urteilsfähigkeit verändert, verändert damit noch lange nicht das konkrete Verhalten. (4) Eine Bereitschaft zu Veränderung von moralischen Urteilen besteht da, wo die Lebenswelt der Jugendlichen betroffen ist. Daraus lassen sich folgende Schlußfolgerungen für die pädagogische Praxis ziehen: (a) Widersprüche und Dilemmata führen zu einer Bereitschaft, ein kognitives Gleichgewicht wiederherzustellen, das durch den Widerspruch aufgelöst wurde. Dieses Gleichgewicht kann, bei entsprechender Wahl des Dilemmas, nur auf einem höheren Niveau hergestellt werden. Hilfreich sind insbesondere jene Argumente, »die um eine Stufe höher liegen als die durch das Individuum bereits verwendeten Argumente (sog. Plus-eins-Methode)« (Flammer 1996, S. 178). (b) Angemessene Wertungen und Normen lassen sich im Jugendalter besonders in Gruppenprozessen ausbilden. (c) Argumentation und Reflexion erscheinen besonders in jenen Situationen sinnvoll, die auch konkretes Handeln verlangen. So können Entscheidungen umgesetzt und in der Praxis geprüft werden. Daher sollten Angebote für Jugendliche relevante Lebensbereiche wie Schule und Peergruppe einbeziehen.

Zur Vermittlung sozialer und lebenspraktischer Fähigkeiten führte Reischl (1997) sozialpädagogische Outdoor-Angebote durch. In der Beschreibung von Konflikten und Lösungsbemühungen während einer Selbstversorgersequenz für Jugendliche aus dem Heimbereich werden denkbare Strategien und mögliche Wirkungen von solchen Angeboten für die Entwicklung moralischen Urteilens deutlich.

Info-Box 10: Praxisbeispiel Konfliktbearbeitung zur Förderung moralischen Urteilens

Fünf Jugendliche sind, begleitet von einem Sozialpädagogen, Oliver, zugleich Bergführer, und einem Heilpädagogen, Hans Peter, in den Bergen unterwegs. Nach längerer Zugfahrt und anstrengendem Aufstieg und einer ersten Ortserkundung findet eine Lagebesprechung statt. Es ist inzwischen Zeit, das Abendessen zuzubereiten (Beginn der Aufzeichnung 18.00 Uhr, alle Namen geändert).

»›Kai und ich haben uns beim Aufstieg schon ein paar Gedanken zum weiteren Vorgehen gemacht, aber sag du, Kai – die Idee war schließlich von Dir!‹ Kai erläutert seine Gedanken zum Abendessen. Da die Küche in der Alm nur Platz für maximal zwei Personen böte, wäre es wohl das beste, heute abend etwas Schnelles und Einfaches zu kochen, um nicht zuviel ›Wirbel mit dem Chaos in der Küche‹ zu kriegen. Darauf die Frage von Florian: ›Genau, wann gibt's hier eigentlich was zu essen?‹

Antwort Kai: ›Geben tut's dann etwas, wenn wir es gemacht haben: Und du brauchst nicht zu glauben, daß du so locker davonkommst wie letztes Mal!‹

Florian: ›Hey, ich kann aber nicht kochen!‹ Kai: ›Das macht gar nichts, wir brauchen eh jemanden zum Abspülen!‹

Florian: ›Du spinnst wohl, ich spül' doch nicht für euch alle ab, das kannst du gleich total vergessen!‹

Oliver: ›Wenn wir uns mal anschauen, was es alles zu tun gibt, dann wird heute abend vermutlich niemand unbeschäftigt bleiben. Also helft mir mal bitte!‹ ... Sechs Aufgaben für sieben Personen. Hans Peter und Oliver übernehmen die ›Patenschaft für Abräumen und Abspülen‹ ... und bitten die übrigen, sich jeder eines Tätigkeitsfeldes ›patenschaftlich‹ anzunehmen. Diese ›Patenschaft‹ bedeutet vorrangig, die Sorge für die Durchführung zu übernehmen. ›Pate‹ zu sein heißt auch, Unterstützung für den übernommenen Bereich anfordern zu können. Spezialisten seien hier ebenso gefragt wie ungelernte Handlanger. Wenig begeistert werden die Aufgaben angenommen. Um die Planung an einem Zeitpunkt orientieren zu können, beschließen wir, bis 20.00 Uhr zu Abend zu essen, um später noch Zeit für eine Nachtwanderung zu haben. Während der nächsten Stunde ereignet sich im Aufgabenfeld 3 (=Abendessen zubereiten) folgende Szene. Georg und Christian streiten in der Küche. Auf Hans Peters Nachfrage stellt sich heraus, daß Christian zwei Drittel der Nudeln und das gesamte Hackfleisch vermutlich im Zug liegengelassen hat. Die Lebensmittel seien jedenfalls bei der Bestandsaufnahme in der Speisekammer Georg nicht in die Hände geraten und gelten als vermißt. Christian behauptet, alles, was er in F. am Bahnhof in seinem Rucksack verstaut habe, auch nach oben getragen zu haben. Alle anderen haben bis dahin alles stehen- und liegengelassen, um sich an der Lebensmittelsuche zu beteiligen. Jeder beteuert, die transportierten Lebensmittel zur weiteren Versorgung bei Georg abgegeben zu haben. Die Stimmung ist gedrückt. Das Drama nimmt seinen Lauf, als Christian beim Zusetzen des Kochsalzes der gesamte Inhalt der Tüte in das Nudelwasser gleitet. Christian ist den Tränen nahe. Und versucht angestrengt, das nasse Salz vom Topfboden mit einem Suppenlöffel zu entfernen. Erfolglos! *In den Küchenschränken befinden sich keine Reste, die den Nudel- und Salzverlust des Abendessens kompensieren könnten.* Hans Peter schlägt vor, mit

Christian Ersatz zu besorgen. Etwa eine halbe Gehstunde entfernt befindet sich talwärts ein bewirtschafteter Hof, bei dem sie ihr Glück versuchen könnten. Christian sieht nicht ein, wieso gerade er auch noch losziehen solle, ›wo das doch keine Absicht gewesen‹ sei. Die Gruppe grölt und lacht. Oliver unterbricht den Ausbruch von Schadenfreude: ›Leute, wenn ihr heute noch was zu essen haben wollt, dann rate ich euch gut, die nächsten zwei Stunden ordentlich zusammen zu helfen. Christian, ich würde genauso wenig Lust haben wie du, da runterzulaufen, noch viel weniger Lust hätte ich allerdings, wenn sich die Obengebliebenen derweil auf die Küchenbank setzen würden, um eine Runde Doppelkopf zu spielen!‹

Hans Peter: ›Also, ich geh' auch nur dann mit runter, wenn ich mich darauf verlassen kann, daß ihr hier oben inzwischen alles andere so weit vorbereitet, daß wir wirklich nur noch die Nudeln ins Wasser schmeißen müssen. Ich bitte um Zeichen, meine Herren!‹

Die Gruppe bestätigt durch Tischklopfen Hans Peters Wunsch. Fünf Minuten später ziehen Christian und Hans Peter los. Nach ihrem Verschwinden macht sich Klaus daran, einen Teevorrat zu kochen, um den beiden ›Rettungsschwimmern‹ bei ihrer Rückkehr etwas Vernünftiges zu trinken anbieten zu können. Bergsteigen mache schließlich durstig, wie wir ja schon erfahren konnten. Ende der Aufzeichnung, 19.30 Uhr« (aus: Reischl 1997, S. 78–81).

📖 Eckensberger, L. (1998). Die Entwicklung des moralischen Urteils. In: Keller, H. (Hrsg.): Lehrbuch Entwicklungspsychologie. Bern: Huber, S. 475–516
Montada, L. (1998c), Moralische Entwicklung und moralische Sozialisation. In: Oerter, R. & Montada, L. (Hrsg.): Entwicklungspsychologie. Weinheim: PVU, S. 862–894
Schenk-Danzinger, L. (1988). Entwicklung, Sozialisation, Erziehung. Bd. 2: Schul- und Jugendalter. Stuttgart: Klett-Cotta

🔖 Kohlberg, L. (1971). From is to ought: How to commit the naturalistic fallacy and get away with it in the study of moral development. In: Mischel, T. (Hrsg.): Cognitive development and epistemology. New York: Academic Press, S. 151–235
Oser, F. & Althof, W. (1997). Moralische Selbstbestimmung. Modelle der Entwicklung und Erziehung im Wertebereich. Stuttgart: Klett-Cotta (3. Aufl.)

4.4 Erwachsenenalter: Partnerschaft und Familienentwicklung

Daß die Familie als soziale Bedingung des Menschen in Frage gestellt wird, ist sicher nicht neu. Auch daß das familiäre Zusammenleben Wandlungen unterworfen ist, gehört inzwischen zum Alltagswissen. Historische Entwicklungslinien lassen sich nachzeichnen: von der Groß- zur Kleinfamilie, von der Versorger- zur Beziehungsfamilie u .a. m. Heute scheinen jedoch die Veränderungen nicht mehr allgemeinen Charakter zu haben. Statt dessen bilden sich verschiedenste Formen des Zusammenlebens heraus. Sorgen werden laut, ob die Familie ihren Anforderungen noch gewachsen ist. Es werden heute differenziertere, auf alle Fälle aber andere Anforderungen an Familien gestellt. So wurde aus der frühen Produktionsgenossenschaft eine zunächst kirchlich, dann staatlich sanktionierte Institution. Der Lebensraum für Kinder und die Altenversorgung wurden Ende des 19. Jahrhunderts rechtlich gesichert (vgl. Petzold 1992). Die fortschreitende Industrialisierung brachte eine Trennung von Lebensraum und Arbeitsort, in deren Folge Rollenteilung, Erziehungs- und Rekreationsaufgaben das Familienbild prägten. Im Laufe des 20. Jahrhunderts sind die Aufgaben der Familienmitglieder und die erzieherische Funktion der Familie mehr und mehr in Frage gestellt worden. So scheint sich im westlichen Kulturkreis nunmehr die Erziehungs- in eine Beziehungsfunktion zu wandeln: dies mit dramatischen Folgen für das familiale Miteinander und das Selbstverständnis der Familienmitglieder (Kornadt & Trommsdorff 1990, Schneewind 1999, Steinebach 1995b, Trommsdorff 1999).

Wandlungen und die Vielfalt familialer Formen lassen den Ruf nach wissenschaftlich fundiertem Rat laut werden. Neue Definitionen, neue Forschungsstrategien, aber auch neue Beratungsmethoden werden notwendig. Hinzu kommt, daß »Familie« aus verschiedensten Perspektiven und Fachrichtungen heraus untersucht und beraten wird. Es lassen sich rechtliche, biologische, soziologische und psychologische Ansätze finden. Aus rechtlicher Sicht ist von Bedeutung, welche Stellung der Familie als gesellschaftliche Institution zukommt. Davon hängen gesetzlicher Schutz und finanzielle Zuwendungen ab. In der Bundesrepublik Deutschland wird die Familie als legalisierte soziale Institution über die Elternschaft (Filiationsprinzip) und die elterliche Sorge (Sorgerechtsprinzip) definiert (vgl.

Schneewind 1998). Dies wird auch im Kinder- und Jugendhilfegesetz der Bundesrepublik Deutschland deutlich (1993, SGB VIII, §1,2). Aus biologischer Sicht mag die Tatsache genetischer Abstammung und Gemeinschaft ein hinreichendes Definitionskriterium sein. Jedoch könnten dann Pflegefamilien schwerlich als Familien bezeichnet werden (vgl. Schneewind 1998). Eine Eingrenzung auf sozialrechtliche Verwandtschaft als Kriterium für Familie darf jedoch auch nicht dazu verleiten, die biologischen Wurzeln familiären Verhaltens und Erlebens zu übergehen (etwa Bischof 1997). Eine Eingrenzung auf Verwandtschaft als Kriterium für Familie darf sozialrechtlich jedoch auch nicht dazu verleiten, die außerbiologischen Wurzeln familiären Verhaltens und Erlebens zu übergehen (etwa Bischof 1997). Für die Frage nach der Entwicklung von jungen Familien unter besonderen Belastungen sind soziologische und psychologische Definitionsversuche von großer Bedeutung. Sie bieten auch die Möglichkeit, humanethologische und soziokulturelle Aspekte einzubeziehen.

Nach Six (1989, S. 84) lassen sich soziale Beziehungen allgemein »hinsichtlich ihrer Dauer (kurzzeitig vs. überdauernd), ihrer Inhalte (Attraktivität, Aggression, Altruismus, Machtverteilung), ihrer Konsequenzen (minimal vs. maximal), ihrer Intensität (hohes vs. geringes Ausmaß), ihrem Verpflichtungsgrad (freiwillig vs. unfreiwillig) und der Anzahl der Betroffenen (zwei oder mehr) unterscheiden.« »Der Begriff Familie bezeichnet«, so Lüscher (1989, S. 19), »primär auf die Gestaltung der sozialen Beziehungen zwischen den Eltern und Kindern hin angelegte Sozialformen eigener Art, die als solche sozial anerkannt werden.« Gehen wir davon aus, daß soziale Anerkennung der Familie auch ihren staatlichen Schutz meint, so wird hier die mikro- und makrosoziologische Perspektive deutlich. Die Familie kann einmal als Teilsystem der Gesellschaft, einmal als besondere Gruppe verstanden werden (Schulze et al. 1989). Aus psychologischer Sicht gewinnen besonders solche Überlegungen an Bedeutung, in denen Konflikte zwischen beiden Bereichen deutlich werden: wo etwa von staatlicher Seite Erwartungen bezüglich Erziehung, Sozialisation und Bestandssicherung (vgl. Schneewind 1999) formuliert werden, die Familie etwa unter der Last eines behinderten Kindes ihren Aufgaben jedoch nicht gerecht werden kann.

Im Unterschied zu rechtlichem oder biologischem Familienverständnis schlägt Schneewind vor, den psychologischen Familienbegriff am Prinzip des gemeinschaftlichen Lebensvollzugs zu orientieren (Schneewind 1999). Da sich Familien im wesentlichen durch ihre Abgrenzung, Privatheit, Dauerhaftigkeit und Nähe von anderen sozialen Beziehungen unterscheiden, spricht Schneewind (1998, 1999) von *intimen Beziehungssystemen*. Familien als intime Beziehungssysteme zeichnen sich somit durch einen hohen Grad an interpersoneller Involviertheit aus (Schneewind 1999). Es liegt nahe, wegen der starken wechselseitigen Gebundenheit und Einflußnahmen bei der Familie von einem System zu sprechen. Unter Bezugnahme auf die allgemeine kybernetische Systemtheorie (von Bertalanffy 1968) und die Theorie selbstreferentieller Systeme (Luhmann 1984, 1987) lassen sich so weitere Merkmale der Familiendynamik als Systemgeschehen beschreiben. Dies geschieht unter Verwendung von Begriffen wie »Ganzheitlichkeit«, »Zielorientierung«, »zirkuläre Kausalität«, »Homöostase«, »Wandel erster und zweiter Ordnung« und »Grenzen« (vgl. Schneewind 1998). Aus der Sicht der »Ganzheitlichkeit« werden Probleme einzelner Familienmitglieder, etwa bestehende Entwicklungsprobleme bei einem der Kinder, als Ausdruck familialer Beziehungsstörungen verstanden. Gemeinsam versucht die Familie über den Entwicklungsverlauf bestimmte Entwicklungsaufgaben zu bewältigen und Entwicklungskrisen zu meistern. Die Annahme zirkulärer Kausalität führt zur Beobachtung wechselseitiger Beeinflussungen und Abhängigkeiten im Interaktionsgeschehen. Stark relativiert wurde das Streben des Familiensystems nach Homöostase. Zunächst wurden Reaktionen der übrigen Familienmitglieder auf abweichendes Verhalten als Interventionen im Dienste der Wiederherstellung des früheren Zustandes gedeutet. In neuerer Zeit wird stärker hervorgehoben, daß die Wahrnehmung von Stabilität beobachterabhängig ist und je nach Perspektive durchaus auch die Schaffung neuer Strukturen in der Familie zu beobachten ist (Dell 1982). Solche Veränderungen werden häufig als Wandel zweiter Ordnung bezeichnet, bei dem strukturelle Änderungen das Problem überwinden helfen. Ändern sich jedoch die Systemstrukturen nicht, sondern werden lediglich Handlungsweisen intensiviert, so wird von einem Wandel erster Ordnung gesprochen (Watzlawick et al. 1980, Schneewind 1998). Die Frage, was ein System ist, welche Elemente Teil welchen Systems sind, wird unter dem Aspekt der Systemgrenzen diskutiert. Es sind innere und äußere Systemgrenzen zu unterscheiden. Nehmen wir die Familie als System, so sind Eltern und Kinder jeweils für sich interpersonale Subsysteme. Personen einzelner Subsysteme können jedoch auch Teile anderer innerer oder äußerer Systeme sein. So ist die Mutter Teil des Elternsubsystems, sie ist aber auch Teil des Mutter-Kind-Systems und möglicherweise zugleich auch durch ihre berufliche Tätigkeit in ein Beziehungssystem am Arbeitsplatz eingebunden. Wie wir gesehen haben, lassen sich Unterschiede, Veränderungen, Übergänge zwischen systemspezifischen Settings als entwicklungsrelevante Bedingungen verstehen (Bronfenbrenner 1978, 1989, 1990). So gehen wir von einem Entwicklungsmodell aus, in dem das Individuum als personales System im Mittelpunkt steht, umgeben von verschiedenen interaktionellen Systemebenen. Dabei zählen die familialen Subsysteme und die Familie als Ganzes zu den inneren, Kindergarten, Arbeitswelt der Eltern, Gesellschaft und Kultur zu den äußeren Systemebenen (vgl. Steinebach 1988). Systeme unterscheiden sich in der Klarheit und Eindeutigkeit ihrer Grenzen, nach innen wie außen. Dabei gelten in der klinischen Familienpsychologie (etwa Minuchin 1974) diffuse Grenzen zwischen Elternsubsystem und Kindersubsystem als problematisch. Auch wenn Klarheit erstrebenswert ist, muß im Laufe der Familienentwicklung immer wieder geprüft werden, ob nicht Grenzen neu zu definieren sind. Starre und rigide Grenzen gelten besonders mit zunehmender Außenorientierung der Kinder als gefahrvolle Belastung für die Familie (Olson & Lavee 1989).

Eine Forschung, die sich auf die Familie als Ganzheit ausrichtet, läuft Gefahr, die Personen, die die Familie bilden, aus dem Blick zu verlieren. Systemtheoretische Familienanalysen sind oft abstrakt. Es wird angenommen, daß sich Familien durch die Ausprägung verschiedenster Merkmale voneinander unterscheiden. Mit Schneewind (1987b, S. 84) ist jedoch festzuhalten: »Nur Personen, nicht aber Systeme sind sich entwickelnde lebende Organismen. Von daher scheint es mir in psychologischer Sicht angemessener zu sein, Familienentwicklung als den im Kontext der Familie in wechselseitiger Bezogenheit verlaufenden Prozeß der Persönlichkeitsentwicklung zu bezeichnen.« Interaktion und Kommunikation als wesentliche Systemmerkmale werden ergänzt um die persönliche Geschichte einer Person, um ihre Erfahrungen in der aktuellen Kernfamilie genauso wie in der Herkunftsfamilie. Solche Erfahrungen, ihre subjektive Verarbeitung und Bewertung beeinflussen wesentlich die familiale Auseinandersetzung mit normativen Anforderungen und nicht-normativen Stressoren (vgl. Schneewind 1987b). Daher muß sich die psychologische Familienforschung bemühen, Fragen der individuellen Entwicklung über den Lebenslauf mit jenen zu Veränderungen im Familiensystem zu verbinden. Diese Forderung wurde bereits Ende der 70er Jahre von Lerner und Spanier gestellt (vgl. Lerner & Spanier 1978). Als Folge ist zunächst eine Kontextualisierung der Individualentwicklung festzustellen, indem die Familie als Entwicklungsbedingung verstärkt untersucht wird. Später dann wird die Umwelt der Familie selbst Mittelpunkt theoretischer Analysen und empirischer Untersuchungen (vgl. Kreppner & Lerner 1989). Nach Ansicht der Autoren gibt es in diesem Forschungsbereich von individueller und familiärer Entwicklung noch viele Probleme, die teils theoretischer, teils konzeptioneller und methodologischer Herkunft sind. Es finden sich sehr unterschiedliche Vorstellungen darüber, was nun an der Familie wichtig ist, welches die bedeutsamen Merkmale sind. Daneben sind wesentliche konzeptionelle Widersprüche noch nicht überbrückt: Organismisch oder mechanistisch, Kontinuität und Wandel im Kontext, Stabilität und Veränderung in den Mensch-Umwelt Beziehungen lassen sich hier nennen (vgl. Kreppner & Lerner 1989). Zudem werden unterschiedlichste Methoden eingesetzt. Untersuchungsergebnisse, die einmal auf Verhaltensbeobachtungen oder auch auf Fragebogen, einmal auf direkter oder aber auf indirekter Messung, dann auf unmittelbarer Datengenese oder auf Metaanalysen basieren, lassen sich nur schwer zu einem einheitlichen Bild zusammenfügen. Kreppner und Lerner (1989) nennen noch weitere Probleme, die mit der biologischen, der innerfamilialen und gesellschaftlich-kulturellen Varianz zusammenhängen.

Bezugnehmend auf Hill (1971) und Hill und Mattessich (1979) stellt sich die Aufgabe, (1) Konzepte über die Familie als Gruppe zu entwickeln, (2) ihre Strukturen und strukturellen Wandel zu erfassen, (3) die Ausrichtung familiärer Aktivitäten aufzudecken und (4) regelhafte Prozesse in der Familienentwicklung aufzuzeigen. Mit dem Ziel, individuelle und familiale Entwicklung zu verbinden, lassen sich als weitere Aufgaben benennen, (5) Konzepte über die Person als Teil der Familie zu entwickeln, (6) Stabilität und Wandel der Familie in Wechselwirkung mit Einstellungs- und Verhaltensänderungen zu sehen, (7) Passung und Widerspruch familialer und individueller Aufgaben, Ziele und Erwartungen aufzudecken und (8) den Beitrag des Individuums zu einem regelhaften Verlauf familialer Entwicklung aufzuzeigen.

4.4.1 Familientheorien

In der Darstellung von Theorien zur Entwicklung von Familien und zur Entwicklung einzelner Mitglieder der Familie sollen besonders jene Konzepte berücksichtigt werden, die eine Brücke zwischen individueller und familiärer Entwicklung schlagen. Es geht um Konzepte, mittels derer ein Nachweis von Zusammenhängen zwischen individuellem Beziehungserleben und Persönlichkeitsmerkmalen möglich wurde, um solche, die Entwicklungen und Fehlentwicklungen in der familiären Dynamik gleichermaßen verständlich machen, um Konzepte, die Familiengeschichte und familiäre Kommunikation berücksichtigen. Dabei sollen die Konzepte nicht nur wesentliche Merkmale von Familien für die Forschung zugänglich machen, sondern auch unter dem Anwendungsaspekt Wege zur Veränderung der Familiendynamik aufzeigen. Mit dieser Summe von Ansprüchen stehen wir dennoch vor einem leicht überschaubaren Feld von Forschungsansätzen und Praxiskonzepten: überschaubar, da der psychologische Beitrag zur Familie bisher nur wenige Konzepte umfaßt. Zwischen den verschiedenen Theorien und Konzepten gibt es zudem viele Querverbindungen und -verweise. So unterscheidet Schneewind (1987a) im Rahmen der Familienentwicklungspsychologie die Familiensystemtheorie, die Familienentwicklungstheorie und die Familienstreßtheorie. Die Grundbegriffe der Familiensystemtheorie haben wir bereits oben dargestellt; Tabelle 15 (s. S. 152) gibt dazu nochmals einen Überblick.

Im Mittelpunkt der Familienstreßtheorie und Familienentwicklungstheorie stehen die Begriffe »Streß« und »Entwicklungsaufgaben«. So werden ähnlich wie für die individuelle Entwicklung auch für die Familienentwicklung Aufgaben über den Lauf der Zeit hin unterschieden. Neuere Arbeiten nutzen darüber hinaus die Möglichkeit, über Entwicklungsaufgaben die grundlegenden Unterschiede in der Entwicklung von sogenannten intakten Familien zu Trennungs- und

Scheidungsfamilien herauszuarbeiten. Dazu gibt Tabelle 16 einen ersten Eindruck.

Tabelle 15: Merkmale von Familien aus Sicht der Familiensystemtheorie (Schneewind 1987a)

SYSTEMMERKMAL	BESCHREIBUNG
Ganzheitlichkeit	Die Familie gilt als Einheit, deren Mitglieder über Interaktion und Kommunikation miteinander verbunden sind. In gestaltpsychologischer Tradition gilt auch hier, daß die Familie als Ganzes mehr ist als die Summe ihrer Einzelmitglieder.
Zielorientierung	Ziele stehen für Sinn und Kontinuität, auf die sich die Familie hin ausrichtet. Entwicklungsaufgaben geben hier eine Orientierung.
Regelhaftigkeit	Familien zeigen Regeln, die über wiederkehrende Verhaltensmuster und Interaktionen deutlich werden.
Zirkuläre Kausalität	Das Geschehen folgt nicht einer linearen, sondern einer zirkulären Kausalität. Personen beeinflussen sich gegenseitig in komplexen Wechselwirkungen, so daß einseitige Schuldzuweisungen prinzipiell unzulässig sind.
Rückkoppelung	Über positive und negative Rückkoppelung werden Verhaltensweisen der Familienmitglieder verstärkt oder gehemmt. Positive Rückkoppelung gilt als änderungsorientiert, da sie tendenziell dazu geeignet ist, das System aus dem Lot zu bringen.
Homöostase	Negative Rückkoppelung dient eher der Aufrechterhaltung der familiären Homöostase, des familiären Gleichgewichts.
Wandel erster und zweiter Ordnung	Wandel erster Ordnung bezeichnet Änderungsversuche unter Beibehaltung der bestehenden internen Ordnung, während Wandel zweiter Ordnung grundlegende Änderungen des Systems meint.
Grenzen	Grenzen definieren ein System. Familien müssen sich gegenüber übergeordneten Suprasystemen abgrenzen. Innerhalb des Systems bestehen Subsysteme. Die Grenzen zwischen den Systemen sollten weder rigide noch diffus sein. In der strukturellen Familientheorie gelten generationenübergreifende Subsysteme als Problem.
Internes Erfahrungsmodell	Das interne Erfahrungsmodell umfaßt die internen Repräsentationen des Systems und seiner Mitglieder über sich selbst. Es läßt sich unterscheiden in ein internes Selbstmodell, ein internes Umweltmodell und ein internes Beziehungsmodell.

Tabelle 16: Entwicklungsaufgaben für »intakte« Familien und für Trennungs- und Scheidungsfamilien (vgl. Schneewind 1987a, Hofer 1992b)

STUFE IM FAMILIEN-ZYKLUS	ENTWICKLUNGSAUFGABEN FÜR FAMILIEN	ENTWICKLUNGSAUFGABEN FÜR FAMILIEN ALLEINERZIEHENDER
Partner-wahl	Ablösung von der Herkunftsfamilie, Gestaltung der Beziehung zur Herkunftsfamilie des Partners bzw. der Partnerin, Entwickeln einer gemeinsamen Familienperspektive.	
Verheiratetes Paar	Gestalten einer befriedigenden Paarbeziehung, Anpassung an Schwangerschaft, evtl. Neudefinition von Berufs- und Arbeitsrollen, Einpassen in das Netz der Verwandtschaftsbeziehungen. Aktivieren von Stützsystemen.	
Familien mit Kleinkindern	Sich auf die Kinder einstellen. Ermutigung der Entwicklung. Einrichtung eines Heims für die Kinder, in dem sich auch die Erwachsenen wohl fühlen.	Einrichten flexibler Besuchszeiten. Umgestalten des eigenen Netzwerks. Gestaltung effektiver und befriedigender elterlicher Beziehungen für die Kinder.
Familien mit Schulkindern	Einfügen in die Gemeinschaft von Familien mit schulpflichtigen Kindern, Ermutigung zu Leistungsverhalten.	Klärung von Verantwortlichkeiten und Entscheidungswegen (etwa schul- oder berufsbezogene Entscheidungen für das Kind).
Familien mit Jugendlichen	Balancieren von Freiheit und Verantwortung entsprechend dem Emanzipationsprozeß der Jugendlichen. Entwicklung nachelterlicher Interessen, Berufsplanung.	Bei neuen Beziehungen: sensible Anpassung an den Stand der Partnerschaft. Neudefinition von Verantwortlichkeiten.
Familien im Ablösungsstadium	Entlassung der erwachsenen Kinder in das Berufsleben, Bereitstellung von Unterstützung.	Bei Wiederverheiratung: Umstrukturierung der Familiengrenzen. Einbeziehung des neuen Partners. Neuordnung der Subsysteme. Kontakte zur Verwandtschaft des leiblichen Vaters (auch, aber seltener zur leiblichen Mutter).
Eltern im mittleren Lebensalter	Neugestaltung der Ehebeziehung. Aufrechterhaltung und Gestaltung der Beziehung zur jüngeren Generation.	
Alternde Familienmitglieder	Rückzug aus dem Berufsleben. Auseinandersetzung mit Partnerverlust. Auflösung des Familienhaushalts.	

»Streß« und »Aufgaben«: diese beide Begriffe haben gute Chancen, zwischen individueller und familiärer Entwicklung zu vermitteln, da die mit ihnen verbundenen Theoriengruppen eigentlich zur Erhellung der Individualentwicklung gedacht waren. Streß wurde zunächst definiert als eine Reaktion, die der Körper zeigt, wenn Anforderungen gestellt werden. Solche Anforderungen können physischer und psychischer Natur sein. Nach Selye (1974, 1988) zeigt der Körper in der Konfrontation mit Stressoren ein Reaktionssyndrom. Dieses »Allgemeine Anpassungssyndrom« (AAS, Selye 1988) umfaßt ein Stadium der Alarmreaktion, eines des Widerstandes und eines der Erschöpfung. Sowohl Merkmale des Stressors als auch Merkmale des Individuums bestimmen die Ausprägung und den Verlauf der Streßreaktion (vgl. Selye 1988). »In der Medizin entspricht der Ausdruck ›Streß‹ etwa dem deutschen Wort ›Belastung‹, und biologische Belastungen können sowohl Lust- als auch Unlustgefühle erzeugen, sowohl krank machen als auch heilen. In der Fachsprache unterscheiden wir deshalb beim Streß zwei Unterabteilungen, nämlich ›Eustress‹ (griech. *eu* = gut; wie in Euphonie, Euphorie) und ›Distress‹ (lat. *dis* = schlecht; wie Dissonanz, Diskrepanz, Disharmonie)« (Selye 1988, S. 18, Hervorhebungen im Original). Aus psychologischer Sicht sind Möglichkeiten einer primären Prävention genauso interessant wie mögliche Entwicklungschancen, die sich aus einer Konfrontation mit Stressoren ergeben (Brandtstädter 1982). In der Familienstreßtheorie wird ähnlich nach den Stressoren, aber auch nach den Bedingungen einer positiven Bewältigung von Streß und möglichen positiven wie negativen Auswirkungen von Belastungen für die Familie als Ganzes gefragt. Dabei gilt ein Familienstressor »als ein auf die Familie einwirkendes Lebensereignis oder Übergangsstadium, das im sozialen System der Familie Veränderung hervorruft bzw. das Potential zur Veränderung in sich trägt. Diese Veränderung kann sich in verschiedenen Bereichen des Familienlebens äußern, wie z. B. Grenzen, Zielen, Interaktionsmustern, Rollen oder Werten« (McCubbin & Patterson 1983, S. 8; zitiert nach Schneewind 1987a, S. 994). Für den Bereich der Frühförderung gehen wir davon aus, daß eine Teilleistungsstörung als Entwicklungsauffälligkeit die Familie potentiell belastet und als Stressor wirkt. Interessant ist, welche Merkmale eines Stressors für die Bewertung des Ereignisses »Teilleistungsstörung« gelten und welche Merkmale der Familie diese Bewertung und die folgende Bewältigung beeinflussen. Oder einfacher: Was macht aus einem Entwicklungsproblem eine »Familienkatastrophe« (McCubbin & Figley 1983), unter welchen Bedingungen führt eine solche Katastrophe zu einem »Familienkonkurs« (Neidhardt 1975)?

Die Frage nach den Stressormerkmalen ist nicht leicht zu beantworten. So nennt Tabelle 17 verschiedene Ereigniseigenschaften; aber bereits hier wird deutlich, daß die Kriterien schwer voneinander zu trennen sind und viele subjektive Aspekte in die Bewertung von Gefährlichkeit oder Vorhersehbarkeit einfließen.

Perrez (1992) kritisiert zurecht, daß »Stressoren« in der ursprünglichen Streßforschung genauso wie in der »life-event« Forschung unspezifisch und weit gefaßt wurden. Kritische Lebensereignisse sind demnach eher als Makro-Ereignisse anzusehen denn als Reize. Verarbeitung geschieht eher in der Auseinandersetzung mit »diskreten Mikroepisoden« (Perrez 1992, S. 73). Der unspezifischen Weite des Streß- und »life-event«-Konzeptes entsprechen konzeptionelle Probleme mit dem »Coping-«Begriff. In der Diskussion unterschiedlicher Forschungsansätze kommt Perrez zu dem Schluß, die Begriffe »Coping« oder »Belastungsverarbeitung« nur zu verwenden, »wenn mit der Homöostasestörung auch subjektives Belastungserleben verbunden ist« (ebd., S. 80). Damit gewinnt die Frage nach der subjektiven Kontrollierbarkeit von Ereignissen eine entscheidende Bedeutung. So werden die Auswirkungen des Ereignisses von der Problemwahrnehmung, von den subjektiv verfügbaren Hilfen, von hinzukommenden Belastungen und erschließbaren Ressourcen genauso wie von den Ergebnissen einer notwendigen erneuten Einschätzung beeinflußt (vgl. McCubbin & Patterson 1983). Auf Prozesse der Bewertung und Bewältigung scheint sich dabei ganz wesentlich ein »sense of coherence« auszuwirken. Dieser gilt »as a vital dispositional world view that expresses the individual's and the family's shared dynamic feeling of confidence that the world is comprehensible, manageable, and meaningful« (McCubbin 1998, S. xiii). Prozesse der Streßbewältigung und Salutogenese sind daneben vom eher allgemeinen Familienschema, mit seinen generalisierten Werten, Zielen und Erwartungen, von konkreteren Familienparadigmen, situativen Einschätzungen und den Bewertungen des konkreten Stressors beeinflußt (McCubbin et al. 1998).

Tabelle 17: Unterschiede zwischen normativen und nicht-normativen Belastungen am Beispiel der Teilleistungsstörungen (vgl. Steinebach 1995b)

MERKMALE	NORMATIVE EREIGNISSE	NICHT-NORMATIVE EREIGNISSE	BEWERTUNG VON GRAVIERENDEN VERHALTENS-PROBLEMEN BEIM KIND ALS FAMILIALER STRESSOR
Vorbereitungszeit	Einige	Wenig bis keine	$1-2-3-4-\text{⑤}-6$ keine einige
Vorhersehbarkeit	Hoch	Gering	$1-2-3-\text{④}-5-6$ gering hoch
Frühere Erfahrungen	Einige	Keine	$1-2-3-\text{④}-5-6$ keine einige
Rat und Hilfe	Viel	Wenig bis keine	$1-2-3-\text{④}-\quad 5-6$ keine viel
Erfahrbarkeit für andere	Für alle	Für wenige	$1-2-3-4-\text{⑤}-6$ wenige alle
Krisenzeit	Kurz	Länger	$1-2-3-4-5-\text{⑥}$ kurz länger
Kontrollierbarkeit	Relativ hoch	Gering	$1-2-3-\text{④}-5-6$ keine hoch
Hilflosigkeit	Wenig bis keine	Relativ hoch	$1-2-3-4-5-\text{⑥}$ keine hoch
Verlusterleben	Gering	Hoch	$1-2-3-4-5-\text{⑥}$ gering hoch
Beziehungsstörung	Gering	Hoch	$1-2-3-4-5-\text{⑥}$ gering hoch
Beziehungsverlust	Gering	Hoch	$1-2-3-4-5-\text{⑥}$ gering hoch
Gefährlichkeit	Keine	Hoch	$1-2-3-4-5-\text{⑥}$ keine hoch
Emotionale Probleme	Einige	Viele	$1-2-3-4-5-\text{⑥}$ wenige viele
Körperliche Störungen	Einige	Viele	$1-2-3-4-5-\text{⑥}$ wenige viele

Welche Merkmale und Fähigkeiten zeichnen nun aber Familien aus, die die kleinen und großen Aufgaben des Familienalltags bewältigen? Was sind das für Familien, die an solchen Belastungen zu zerbrechen drohen? Oder in der Sprache Leo Tolstois (1978): Was unterscheidet glückliche und unglückliche Familien? Oder mit Hans Selye (1974, 1988): Welche Merkmale der beteiligten Personen, in unserem Fall Familien, führen zu »Distress«?

4.4.2 Beziehungsstrukturen und Familienentwicklung

Mit seinen Arbeiten zur Familiendynamik gelang es David H. Olson, bedeutsame Kommunikationsmerkmale und Strukturen der Familie herauszuarbeiten. Olson geht es in seinen konzeptionellen und empirischen Arbeiten um ein besseres Verständnis familialer Entwicklung und Fehlentwicklung. Im Laufe der verschiedenen Untersuchungen zum Circumplexmodell (Olson 1985, 1986; Olson & McCubbin 1982, 1983) wurden daher sowohl entwicklungspsychologische als auch klinische Fragestellungen berücksichtigt. Neben der Kommunikation gelten Kohäsion und Anpassungsfähigkeit als zentrale Familienmerkmale. Dabei wird »Kohäsion« als »emotionale Bindung, die Familienmitglieder untereinander haben, und das erlebte Ausmaß an individueller Autonomie« definiert (Olson & McCubbin 1982, S. 49, zitiert nach Schneewind 1987a, S. 1002). Anpassungsfähigkeit gilt als »die Fähigkeit eines Ehe- und Familiensystems, seine Machtstruktur, Rollenbeziehungen als Reaktion auf situations- und entwicklungsbedingten Streß zu ändern« (Olson & McCubbin 1982, S. 51, Schneewind 1987a, S. 1003). Extreme Positionen bei den Dimensionen *Kohäsion* und *Flexibilität* in der Hierarchie gehen einher mit komplexen Anpassungsstörungen im Lebenslauf, eingeschränkten Handlungskompetenzen zur Problembewältigung und mangelnden kommunikativen Kompetenzen. Technisch gesprochen, werden die Dimensionen in einen niedrigen, mittleren und einen hohen Bereich geteilt. Als problematisch, z. B. als flexibel-losgelöst oder strukturell-verstrickt, gelten jene Familien, die bei einer der Dimensionen eine extreme Position einnehmen. Als deutlich dysfunktional gelten Familien, die bei beiden Dimensionen Extreme zeigen (z. B. »chaotisch-losgelöst«, »rigide-verstrickt«).

Inzwischen hat das Circumplexmodell Einzug in die entwicklungspsychologischen Lehrbücher gefunden (etwa Schneewind 1987a, 1999, Petzold 1992). Eine Vielzahl von Hypothesen, die aus diesem Modell abgeleitet wurden, konnten bereits in Quer- und Längsschnittuntersuchungen geprüft werden. So zeigen erwartungsgemäß klinische Stichproben starke Verwobenheit oder Losgelöstheit, mangelnde Rollenstruktur oder rigide Hierarchie (vgl. etwa Olson & Lavee 1989). Wie Abbildung 4.6 zeigt, haben gerade jene Familien schlechtere Entwicklungsprognosen, die zugleich bei beiden Dimensionen extreme Positionen einnehmen. Für die Suche nach möglichen psychologischen Grundlagen einer familienbezogenen Entwicklungsförderung ist dieser Ansatz aus drei Gründen von besonderer Bedeutung: (1) Der Ansatz greift frühere soziologische und psychologische Arbeiten und Positionen zu Familienentwicklung und Familiendynamik auf. Er bietet so die Chance, Positionen soziologischer und psychologischer Familienforschung zu verbinden. (2) Im Rahmen der Modellprüfung wurden in verschiedensten Untersuchungen relativ dicht an den Modellannahmen Erhebungsinstrumente entwickelt und eingesetzt. (3) Die Modellannahmen zielen nicht nur auf Fragen der klinischen Psychologie, sondern auch auf jene der Lebensspannenentwicklungspsychologie.

Wie lassen sich Strukturen erfassen? Inzwischen liegt eine Vielzahl familienpsychologischer Diagnoseinstrumente (vgl. etwa Touliatos, Perlmutter & Straus 1990, Cierpka 1996) vor: Fragebogen, Interviews, aber auch Verfahren zur Darstellung von Nähe und Distanz unter Verwendung von Figuren. Solche Figurentechniken geben die Möglichkeit, Beziehungen bildhaft darzustellen. Gerade dort, wo Sprache oft an ihre Grenzen stößt, kann durch eine Metapher das emotionale Erleben prägnanter ausgedrückt werden. Als Figurentechnik, die große Verbreitung gefunden hat, soll hier der *Familiensystemtest* (Gehring 1993, Abbildung 4.7) vorgestellt werden.

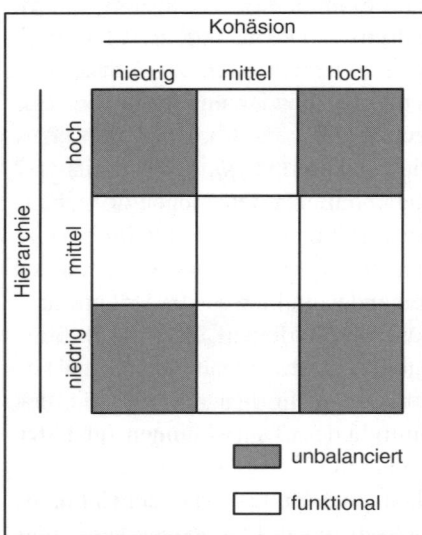

Abbildung 4.6: Dichotomisierung der Beziehungsstrukturen

158

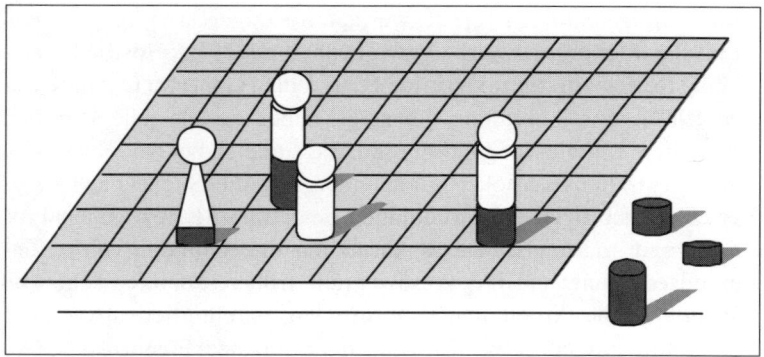

Abbildung 4.7: Darstellung von Systemstrukturen mit dem Familiensystemtest (FAST, Gehring 1993)

Info-Box 11: Familiendiagnostik mit dem Familiensystemtest von T. M. Gehring

Der FAST besteht aus Handanweisung, Brett, teilweise farbigen Figuren und Klötzchen sowie Protokollbögen. Das Brett ist mit 81 Feldern von je 5 mal 5 cm quadratisch. Die männlichen und weiblichen Figuren sind alle 8 cm hoch. Es wird nicht zwischen Figuren für Erwachsene und solchen für Kinder unterschieden. Ein Satz verschieden hoher Klötzchen (1,5 oder 3 oder 4,5 cm) dient der Erhöhung der Figuren. Die Testleiterin bzw. der Testleiter erläutert zunächst die Darstellungsmöglichkeiten und die Aufgaben: die Beziehungen zwischen den Familienmitgliedern in ihrer Nähe und ihrer Einflußnahme aufeinander durch die Entfernungen der entsprechenden Figuren voneinander und durch die Höhen ihrer Podeste darzustellen. Erfragt werden so die aus Sicht der Befragten typische Beziehungskonstellation, das Idealbild und die Familiendynamik in Konfliktsituationen. In dieser Form kann der Test mit einzelnen Familienmitgliedern, Subsystemen oder der ganzen Familie durchgeführt werden.

In verschiedenen empirischen Untersuchungen in der Entwicklung des Verfahrens konnten Konstruktvalidität, Konvergenz- und Diskriminanzvalidität, Unabhängigkeit der Dimensionen sowie

Test-Retest-Reliabilität nachgewiesen werden (vgl. Steinebach 1995b, Gehring 1993, Gehring et al. 1995, Gehring & Marti in press).

In vielen Artikeln wird die Bedeutung von Entwicklungsaufgaben für Änderungen in der Familiendynamik hervorgehoben. Was die Zusammenhänge zwischen normativen und nicht-normativen Ereignissen, Familienstrukturen und Familienentwicklung angeht, sind aber noch viele Fragen offen. Zusätzlich zeigen sich gewichtige Forschungsprobleme. Sie betreffen die Wahl der Analyseperspektive (insider vs. outsider) und der Erhebungsmethode (subjektiv vs. objektiv). So scheint aktuell eine Verbindung unterschiedlicher Perspektiven über unterschiedliche Forschungsmethoden der angemessene Weg, um den drängenden Forschungsfragen nachzugehen.

4.4.3 Zur Situation junger Familien

Die Analyse der Situation junger Familien soll unter Bezugnahme auf familienpsychologische und familiensoziologische Theorien und Untersuchungen erfolgen. Dabei interessieren solche Arbeiten, die die Beziehungsdynamik, die Auseinandersetzung mit neuen Aufgaben und die Einflüsse interner Kompetenzen und Belastungen zum Gegenstand haben. Familien erweisen sich in der Bewältigung von Belastungen und Aufgaben als unterschiedlich kompetent. Die Bewältigung dieser Aufgaben wird aber auch durch externe Entwicklungsbedingungen erleichtert oder erschwert. Befunde der ökologischen Sozialisationsforschung werden hier bedeutsam (ausführlicher Steinebach 1994, 1995b).

Die Zufriedenheit mit der Partnerschaft und der Elternrolle wird wesentlich davon abhängen, wie die zurückliegende Aufgabe des Übergangs zur Elternschaft bewältigt wurde (vgl. Papastefanou 1992). Ein positives Gelingen des Übergangs zur Elternschaft begünstigt die Bewältigung der nun anstehenden Aufgaben. Unter systemarem Aspekt sind Wandlungen in verschiedenen Beziehungen zu bemerken. Die Ablösung von der Herkunftsfamilie gilt als wesentliche Voraussetzung für den Aufbau einer befriedigenden Partnerschaftsbeziehung. Die junge Familie muß sich von den elterlichen Herkunftsfamilien abgrenzen. Intern gilt es, das Partnerschaftssubsystem vom Erziehungssystem abzugrenzen, der Partnerschaft im Vergleich zu den elterlichen Aufgaben genügend Raum zu geben. Zentrale Entwicklungsaufgaben sind in diesem Abschnitt: das Eintreten in eine gegenseitige Verpflichtung, das Aushandeln einer für die Beteiligten akzeptablen Machtverteilung, die Gestaltung von Nähe und Distanz in einem befriedigenden Gleichgewicht (vgl. Petzold 1992). Die Aufteilung familialer Aufgaben und Rollen ist sicher nicht beliebig. Mütter aus jungen Familien (Lüscher & Stein 1985) nennen hier insbesondere die Inanspruchnahme des Vaters durch die Arbeit, Probleme bei terminlichen Absprachen und traditionelle Rollenaufteilung bei häuslichen Aufgaben. Belastungen mögen sich ergeben, wenn die Mutter aufgrund der Erziehungsaufgaben ihre Berufstätigkeit aufgegeben hat. Können die familialen Aufgaben möglicherweise bei einem Kind durch den vollen Einsatz der Mutter für die familiären Belange aufgefangen werden, so ist dies bei der Zweitelternschaft kaum noch möglich. Mit der Geburt des zweiten Kindes wird der Vater verstärkt einzubinden sein, gerade wenn es um die Betreuung des älteren Kindes geht (Papastefanou 1992). Im Kindergarten- und Vorschulalter schauen die Eltern bei ihren Kindern besonders auf den Aufbau von Peerbeziehungen. Die Eltern werden zunehmend zu»Managern« der Sozialkontakte ihrer Kinder (Noack 1992). Mit dem Näherrücken der Einschulung stehen erste berufsrelevante Entscheidungen an (Hofer 1992a). Als zentrales Erziehungsziel nennen viele Eltern die Selbständigkeit ihres Kindes. Sie begrüßen es, wenn ihr Kind mit zunehmendem Alter selbstbewußt nach Autonomie strebt. Dieses Streben wird unterstützt, es ist aber auch immer wieder Anlaß für Konflikte und elterliche Unsicherheit. Selbstbewußtsein und Autonomiestreben stehen oft genug in Widerspruch zum Wunsch der Eltern nach einem harmonischen, konfliktfreien Familienklima (vgl. Kornadt & Trommsdorff 1990).

Wir können davon ausgehen, daß sich der Familienalltag auf dieser Stufe der Familienentwicklung ganz wesentlich an den Entwicklungsaufgaben des Kindes ausrichtet. Es ist zu fragen, welche Aspekte der frühen kindlichen Entwicklung hier im Mittelpunkt stehen. Im Bereich der kognitiven Entwicklung geht es um Kompetenzen, die einen erfolgreichen Eintritt in die Schule ermöglichen oder erleichtern. Hier ist an Konzentration, Ausdauer, an einen differenzierteren Mengenbegriff und Wortschatz zu denken. Emotional sind Ausgeglichenheit und positive Leistungsmotivation wichtig. Sozial werden Selbstbewußtsein und Feinfühligkeit erwartet. Freundschaften aufzubauen und aufrechtzuerhalten ist eine Anforderung, die Eltern an ihre Kinder stellen. Im Bereich der Motorik werden Kompetenzen sowohl in der Grobmotorik als auch in der Feinmotorik erwartet. Hier ist etwa an Radfahren ohne Stützräder oder das Malen altersgemäß differenzierter Bilder zu denken. Für all diese Entwicklungsaspekte übernehmen Eltern Verantwortung, auch wenn ihnen nominell soziale Kompetenzen mehr am Herzen liegen (vgl. Lüscher & Stein 1985). In einer umfassenden Studie ging die Arbeitsgruppe um Lüscher (Lüscher & Stein 1985, Lüscher 1989) der Frage nach, welche Bedingungen die Eltern bei ihren Aufgaben unterstützen. Mütter scheinen hier in erster Linie an die Lage der Wohnung und die Qualität der Wohngegend, an die Einbindung in die Nachbarschaft, an den Schnitt und die Ausstattung der Wohnung, an die finanzielle Situation der Familie, an die Anpassungsfähigkeit der Arbeitssituation des Vaters an die familialen Belange und an die Unterstützung durch die Möglichkeit des Kindergartenbesuchs zu denken (zusammenfassend Lüscher & Stein 1985). In den Arbeiten von Lüscher und Mitarbeitern wird deutlich, daß nicht nur nach subjektiv wahrgenommenen *Belastungen* zu fragen ist. Auch formelle und informelle, materielle und soziale *Unterstützungen* spielen in der Wahrnehmung der Entwicklungsbedingungen eine entscheidende Rolle.

📖 Schneewind, K. A. (1999). Familienpsychologie. Stuttgart: Kohlhammer (2. Aufl.)

👤 Duvall, E. M. (1977). Family development. Philadephia: Lippincott (5. Aufl.)

4.5   Hohes Alter: Aktives Altern und professionelle Begleitung

Wie bei »Familie« lassen sich auch für »Altern« verschiedene Zugänge wählen. Chronologisches Alter meint die Anzahl der gelebten Jahre. Die Weltgesundheitsorganisation bezeichnet Personen zwischen 50 bis 60 Jahre als »alternd«, zwischen 61 und 75 als »Ältere«, zwischen 76 und 90 als »alt«, zwischen 91 und 100 Jahren als »sehr alt« und Personen, die älter als 101 Jahre sind, als »langlebig« (Killermann 1999). Bekanntermaßen sagen aber solche Definitionen wenig über das subjektive Altersempfinden. Kaum einem Altersabschnitt wird wohl mehr mit Vorurteilen, negativen Zuschreibungen begegnet wie dem höheren Erwachsenenalter und Alter. Während in der alltagspsychologischen Charakterisierung der Entwicklung von Kindern und Jugendlichen der Zuwachs, der Gewinn an Leistungsfähigkeit und sozialen Bezügen betont wird, während im Erwachsenenalter auf Erfolge in Familie und Beruf gebaut wird, klingen die Beschreibungen und Erwartungen bezüglich des hohen Alters eher skeptisch oder gar depressiv. Tatsächlich verweisen Darstellungen des alltagspsychologischen Verständnisses von Entwicklung über den Lebensverlauf auf ein Anwachsen von Kompetenzen im Kindes- und Jugendalter, auf den Ausbau und Erhalt von Kompetenzen im Erwachsenenalter und schließlich auf Abbau, Vereinsamung und Unselbständigkeit im hohen Alter. Das Bild der Lebenstreppe (vgl. Heckhausen & Mayr 1998) findet hier in den Erwartungen, aber auch in der Art der Gestaltung von Unterstützung und Hilfe seine Entsprechung.

Es sind im wesentlichen zwei Gründe, die für eine intensivere Beschäftigung mit dem Alter sprechen: (1) Da ist zunächst auf die »Unausweichlichkeit des ›Elder booms‹« (Baltes 1998, S. 75) hinzuweisen. »Im Jahr 2025 wird einer von 10 Europäern 75 Jahre und älter sein« (ebd.). (2) Es herrscht ein erschreckender Mangel an Wissen und ein Übermaß an Vorurteilen über das Alter. Erleben und Verhalten in der Begegnung mit alten Menschen wird allzuoft über ein »Abhängigkeitsunterstützungsskript« (ebd.) bestimmt, das alte Menschen als hilfsbedürftig und inkompetent charakterisiert. Soziale Berufe sind in zweierlei Richtung gefordert: Im Rahmen *präventiver Angebote*, etwa in der gemeinwesenorientierten Sozialarbeit, werden alte Menschen in privaten Haushalten angesprochen, betreut und gefördert. Angebote zur sozialen Integration, Mobilisierung, Selbständigkeit und zur Verarbeitung von Krisen sind hier zu nennen. Daneben bedürfen aber auch jene ca. 5% der über 65jährigen, die in einem *Heim* leben, der fachlichen *Beratung und Begleitung*. Die Versorgungsprofile zeigen hier Schwerpunkte in Fragen der Mobilität, der Hygiene und bei auftretenden psychischen Störungen. Allgemein steht der Aufbau bzw. Erhalt von Selbständigkeit im Vordergrund der Bemühungen, auch wenn sich z. B. für BewohnerInnen in Alten- im Vergleich zu Behinderteneinrichtungen unterschiedliche Bedarfs- und Angebotsprofile ergeben (vgl. Schneekloth & Müller 1996 und Tabelle 18).

Tabelle 18: Handlungsspielräume der BewohnerInnen in Alten- im Vergleich zu Behinderteneinrichtungen (vgl. Schneekloth & Müller 1996)

SPIELRAUM TRIFFT ZU FÜR BEWOHNER IN %	ALTENEINRICHTUNGEN (N=377)		BEHINDERTEN- EINRICHTUNG (N=158)
	Heimbereich	*Pflegebereich*	
Besuche tagsüber jederzeit	100	98	94
Eigene Möbel	94	80	87
Tagsüber Heim verlassen	91	76	72
Selbstbestimmte Aufsteh- bzw. Bettzeit	86	73	60
Selbstbestimmtes Bargeld	90	64	53
Haustiere	66	47	50
Zimmerschlüssel	81	36	48
Selbstbestimmte Essenszeit	38	32	27
Übernachtung von Besuchern im Zimmer	43	26	27

Aufgabe der wissenschaftlichen Entwicklungspsychologie ist es nun, die Erwartungen gegenüber alten Menschen und dem Alterungsprozeß sowie die Angemessenheit von Angeboten zu prüfen. Es gilt, Mythen da zu korrigieren, wo sie nicht einem wissenschaftlichen Verständnis von Entwicklung im hohen Erwachsenenalter und Alter entsprechen und sogar schädlich sind. Dabei spielt die Wahl der grundlegenden Analysetheorie eine entscheidende Rolle. Im Folgenden werden wir mit Blick auf die einleitend zu diesem Kapitel vorgestellten Theorien und Konzepte der Entwicklungskontrolle den

Lebensabschnitt »Alter« und die hier typischen Änderungen im Verhalten und Erleben zu beschreiben und zu erklären suchen. Darauf aufbauend werden wir Möglichkeiten und Grenzen entwicklungspsychologischer Interventionen im Alter darstellen.

4.5.1 Entwicklungskontrolle im Alter

Entwicklungsbezogene Handlungen dienen der Gestaltung von Entwicklung. Dabei spielt die Kontrolle widriger Entwicklungsbedingungen eine besondere Rolle. Bevor wir aber auf »Entwicklung und Kontrolle im Alter« näher eingehen, fassen wir nochmals das bisher zum Thema »Entwicklung und Handlung« Gesagte zusammen.

Info-Box 12: Entwicklung und Handeln

Position I:
Entwicklung geschieht im sich ergänzenden Wechselspiel gesellschaftlicher Forderungen und Hilfen einerseits und personaler Ziele und Möglichkeiten andererseits.
Position II:
Der Passung zwischen Ressourcen und Anforderungen kommt dabei eine entscheidende Bedeutung für die Bewertung von Entwicklung zu.
Position III:
Entwicklung wird vom Menschen aktiv gestaltet.
Position IV:
Entwicklungsregulative Handlungen bilden das zentrale Thema einer aktionalen Entwicklungspsychologie.
Position V:
Ursachen für entwicklungsregulative Handlungen sind:
(1) entwicklungsbezogene Wahrnehmungen und Überzeugungen der Person;
(2) entwicklungsbezogene Wert- und Zielorientierungen der Person;
(3) subjektive entwicklungsbezogene Handlungspotenzen und Kontrollpotentiale.

Aus dieser Perspektive zeichnet sich menschliche Entwicklung durch die folgenden Merkmale aus (vgl. Faltermaier et al. 1992): (1) *Multidimensionalität*, weil sich die verschiedenen Dimensionen menschlichen Verhaltens und Erlebens unterschiedlich entwickeln; (2) *Multidirektionalität*, weil es nicht nur den Aufbau im Kindesalter, sondern auch z. B. den Abbau im Alter gibt; (3) *Multikausalität*, weil unterschiedliche Ursachen zu verschiedenen Effekten führen, aber auch gleiche Ursachen unterschiedliche Wirkungen haben können, und schließlich (4) *Multifunktionalität*. »Entwicklungsveränderungen in verschiedenen Funktionsbereichen folgen typischerweise nicht gleichsinnigen und alterssynchronen Entwicklungsverläufen, sondern gehen gleichzeitig in unterschiedliche Richtungen (Zuwachs und Abbau) und weisen gleiche Richtungen« zu unterschiedlichen Lebenszeiten auf« (Heckhausen & Mayr 1998, S. 400, siehe auch Faltermaier et al. 1992).

So wird verständlich, daß Altern und damit auch die Festlegung einer Alternsgrenze schwierig, wenn nicht gar unmöglich ist. »Weder Sozial- und Verhaltenswissenschaften noch Biologie und Medizin liefern somit eindeutige Kriterien, nach denen sich der Beginn des Alters markieren ließe. Statt dessen sind es *sozial-administrative Regelungen*, nach denen in unserer Sozietät der Eintritt in die Altersphase festgelegt wird. ... Gegen eine Verknüpfung von kalendarischem Alter und gesetzlicher Altersgrenze lassen sich eine Reihe von Gründen nennen: Weder theoretische Überlegungen noch empirische Evidenz sprechen dafür, daß mit dem 63. oder 65. Lebensjahr die persönliche Entwicklung einer Person endet. Auch findet kein universeller Verfall, weder von körperlichen noch von seelischen Funktionen, statt« (Faltermaier et al. 1992, S. 140 f.). Damit wird einmal mehr der Gebrauch der Altersvariable zum Problem (vgl. Trautner 1992). Genauso wie bereits bei der Analyse von Entwicklungsverläufen des Kindes- und Jugendalters Kritik deutlich wurde, wird die Altersbindung von Entwicklungsverläufen im Erwachsenenalter und Alter fraglich. Die stärksten Kritikpunkte an einer Verwendung des Lebensalters als Richtschnur für Entwicklungsbeschreibungen und -erwartungen werden verständlich (vgl. Trautner 1992):

(1) Alter ist keine psychologische Variable, sondern eine physikalische Größe, die nichts erklärt. Es ist höchstens eine Dimension, auf die sich Beginn und Dauer von Entwicklungsbedingungen und -prozessen beziehen läßt.

(2) Wenn der Begriff »Alter« gebraucht wird, werden Unterschiede zwischen Altersgleichen übersehen.

(3) Lebensalterbezogene Entwicklungsreihen erwecken den Eindruck einer festen Bindung von Veränderung an das Alter (quasi als müßte das so sein).

Alltagspsychologische Betrachtungen legen nahe, die Entwicklung als einen Verlauf zunächst zunehmender, später abnehmender Gewinne zu sehen. Das Alter scheint dadurch charakterisierbar, daß hier Verluste stärker als Gewinne sind; Alter erscheint als Abschnitt einer negativen Bilanz von Gewinn und Verlust. »Ein prototypischer Motor dieser Gewinn-Verlust-Dynamik sind Selektionseffekte bei der Auswahl bestimmter Entwicklungswege. Wer sich für einen bestimmten Entwicklungsweg entscheidet und damit für eine selektive Investition, entscheidet sich gleichzeitig gegen alternative Entwicklungspfade. Die Entwicklungspotentiale für nicht gewählte Pfade bleiben so ungenutzt, rücken mit verstreichender Lebenszeit immer weiter aus der Reichweite heraus und können so schließlich sogar verkümmern. Ein Entwicklungsgewinn auf dem eingeschlagenen Lebensweg bedingt so einen Entwicklungverlust auf dem nicht gewählten Lebensweg« (Heckhausen & Mayr 1998, S. 401 f.).

Damit werden zwei zentrale Perspektiven oder Forschungsfragen deutlich, die uns in der aktuellen entwicklungspsychologischen Altersforschung begegnen. Die eine Frage beschäftigt sich mit dem Problem des Ausbalancierens von Gewinnen und Verlusten. Die andere dreht sich um die Frage nach aktiven Kontrollbemühungen und der Anpassung an subjektiv unkontrollierbare Prozesse.

Wie geschieht nun dieses Ausbalancieren? Mit Paul Baltes (Baltes 1997) können wir davon ausgehen, daß Probleme des Ausbalancierens versuchsweise durch Auswahl von Entwicklungspfaden, also durch Selektion gemeistert werden. Damit scheint das subjektiv Wichtige durch einen gezielteren Einsatz von Ressourcen hinreichend gestaltbar. Die Bewältigung von Entwicklungsproblemen außerhalb des eingeschlagenen Pfades wird dadurch aber erschwert.

Der Entscheidungsdruck wird durch drei kontextuelle Problemtypen forciert (vgl. ausführlicher Heckhausen & Mayr 1998): (1) *alters-gradierte Einflüsse*, die eng mit dem chronologischen Alter verbunden sind. Heckhausen und Mayr nennen beispielhaft den Zeitpunkt der Verrentung; (2) *geschichtsbedingte Einflüsse*; (3) *non-normative Einflüsse*. Neben Selektion ist aber auch die Kompensation von Mißerfolgen erforderlich. Die resultierenden Prozesse werden über vier Regulationsebenen modifiziert: Biologie, Kultur, soziales System und Individuum.

4.5.2 Selektive Optimierung mit Kompensation

Fassen wir die Leitbegriffe der Theorie »Selektive Optimierung mit Kompensation« von P. B. Baltes zusammen.

Info-Box 13: Das »S.O.K.«-Modell von Paul B. Baltes

Ziele individueller Entwicklungsbemühungen sind Wachstum, Aufrechterhaltung und Regulation von Verlusten. Die Dynamik dieses Gestaltungsprozesses folgt dabei unterschiedlichen Prinzipien:

Prinzip I: Vorteile der evolutionären Selektion werden über den Lebenslauf geringer.
Prinzip II: Der Bedarf an Kultur steigt über den Lebensverlauf an.
Prinzip III: Die Effektivität von Kultur nimmt über den Lebensverlauf ab.
Aus Sicht einer allgemeinen und systemischen Entwicklungstheorie geht es um eine »selektive Optimierung mit Kompensation« (S.O.K.). Dabei betrifft:
(1) *Selektion* das Ziel (etwa Bildung und Auswahl von Zielen, Grad der Verpflichtung gegenüber einzelnen Zielen);
(2) *Optimierung* die Ressourcen und Mittel (etwa Aneignung von Fähigkeiten und Fertigkeiten, Investition von Zeit, Mühen);
(3) *Kompensation* die adaptive Reaktion auf den Verlust von Mitteln (etwa Einsatz von Ressourcen, Mobilisierung von Reserven, gesteigerte Aufmerksamkeit, Annahme von Hilfen und Unterstützung).

Wie kann aber der Verlust von Mitteln, von Fähigkeiten und Fertigkeiten kompensiert werden? Die Lebenslaufentwicklungspsychologie geht davon aus, daß drohende oder aktuelle Problemlagen (Streß, kritische Lebensereignisse, Krisen) Reaktionen auslösen, die einem Bemühen um Kontrolle entstammen.

Entwicklungskontrolle wird Thema: (1) im Kontext des Alterns; (2) bei der Frage nach den emotionalen Aspekten des Entwicklungserlebens; (3) im Kontext von Krisen und kritischen Lebensereignissen; (4) im Kontext von Familien- und Partnersystemen; (5) im Kontext der Analyse von Entwicklungs- und Verhaltensproblemen (vgl. Brandtstädter 1998).

Kontrollbemühungen sind prinzipiell in zwei Richtungen denkbar. Die erste Gruppe von Kontrollbemühungen versucht, über eine aktive Umweltbeeinflussung die Problemlage zu meistern (primäre Kontrolle, Rothbaum, Weisz & Snyder 1982, vgl. Kapitel 4.2.2). Über die sekundäre Kontrolle versucht man dagegen, durch eine Anpassung der eigenen Einstellungen an die Problemlage eine »innere Ausgeglichenheit« zu erlangen (vgl. Heckhausen & Mayr 1998, Brandtstädter 1998). Wir haben gesehen, daß internale und externale Kontrolle im Kindes- und Jugendalter zunehmen. Gleiches gilt für primäre und sekundäre Kontrolle.

Heckhausen und Schulz (1993) haben die Dimensionen der primären und sekundären Kontrolle mit jenen der Selektion und Kompensation in einem Entwicklungsregulationsmodell der Optimierung von primärer und sekundärer Kontrolle miteinander verbunden (Tabelle 19, s. S. 170).

Lebenslaufanalysen zeigen aber auch, daß die primäre Kontrolle späterhin wieder abnimmt, während die sekundäre weiter, wenn auch vergleichsweise weniger steil, ansteigt. Die Unterscheidung zwischen primärer und sekundärer Kontrolle kann anlog jener zwischen assimilativen und akkomodierenden Bemühungen verstanden werden (Brandtstädter & Rothermund 1998, Abbildung 4.8).

Was sind das nun aber für Veränderungen, denen sich Menschen im Prozeß des Alterns aktiv entgegenstellen oder an die sie sich anpassen müssen? Faltermaier und Mitarbeiter (Faltermaier et al. 1992) nennen zusammenfassend Veränderungen in den Bereichen Wahrnehmung, Motorik, Denken, Einstellungen und in der sozialen Umwelt. So kann die Sehfähigkeit abnehmen, indem funktionelle Ver-

Tabelle 19: Entwicklungsregulationsmodell der Optimierung von primärer und sekundärer Kontrolle (Heckhausen & Schulz 1993, Heckhausen & Mayr 1998, hier ergänzt um mögliche pädagogisch-psychologische Interventionen)

	SELEKTION	OPTIMIERUNG
Primäre Kontrolle	*Selektive primäre Kontrolle:* Investition von internen Ressourcen: Anstrengung, Zeit, Fähigkeiten. Angebot: Bereitstellung von Möglichkeiten selbstgesteuerten Lernens.	*Kompensatorische primäre Kontrolle:* Gebrauch externer Ressourcen, Hilfe, technische Hilfsmittel, aktivitätsfremde Fertigkeiten. Angebot: Informationen über externe Hilfen.
Sekundäre Kontrolle	*Selektive sekundäre Kontrolle:* Abfangen negativer Effekte von Mißerfolgen: Erhöhung der Zielbindung, Fokussierung, Zielabschirmung, Ablenkungsvermeidung. Angebot: Gespräche über Ziele und Mißerfolgsbewertung.	*Kompensatorische sekundäre Kontrolle:* Zielwechsel, strategische soziale Vergleiche, strategische Ursachenzuschreibung. Angebot: Reflexion von Ziel-Mittel-Fragen in Peer- bzw. Betroffenengruppen.

änderungen mit strukturellen Veränderungen des Auges einhergehen (zwischen dem 35. und 45. Lebensjahr: Verdichtung der Linse im Zentrum, Verhärtung der Linsensubstanz, Eintrübung. Zwischen dem 50. und 60. Lebensjahr: Veränderungen der Retina. Insgesamt vermehrter Lichtbedarf, höhere Blendempfindlichkeit, schlechtere Farbwahrnehmung, Beeinträchtigung der Akkomodationsfähigkeit der Linse, Begrenzung des Gesichtsfeldes, abnehmende Sehschärfe). Des weiteren wird über strukturelle Veränderungen des Ohrs berichtet, die mit einer Verschlechterung der Hörfähigkeit einhergehen (ab ca. 32. Lebensjahr bei Männern und 37. Lebensjahr bei Frauen: Verminderung der Hörfähigkeit, besondere Probleme bei hohen Frequenzen, Probleme bei der Ausgrenzung von Hintergrundgeräuschen). Probleme in der Motorik werden insbesondere im Zusammenhang mit einer allgemein verlangsamten Reaktionsgeschwindigkeit berichtet. Diese wird einerseits auf eine verlangsamte Reizverarbeitung des Zentralen Nervensystems, aber auch auf Übungsmangel, übergroße Vorsicht oder Probleme mit den Gelenken u. a. m. zurückgeführt.

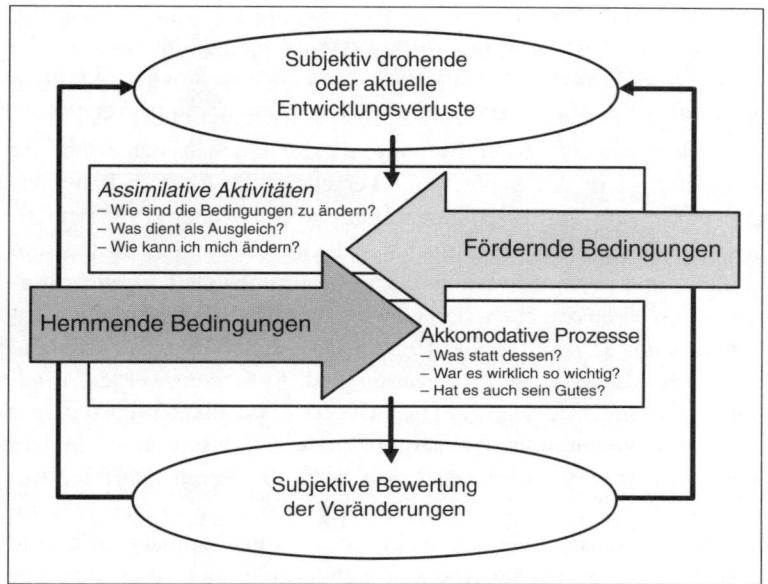

*Abbildung 4.8: Bewältigung von Entwicklungsverlusten
(vgl. Brandtstädter & Rothermund 1998)*

Bei Veränderungen des Denkens werden primär nachlassende Gedächtnisleistungen beklagt, obwohl auch andere Bereiche kognitiver Fähigkeiten einem altersbezogenen Wandel unterliegen (vgl. Faltermaier et al. 1992). Als Leistungsveränderungen werden hier genannt: Konzentrations- und Aufmerksamkeitsstörungen durch vermehrte Anstrengung bei Kompensationsbemühungen, verkürzte Gedächtnisspanne, verlängerte Aufnahme- und Verarbeitungszeiten, Probleme des Memorierens, falsche Wahl von Denk- und Merkstrategien. »Das Metagedächtnis, d. h. das individuelle Wissen über Lern- und Gedächtnisvorgänge, unterliegt bei älteren Menschen ebenfalls einem Wandel; das gedächtnisbezogene Wissen scheint weniger genutzt zu werden« (Faltermaier et al. 1992, S. 161). Insgesamt ist jedoch die zunehmende Skepsis bezüglich eines allgemeinen Altersabbaus berechtigt. So wird für den Bereich der Einstellungen deutlich, daß sich sowohl Verringerung als auch Stabilität und auch Erweiterung von Interessensbereichen finden lassen. So verweisen Befragungen auf eine Verbreiterung der Interessen, aktiven Einsatz

171

für eine soziale Einbindung und Engagement für eine kreative Lebensführung, freilich nicht bei allen Befragten, aber doch bei einem nicht geringen Teil (vgl. Saup 1991 zu einer Befragung von Frauen des Geburtsjahrgangs 1921; siehe auch Faltermaier et al. 1992).

Blicken wir einzig auf Befunde, die für einen Abbau wichtiger Kompetenzen im Alter sprechen, so erscheint das Alter als Phase negativer Gewinn-Verlust-Bilanzen. Dies ist mit Weber (1998) durchaus kritisch zu sehen. Es zeigt sich, daß Gewinne und Verluste kaum kontext- und personenunabhängig zu bestimmen sind. Darüber hinaus ist davon auszugehen, daß Gewinn-Verlust-Bilanzen altersunabhängig sind, da Anlässe und Ergebnisse solcher Bilanzen während des ganzen Lebenslaufs zu erwarten sind. Außerdem werden Angebote von dem Erwartungsgrad negativer oder positiver Bilanzen über den Lebensverlauf abhängig sein. In einem Lebensabschnitt, in dem negative Bilanzen zu erwarten sind, wird die Bereitschaft zur Bereitstellung fachlich-professioneller Ressourcen eher gering sein. Statt dessen sollten Belastungen in den Blick genommen werden, die tatsächlich »typisch« für das hohe Lebensalter sind. Aber nicht nur Belastungen, sondern auch Entlastungen, Unterstützungen, positive Ereignisse und Gewinne sollten berücksichtigt werden. Der Frage nach altersspezifischen Belastungen entspricht das Interesse nach altersspezifischen Bewältigungsstrategien, wie es von Weber (1998, S. 148) formuliert wird: »Die Diskrepanz zwischen der Konstruktion des Alters als besonders belastungsreich und verlustbestimmt und dem allgemein konstatierten mangelhaften Angebot an Beratung und Therapie bzw. der mangelnden Repräsentanz alter Menschen unter den Klienten ist auffallend.« Hierfür wären verschiedene Ursachen denkbar: Vielleicht wird erwartet, daß alte Menschen nun aufgrund ihrer hohen Lebenserfahrung ihre Probleme selber lösen können. Belastungen seien durchaus charakteristisch für diesen Lebensabschnitt und unvermeidbar. Alte Menschen seien nicht mehr von den indikationstypischen Problemen der Karriere, Leistung, Familie u. a. m. betroffen. Die Individualität der Lebens- und Problemlagen macht aber die Individualisierung von Angeboten notwendig. »Es ist nicht die *Bewältigung des Alters* als abgrenzbare und homogene Klasse von Belastungen, es ist das *Bewältigungsverhalten von älteren Menschen*, hinsichtlich dessen bei Bedarf Hilfe anzubieten ist« (Weber 1998, S. 149, Hervorhebungen im Original).

4.5.3 Entspannung als Entwicklungsintervention im Alter

Demnach wird der Frage nachzugehen sein, inwieweit Angebote zur Belastungsbewältigung und Streßreduktion das individuelle Erleben und Verhalten, die entwicklungsbezogenen Einstellungen und Verhaltensweisen im Alter beeinflussen können. Dieser Frage geht Krampen (1996) in einer Studie nach, die am Ende dieses Kapitels vorgestellt werden soll.

Entspannungsmethoden, und hier insbesondere das Autogene Training (AT), gelten für unterschiedliche Problembereiche als wertvolle pädagogische oder therapeutische Angebote. So belegen Studien positive Interventionseffekte für verschiedenste Störungen im klinischen Feld, genauso wie im Bereich von Erziehung und Arbeit. Trotz dieser guten Kenntnislage ist offen, ob und inwieweit AT als Methode der angewandten Entwicklungspsychologie eingesetzt werden kann, welche entwicklungsbezogenen Veränderungen mit der Einführung in das AT einhergehen. Mit Blick auf die theoretischen Grundlagen und empirischen Ergebnisse zum AT allgemein hebt Krampen (1996) die offensichtlichen Konvergenzen zwischen AT und der handlungstheoretischen Perspektive in der Lebensspannenentwicklungspsychologie hervor: »In contrast to existing programs, the development-related treatment objektives of autogenic training refer to the promotion of more general selfregulatory competencies and self-efficacy as well as development-related emotions, cognitions, and efforts. These variables – development-related emotions, cognitions, and efforts – are central concepts of action-theory-oriented, constructivistic approaches to human development ...« (Krampen 1996, S. 244). Im Rahmen einer Interventionsevaluationsstudie prüft Krampen (1996) daher die folgenden drei Hypothesen:

1. Hypothese: AT fördert positive entwicklungsbezogene Emotionen, indem es depressiv-resignative Einstellungen abbaut und eine optimistische Sicht der Zukunft fördert.

2. Hypothese: Entsprechend werden personale Kontrolle über die eigene Entwicklung wie auch Bemühungen der Selbststeuerung gefördert.

3. Hypothese: Psychosomatische Störungen, aber auch externale Kontrollüberzeugungen werden reduziert, und entsprechend werden internale Kontrollüberzeugungen gestärkt.

Um diesen Hypothesen nachzugehen, wurden zwei Studien durchgeführt. In der ersten wurden 60 Erwachsene im Alter (durch drop-out später N=53) zwischen 67 und 80 Jahren (Mittelwert: M = 73,6; Streuung: SD = 5,3) zufällig zwei Gruppen zugeordnet. Die *erste Gruppe (Gruppe 1)* erhielt, nochmals aufgeteilt in zwei Untergruppen von jeweils 15 Personen, bereits zu Beginn eine Einführung in das AT. Nach acht Wochen mit acht Treffen wurde die *zweite Gruppe (Gruppe 2)*, bis dahin Wartegruppe, in das AT eingeführt. (Zum konkreten Angebot und den Erhebungsinstrumenten im Vor- und Nachtest bzw. follow-up siehe Krampen 1996.) Die Ergebnisse zeigen u. a. im Längsschnitt einen signifikanten Anstieg positiver entwicklungsbezogener Emotionen, personaler Entwicklungskontrolle und eine signifikante Abnahme psychosomatischer Beschwerden und externaler Kontrollüberzeugungen (Abbildung 4.9 und 4.10).

Da jedoch die erste Studie die Frage nach der Bedeutung unspezifischer Treatmentmerkmale offenläßt, führte Krampen (1996) eine weitere Studie durch (N = 60 bzw. 52 wg. drop-out, M = 74,2 Jahre, SD = 4,9 Jahre; wieder in zwei Gruppen aufgeteilt). Unter Beibehaltung des ersten Untersuchungsdesigns wurden nun jedoch der *vierten Gruppe (Gruppe 4,* N = 30), aufgeteilt in zwei gleich große Untergruppen, nicht Einführungskurse zum AT, sondern zunächst Kurse zur allgemeinen Gesundheitserziehung angeboten. Nach Ablauf von acht Wochen mit acht Kurstreffen wurde dieses Programm zur Gesundheitserziehung nun der *dritten Gruppe (Gruppe 3)* angeboten (die mit AT begonnen hatte), während für die vierte Gruppe nun die Einführung zum AT begann. Die Vergleiche zwischen den Gruppen zu den unterschiedlichen Abschnitten der Intervention belegen spezifische Effekte des AT für psychosomatische Probleme, Internalität, depressive Zukunftsperspektive. Es zeigen sich aber auch kumulative Effekte beider Interventionen für die in Frage stehenden Variablen. »The results of both experimental studies indicate significant short-term as well as long-term effects of autogenic-training on development-related emotions, personal control over development, personal self-regulation of development, psychosomatic complaints, and generalized internal locus of control beliefs in the elderly. Therefore, the conceptual compatibility of autogenic training with the action-theory-founded approach to development in adulthood was confirmed« (Krampen 1996, S. 252).

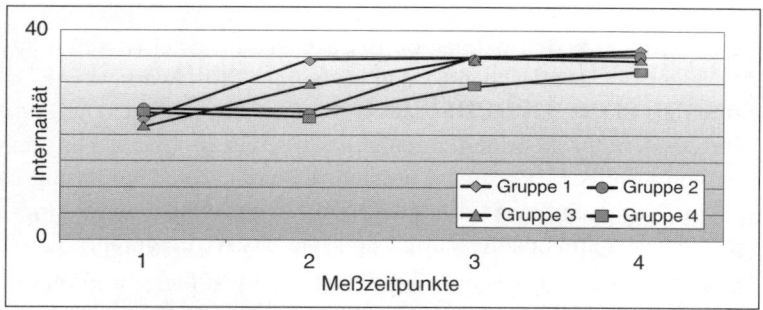

Abbildung 4.9: Veränderung der Internalität

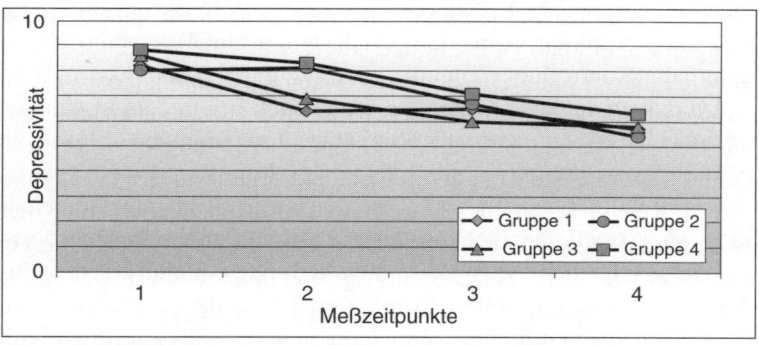

Abbildung 4.10: Veränderung der depressiven Zukunftsperspektive

📖 Baltes, M. M. (1996). The many faces of dependency in old age. Cambridge: Cambridge University Press

Baltes, M. M. & Sowarka, D. (1998). Kognitive Intervention im Alter. In: Oerter, R. & Montada, L. (Hrsg.): Entwicklungspsychologie. Weinheim: PVU (4. Aufl.), S. 1116–1126

🖇 Brandtstädter, J. (1986). Personale Entwicklungskontrolle und entwicklungsregulatives Handeln: Überlegungen zu einem vernachlässigten Forschungsthema. Zeitschrift für Entwicklungspsychologie und Pädagogische Psychologie, 18 (4), S. 316–334

Baltes, P. B. (1997). Die unvollendete Architektur der menschlichen Ontogenese: Implikationen für die Zukunft des vierten Lebensalters. Psychologische Rundschau 48, S. 191–210.

5
Entwicklungsbezogenes Handeln in besonderen Lebenslagen

Im folgenden Kapitel sollen die entwicklungspsychologischen Grundlagen helfender Angebote in kritischen Lebenslagen vorgestellt werden. Da dies nur exemplarisch erfolgen kann, werden unterschiedliche Problemfelder herausgegriffen: Behinderung und chronische Erkrankung, Trennung und Scheidung, Arbeitslosigkeit und Migration. Sicher stehen diese Problemlagen für Verlust, Belastungen und erhöhte Verletzlichkeit durch zusätzliche Probleme. Aus entwicklungspsychologischer Sicht haben diese und andere Probleme verschiedenes gemeinsam: (1) Es ist davon auszugehen, daß Entwicklungserfahrungen für die Bewältigung der Probleme von besonderer Bedeutung sind. (2) Die genannten Ereignisse oder Problemlagen wirken sich auf die aktuelle und künftige Entwicklung der Betroffenen aus. (3) Die belastenden Lebensereignisse überlagern und erschweren die Bewältigung anderer aktueller Entwicklungsaufgaben (Abbildung 5.1, nach Heckhausen in press).

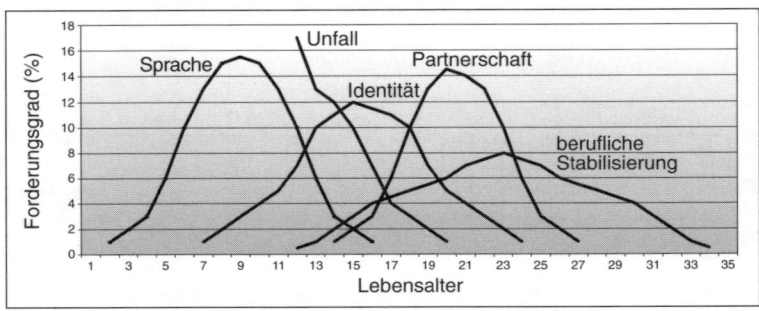

Abbildung 5.1: Entwicklungsaufgaben und nicht-normative Ereignisse

📖 Heckhausen, J. (1993). Developmental expectations for the self and most other people: Age grading in three functions of social comparison. Developmental Psychology 29, S. 539–548

🕯 Havighurst, R. J. (1953). Developmental tasks and education. New York: McKay

5.1 Geistige Behinderung

Die Einführung zu Kapitel 5 verweist auf die Gemeinsamkeiten der verschiedenen Problemlagen. Demnach lassen sich Behinderung und chronische Erkrankung als Anlaß, Merkmal und Ausdruck von Krisen verstehen, deren weiterer Verlauf durchaus Gewinne, aber auch Verluste denkbar werden läßt. Behinderung und chronische Erkrankung gelten als nicht-normative Ereignisse. Welche Bedeutung hat aber ein Ereignis für den oder die unmittelbar Betroffenen? Zur Bewertung der jeweils spezifischen Ereignisse und der mit ihnen verbundenen Folgen sind verschiedene Fragen denkbar. Unter Bezugnahme auf Tabelle 17, s. S. 156, gibt Tabelle 20 einige Beispiele zu entscheidenden Fragen.

Im Verlauf der Auseinandersetzung mit dem Lebensereignis spielen unterschiedliche vorauslaufende und begleitende Faktoren, verschiedene Ereignismerkmale und Bewältigungsstrategien eine Rolle (vgl. Filipp 1995). So sind frühere Erfahrungen, aber auch Merkmale der Person wie Fitneß, Belastbarkeit, Zielstrukturen, Selbstwert, Kontrollüberzeugungen oder kognitive Differenziertheit wichtig. Sicher sind aber auch auf der Kontextseite historische, politische, gesellschaftliche Faktoren und die verfügbare soziale Unterstützung zu beachten (siehe auch Abbildung 5.2).

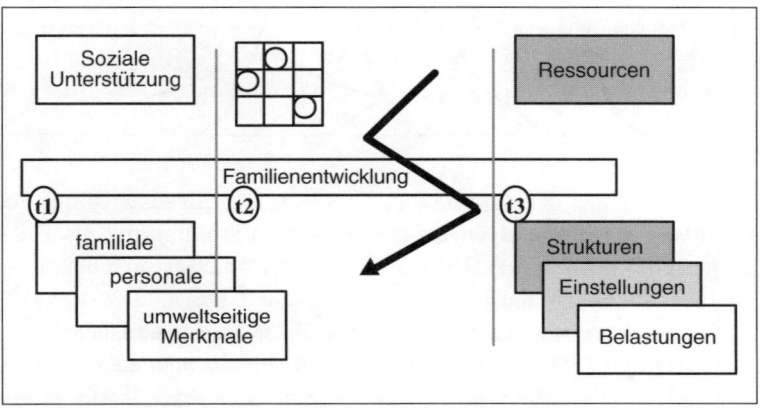

Abbildung 5.2: Familienentwicklung und chronische Erkrankung

177

Tabelle 20: Wie wird die Behinderung oder die chronische Erkrankung bewertet?

MERKMALE	FRAGEN IN DER ANAMNESE
Keine Vorbereitungszeit	Wann traten erste Probleme auf?
In aller Regel geringe Vorhersehbarkeit	Tritt das Problem familiär gehäuft auf?
Selten frühere Erfahrungen	Welche Erfahrungen gibt es mit früheren Erkrankungen?
Je nach Problem professioneller Rat, wenig private Hilfen	Gibt es Unterstützung in der Familie und im Freundeskreis?
Geringe Erfahrbarkeit für andere	Können sich die Angehörigen einfühlen? Gibt es Freunde, die das Problem kennen?
Ungewißheit über Dauer und Verlauf (Krisenzeit)	Ist ein »Ende in Sicht«?
Geringe Kontrollierbarkeit	Gibt es plausible Möglichkeiten, »etwas zu unternehmen«?
Hohe Hilflosigkeit	Gibt es Möglichkeiten, dem Gefühl von Ausgeliefertsein entgegenzuwirken?
Starkes Verlusterleben	Wie gut können Verluste kompensiert werden?
Beziehungsstörungen als Folge wahrscheinlich	Wie gut kann sich das Umfeld auf die Probleme einstellen?
Beziehungsverlust durch Aussonderung	Wie kann einer sozialen Isolierung entgegengewirkt werden?
Große Gefährlichkeit durch gesundheitliche Bedrohung	Wie bedrohlich ist das Ereignis?
Große emotionale Probleme	Wie stark wirken sich die Probleme auf das emotionale Erleben aus?
Vielfältige körperliche Störungen	Welche (anderen) körperlichen Symptome treten auf?

Als wesentliches Kriterium einer Unterscheidung zwischen normativen und non-normativen Ereignissen (in Abbildung 5.2 als Blitz dargestellt) werden die Möglichkeiten einer antizipatorischen Auseinandersetzung und Bewältigung anzusehen sein. Non-normative Ereignisse erweisen sich gerade deshalb als besonders belastend, weil Möglichkeiten der antizipatorischen Auseinandersetzung, aber auch der Übernahme von Bewältigungsstrategien von anderen begrenzt sind. Erscheinen normative Ereignisse und Aufgaben eher als universell, gilt dies für non-normative Ereignisse eben nicht. Wie sich zeigt, sind mit diesen Einschätzungen wichtige Zuschreibungen verbunden, die ihrerseits für Selbstwert und Motivation in der Auseinandersetzung und Nachbereitung des Ereignisses von besonderer Bedeutung sind. Filipp (1995) sieht daher in dem Grad der Universalität ein wichtiges Ereignismerkmal. Andere Merkmale sind die Dauer, die Dichte, die Zuordnung zu Lebensalter und Lebenslauf, die Kontrollierbarkeit, die Vorhersagbarkeit u.a.m.

Betrachtet man die Enttäuschungen und Belastungen, die Trauer, die mit »Behinderung« und »chronischer Erkrankung« einhergehen, so scheint es naheliegend, beide Problemlagen als vergleichbare Entwicklungsprobleme zu verstehen. Dagegen lassen die folgenden Definitionen die Unterschiede von Behinderung und chronischer Erkrankung deutlich werden.

Info-Box 14: Behinderung und chronische Erkrankung

Unter *Behinderung* versteht man Auffälligkeiten in der Motorik, der Wahrnehmung, der Sprache, im Sozialverhalten und in der Selbständigkeit. Diese Auffälligkeiten gelten als so gravierend, daß eine *Einbindung* der Betroffenen in ihre soziale Umwelt und allgemein in die Gesellschaft *erschwert* ist oder zumindest eine erschwerte Teilnahme der Betroffenen am Leben ihres sozialen Umfeldes droht. Diese Annahmen entsprechen dem Verständnis von Behinderung, wie sie der Deutsche Bildungsrat bereits zu Beginn der 70er Jahre festgeschrieben hat (Deutscher Bildungsrat 1973). Diese Definition macht deutlich, daß *Merkmale der Betroffenen* genauso wie *Merkmale der Gesellschaft* bestimmen, was Behinderung ist.

»Die geistige Behinderung eines Menschen wird als ein komplexer Zustand aufgefaßt, der sich unter dem vielfältigen Einfluß sozialer Faktoren aus medizinisch beschreibbaren Störungen entwickelt hat. Die diagnostizierbaren prä-, peri- und postnatalen Störungen erlauben keine Aussage zur geistigen Behinderung eines Menschen. Diese bestimmt sich vielmehr aus dem Wechselspiel zwischen seinen potentiellen Fähigkeiten und den Anforderungen seiner konkreten Umwelt« (Thimm 1999, S. 10).

179

>Als chronische Erkrankung werden eine Vielzahl verschiedener Krankheiten mit unterschiedlicher Ätiologie, Symptomatik und Prognose bezeichnet, die sich meist langsam entwickeln, über einen langen Zeitraum andauern, einen unvorhersagbaren Verlauf nehmen (chronisch-progredient, chronisch-rezidivierend, chronisch-stabil) und bei denen eine vollständige Heilung nicht möglich ist« (Schulz & Hellhammer 1994, S. 565).

Zur Darstellung von Behinderung und chronischer Erkrankung werden wir nun jeweils unterschiedliche Beiträge entwicklungspsychologischer Theoriebildung, Forschung und Anwendung betrachten. Zur Entwicklungspsycholgie der Behinderung werden wir uns besonders mit der Entwicklung von Menschen mit geistiger Behinderung beschäftigen. Im Bereich der chronischen Erkrankung soll es besonders um Fragen der Verarbeitung anhaltender somatischer und psychosomatischer Störungen gehen.

📖 Oerter, R., Schneewind, K. A. & Resch, F. (1999). Modelle der klinischen Entwicklungspsychologie. In: Oerter, R., von Hagen, C., Röper, G. & Noam, G. (Hrsg.): Klinische Entwicklungspsychologie. Weinheim: PVU, S. 79–118

🕯 Filipp, S.-H. (1995). Ein allgemeines Modell für die Analyse kritischer Lebensereignisse. In: Filipp, S.-H. (Hrsg.): Kritische Lebensereignisse. Weinheim: PVU (3. Aufl.), S. 3–52

5.1.1 Geistige Behinderung aus entwicklungspsychologischer Sicht

Die Entwicklungspsychologie hat sich traditionell eher mit Fragen der allgemeinen Entwicklung beschäftigt. Daher liegen über die Entwicklung von Menschen mit geistiger Behinderung nur wenige Informationen vor (Speck 1990). In den letzten Jahren wurden jedoch einige Untersuchungen zur Entwicklung von Menschen mit Down-Syndrom vorgelegt. Für die empirisch arbeitende entwicklungspsychologische Forschung ist diese Gruppe von besonderem Interesse, da sie den größten Teil der ansonsten sehr heterogenen Gruppe von

Behinderungsformen und Graden ausmacht. Die Entwicklungspsychologie leistet zu Fragen der geistigen Behinderung zwei grundlegende Beiträge: (1) Sie liefert einen theoretischen Rahmen für die Entstehung und den Verlauf der Entwicklung von Menschen mit geistiger Behinderung. (2) Sie beschreibt Entwicklungen verschiedener Gruppen, auch unter dem Einfluß von besonderen Erziehungsbemühungen und Förderung.

Entwicklungstheorie geistiger Behinderung: Es wird davon ausgegangen, daß die Entwicklung von Kindern und Jugendlichen mit geistiger Behinderung der Entwicklung von Kindern ohne Behinderung entspricht. Allerdings wird darauf verwiesen, daß die Entwicklung langsamer verläuft und früher zu einem Abschluß kommt, unterhalb der Erwartungsebene von Kindern und Jugendlichen ohne Behinderung. So formuliert Zigler (Zigler 1999, Zigler & Hodapp 1986, nach Wendeler 1993, S. 55) drei Regeln der Entwicklung von Kindern mit geistiger Behinderung:

»1. Sie durchlaufen dieselben kognitiven Stufen wie nichtbehinderte Kinder (Hypothese der gleichen Sequenz).

2. Sie haben auf jedem Entwicklungsniveau dieselbe Intelligenzstruktur wie nichtretardierte Kinder (Hypothese der gleichen Struktur).

3. Sie reagieren auf Umweltfaktoren in derselben Weise wie alle anderen Kinder« (Wendeler 1993).

Wendeler (1993) folgend, können wir als Beleg Untersuchungen anführen, die zeigen, daß die Rangfolge unterschiedlicher Aufgaben für Kinder mit und ohne Behinderung, entsprechend dem Schwierigkeitsgrad dieser Aufgaben, gleich ist. Kinder mit kognitiven Beeinträchtigungen machen aber beim Abzählen Zuordnungsfehler, verwenden instabile Ordnungsreihen und zeigen Probleme beim Verstehen der Kardinalität. Die Rangfolge der Fehlertypen ist jedoch bei Kindern mit und ohne Beeinträchtigung gleich. Betrachtet man die Unterschiede in der kognitiven Entwicklung von Kindern mit und ohne geistiger Behinderung, so zeigen Kinder mit geistiger Behinderung häufig »ein länger dauerndes Schwanken zwischen einem einfachen und einem komplexen Verständnis ... Es scheint demnach, daß bei Menschen mit geistiger Behinderung die Spuren früherer Entwicklungsstufen tiefer eingeprägt sind und länger bestehenbleiben, so daß es beim Übergang auf ein höheres Niveau leichter und häufiger zu einem Rückfall auf das niedrigere Niveau kommt« (Oszillation; Wendeler 1993, S. 56).

Differenztheorien geistiger Behinderung: Differenztheorien versuchen geistige Behinderung aus einem als zentral angenommenen Defizit heraus zu verstehen. Entsprechend wird die Entwicklung prinzipiell als begrenzt angesehen. Es werden die wesentlichen Merkmale »nicht nur in der unterschiedlichen Allgemeinintelligenz, sondern in spezifischen kognitiven Eigenarten (ge)sehen, die für unveränderlich gehalten werden und deshalb als typische interpretiert werden können« (Speck 1990, S. 92). Aus psychologischer Sicht lassen sich so zwei Gruppen von Erklärungsmodellen für geistige Behinderung beschreiben. Eine Übersicht dazu liefert Tabelle 21.

Tabelle 21: Erklärungsmodelle für geistige Behinderung (vgl. Rauh 1998b, S. 932)

DISZIPLIN	DIFFERENTIELLE PERSÖNLICHKEITSPSYCHOLOGIE		ENTWICKLUNGSPSYCHOLOGIE	
FORSCHUNGS-FRAGE	Unterschiede zwischen Menschen		Unterschiede beim einzelnen Menschen	
GRUNDMODELL	Ideographisch	Nomothetisch	Organismisch	Mechanistisch
HAUPTTHEMA	Qualitative Unterschiede, Typologien	Quantitative Unterschiede	Allgemeine Entwicklung	Sozialisation
URSACHE	Typologischer, qualitativer Unterschied	Extrembereich der IQ-Normalverteilung	Entwicklungsverzögerung	Stimulationsmängel
SCHLAG-WÖRTER	Defekt, Schwäche	Differenz, Abweichung	Verzögerung, Retardierung	Defizit, Deprivation

Die Wahl des Rahmenmodells hat nicht nur Bedeutung für die Forschungspraxis, sondern auch für die Begründung und Auswahl von Förderangeboten. So bevorzugen VertreterInnen der Differenztheorien Programme zur Förderung spezifischer Funktionen (Wendeler 1993). Wendeler führt hier das Beispiel der »sensorischen Integration« an (Wendeler 1993; vgl. Kapitel 3.2 dieses Buchs). Mit Blick auf die Entwicklungstheorien wird es besonders um eine allgemeine

Entwicklungsförderung gehen. Als Beispiel führt Wendeler das Konzept der basalen Stimulation von Fröhlich (1979) an (Wendeler 1993, Fröhlich 1979).

📖 Wendeler, J. (1993). Geistige Behinderung. Weinheim: Beltz

👤 Zigler, E. (1973). Motivational factors in the performance of the retarded child. In: Richardson, F. (Hrsg.): Brain and intelligence: The ecology of child development. Hyattsville, MD: National Education Press, S. 59–69

5.1.2 Förderung für Menschen mit geistiger Behinderung

Mit Blick auf die Theorien zur Erklärung geistiger Behinderung wurden zwei unterschiedliche Strategien vorgestellt: zum einen die eher spezifische Förderung in konkret umschriebenen »Defizitbereichen«, zum anderen die eher allgemeine Förderung der Entwicklung. Legt man dem beruflichen Handeln Behinderter eine Definition von Behinderung zugrunde, die die Bedeutung der Umwelt für die Herausbildung und Bewertung bestehender Probleme hervorhebt, so hat ein solches *»umweltrelatives« Verständnis von Behinderung* Folgen für die Entwicklungsintervention:

Info-Box 15: Behinderung aus interaktionistischer Sicht

(1) Behinderungen werden nicht mehr als Krankheiten, sondern als *Störungen der Mensch-Umwelt-Beziehungen* verstanden.

(2) Damit werden *hoch komplexe Wechselbeziehungen* zwischen Person und Umwelt Gegenstand der wissenschaftlichen Beschreibung, Vorhersage und der Veränderung. Analysen und Interventionen können immer nur Ausschnitte erreichen. Die Wahl der *Ausschnitte* und die Bewertung der Ergebnisse ist notgedrungen *subjektiv.*

(3) Die Subjektivität des Forschers muß, auch wenn sie unter dem Anspruch der Wissenschaftlichkeit auftritt, an ethische Standards gebunden sein. Dabei müssen zumindest die allgemeinen *Menschenrechte verbindlich* sein. Idealnormen von Phasenmodellen werden auf ihre Kompatibilität mit diesen allgemein verbindlichen Standards zu prüfen sein.

(4) Behinderte Menschen brauchen *Begleiter*, die im schwierigen Austausch zwischen Person und Umwelt *Mediatoren* sind.

(5) Menschen mit Behinderungen brauchen Maßnahmen, die *präventiv, integrativ und wohnortnah* sind.

(6) Solche Maßnahmen sollten modellhaft über eine praxisnahe und *ökologisch valide Forschung* begleitet werden. Ökologische Validität meint hier, daß Forschungsgegenstand und -methoden von den Betroffenen als real und bedeutsam definiert werden.

Bei dieser allgemeinen Beschreibung lassen sich am ehesten Angebote entwerfen, die der sozialen Integration von Menschen mit Behinderung dienen. Aber auch die gestuften Angebote im Rahmen der basalen Stimulation (Fröhlich 1979) oder des Snoezelen-Konzepts (Vermittlung grundlegender körperlich-sinnlicher Erfahrungen; vgl. Kauschus-Nazario 1989, zusammenfassend Wendeler 1993) können als grundlegende Angebote zu einer Vermittlung zwischen Person und Umwelt verstanden werden. Dabei läßt sich aus entwicklungspsychologischer Sicht fordern, daß bei einem entsprechend niedrigen Entwicklungsniveau bzw. einem hohen Grad an erschwerter Person-Umwelt-Interaktion den Nah-Sinnen (z. B. taktil) in Abgrenzung zu den Fern-Sinnen (z. B. visuell) besondere Bedeutung zukommt.

5.2 Chronische Erkrankung

Ebenso wie die Geburt eines Kindes mit Behinderungen ist die Konfrontation mit einer schweren chronischen Erkrankung ein extrem belastendes Ereignis. Dabei verläuft der Bewältigungs- und Verarbeitungsprozeß nie gleich. Der Prozeß der Auseinandersetzung mit einer chronischen Erkrankung ist von verschiedensten individuellen Bedingungen und subjektiven Einschätzungen beeinflußt. Daher ist es schwer, allgemeine Verlaufsmerkmale oder Phasen zu benennen. Phasenmodelle stoßen hier an ihre Grenzen. Schuchardt (1980a und b) beschreibt soziale Integration als Krisenverarbeitung im Rahmen eines spiralförmig angelegten Lernprozesses. Das Eingangsstadium beschreibt sie als kognitiv, fremdgesteuert, das Durchgangsstadium als emotional, ungesteuert und das Zielstadium als aktional, selbstgesteuert. Jedes dieser Stadien ist in Stufen unterteilt. So verläuft der Prozeß der Verarbeitung von der Ungewißheit über die Gewißheit, von der Aggression über die Verhandlung bis zur Depression und schließlich von der Annahme zu Aktivität und Solidarität. Ähnlich lesen sich die Sterbephasen von Kübler-Ross (1996) und Sporken (1979): Auf Ungewißheit folgen Unsicherheit, Leugnung, Auflehnung, Verhandeln mit dem Schicksal, Depression und Annahme des Todes. Zurecht wird aber immer wieder darauf hingewiesen, daß solche Phasenverläufe »idealtypisch« sind, daß häufig Rückschritte und längeres Verharren auf einer Stufe zu beobachten sind. Solche Phasenmodelle geben Entwicklungsziele vor, die einer Idealnorm entsprechen. Sie werden nur von wenigen erreicht. Ob und inwieweit solchen Normen entsprochen werden kann, hängt nicht zuletzt von Art und Grad der Erkrankung ab. Im Folgenden werden die je nach Krankheit spezifischen Anforderungen und Probleme beschreiben.

Info-Box 16: Anforderungen in der Auseinandersetzung mit chronischen Erkrankungen (Auswahl)

Herz- und Kreislauferkrankungen: Hierunter fallen angeborene Herzfehler wie anatomische Störungen der Herzentwicklung, Defekte der Trennwände, die zu einer unökonomischen Mehrarbeit des Herzens, unzureichender Sauerstoffversorgung (Organe, Gehirn ...), Verfärbungen und Kurzatmigkeit führen können. Daneben treten erworbene Herzfehler auf wie z. B. Herzmuskelschädigungen durch Virusinfektionen oder rheumatische Erkrankungen aber auch Herzklappenfehler als Folge von Entzündungen der Herzinnenhaut. Die Betroffenen leben meist mit erheblichen Leistungseinschränkungen. Motivations- und Selbstbildstörungen sind die Folge. Häufig treten Konflikte mit der sozialen Umwelt auf, etwa wenn es um die Forderung geht, sich zu schonen.
Zuckerkrankheit (Diabetes mellitus, Insulinmangeldiabetes, selten *Gegenregulationsdiabetes)*: Als Folge einer Minderwertigkeit des Inselorgans in der Bauchspeicheldrüse (Pankreas) treten unterschiedliche Probleme auf: erhöhte Müdigkeit, Schwäche, Hun-

ger, Durst, Abmagerung, diabetisches Koma. Die Behandlung erfolgt über Insulingaben, Diät, Körperbewegung und macht eine hohe Kooperationsbereitschaft der Patienten notwendig. Gefahren der Insulinbehandlung liegen in einer Unterzuckerung: Unruhe, Fahrigkeit, Schweißausbruch. Es werden vielfältige Problemfolgen durch die Behandlung beschrieben. Krankenhausaufenthalte zur erneuten medikamentösen Einstellung können notwendig werden. Bei Kindern wird häufig von einem frühen Lebensernst und hohem Körper- und Krankheitsbewußtsein gesprochen.

Blutungsneigungen: Hämophilie A und B haben ererbte und erworbene Grundlagen. Man unterscheidet chronische und akute Formen. Die Behandlung sieht lokale Blutstillung, Injektionen, Bluttransfusionen, evtl. Behandlung mit Kortikoiden vor. Es gilt, Verletzungen zu vermeiden. Dies führt zu Selbstbild- und Integrationsproblemen, aber auch zu Auseinandersetzungen mit den Eltern.

Erkrankungen der Nieren und Harnwege (Entzündungen, Wassereinlagerungen im Gewebe, Fieber, Schmerzen, Harnsteine): Die Behandlung macht u.a. Bettruhe, Schonung, Medikation oder Transplantationen notwendig. Probleme können verstärkt im Zuge einer Blutarmut auftreten. Als Folgen der Behandlung mit Antibiotika zeigt sich eine verminderte Leistungsfähigkeit. Grundlegende Probleme der Selbsteinschätzung sind die Folge (Abbildung 5.3, s. S. 188).

Epilepsie (symptomatische vs. genuine Epilepsie): Die Entwicklung ist abhängig von Art und Ausmaß der Schädigung des ZNS und dem Ausmaß der Anfälle. Im Zuge einer Behandlung über Neuroleptika können erhebliche Nebenwirkungen auftreten. Zudem bringt der Bewußtheitsverlust Ängste und Hilflosigkeit.

Chronische Erkrankung der Atmungsorgane (Behinderung der Nasenatmung, chronische Infekte der Luftwege, Asthma): Die Behandlung läßt sich je nach Erkrankung als operativer Eingriff oder Medikation denken. Die Erkrankungen stellen hohe Anforderungen an die Mitarbeit der Patienten. Probleme treten verstärkt in Zusammenhang mit Ängsten und Leistungseinschränkungen auf. Schonhaltungen führen häufig auch zu sozialen Ausgrenzungen.

Krebs und Leukämie (Lymphogranulomatose, Hodkinsche Krankheit, bösartige Organgeschwulste; Leukämie): Kinder fallen u. a. wegen Blässe, Infektneigung, Blutungsneigung auf. Die Behandlung über operative Eingriffe, Zytostatika und Strahlenbehandlung bringt erhebliche körperliche und psychische Belastungen mit sich. Folgeprobleme liegen in einer möglichen sozialen Isolierung. Leistungsprobleme aufgrund leichter Ermüdbarkeit sind die Regel.

Rheumatischen Erkrankungen (primär-entzündliche rheumatische Erkrankungen, degenerative Gelenk- und Wirbelsäulenerkrankungen, extraartikuläre Erkrankungen): Probleme liegen im schleichenden Beginn und den oft großen Schmerzen. Veränderungen der Motorik und des Körperselbstbildes zeigen Wirkungen auf die somatische und psychische Entwicklung.

Zerebrale Läsionen (Hirnverletzungen, streßbedingte Schädigungen, Hirntumore, Entzündungen des Gehirns, degenerative Erkrankungen im Alter, toxische Störungen): Im Erwachsenenalter sind die Auswirkungen der Schädigungen spezifischer als im Kindesalter. Probleme zeigen sich in Bewegungsstörungen, Anfällen, Störungen der vegetativen Steuerung, Konzentrationsstörungen, Wahrnehmungsstörungen, Gedächtnisstörungen, Sprachstörungen, Störungen der intellektuellen Leistungsfähigkeit und in emotionalen Störungen.

Chronische Erkrankungen gehen häufig mit einer negativen Entwicklung des Selbstbilds einher. Die möglichen Einflußgrößen werden in Abbildung 5.3 in einem »Teufelskreis« angeordnet.

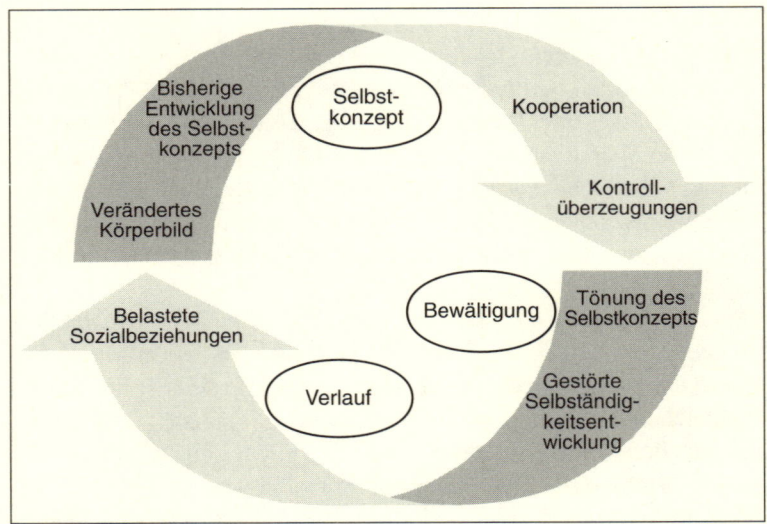

Abbildung 5.3: Selbstkonzept und chronische Erkrankung
(vgl. Petermann, Noeker & Bode 1987)

5.2.1 Konflikte und Bewältigung chronischer Erkrankung

Krankheitsspezifische Belastungen und Herausforderungen können nicht unabhängig vom aktuellen Entwicklungsstand und den damit verbundenen regulären Entwicklungsanforderungen gesehen werden. Abb. 5.4 zeigt eine Reihe psychosozialer Konfliktbereiche, die im Zusammenhang mit chronischen Erkrankungen stehen). Auch subjektive Konzepte von Gesundheit und Krankheit, Sport und Ernährung, Konsum von Drogen, Arbeitsbelastung, Streßbewältigungskompetenzen, sozialer Rückhalt und die Arzt-Patienten-Beziehung sind von entscheidender Bedeutung für den Verlauf der Krankheitsbewältigung (vgl. die Beiträge in Schwarzer [Hrsg.] 1990 oder Steinebach [Hrsg.] 1997a).

Petermann, Noeker und Bode (1987) gehen in ihrer Darstellung des Bewältigungsprozesses von einem zweifachen Bewertungsprozeß aus. Dabei beeinflussen die verfügbare Unterstützung und bestehende Belastungen die erste Bewertung der Krankheit. In der Interaktion mit dem subjektiven Grad der Bedrohung, die von der Erkrankung ausgeht, aber auch mit dem Entwicklungsstand, mit Vor-

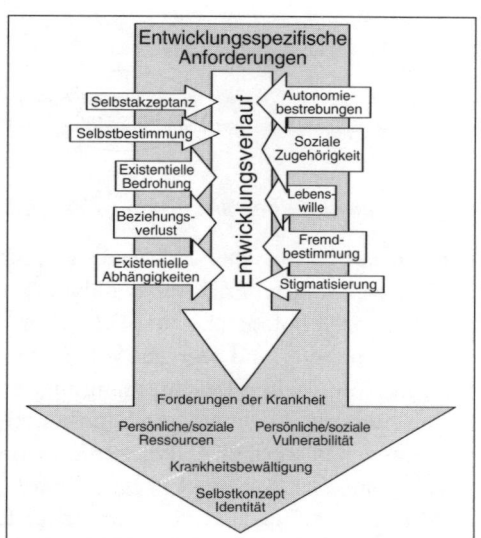

Abbildung 5.4: Psychosoziale Konfliktbereiche bei chronischer Erkrankung (vgl. Haushalter 1997)

stellungen, Selbstkonzept und Kontrollüberzeugungen werden Bewältigungsversuche gestartet, deren Erfolg oder Mißerfolg über die Neubewertung der Erkrankung entscheidet. Letztlich erweist sich die Auseinandersetzung mit der Erkrankung als ein permanenter Bewertungs- und Neubewertungsprozeß, der von vielen intraindividuellen und externen Bedingungen beeinflußt wird (Abbildung 5.5).

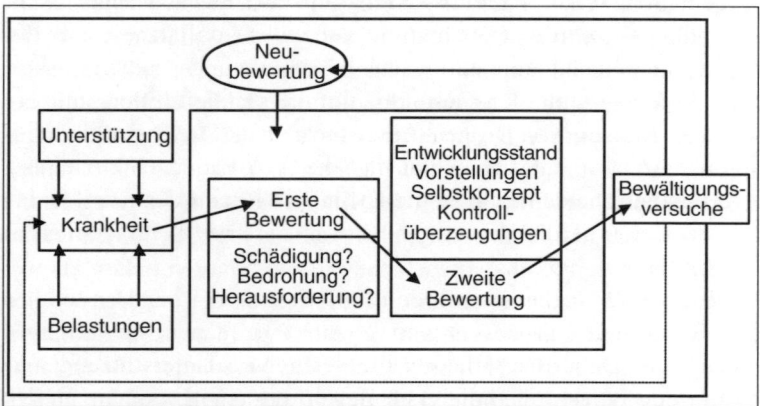

Abbildung 5.5: Der Bewältigungsprozeß (modifiziert nach Petermann, Noeker & Bode 1987)

189

📖 Petermann, F., Noeker, M. & Bode, U. (1987). Psychologie chronischer Krankheiten im Kindes- und Jugendalter. München: PVU

♀ Perrez, M. (1992). Coping – Forschung auf Abwegen? In: Gerhard, U. (Hrsg.): Psychologische Erkenntnisse zwischen Philosophie und Empirie. Bern: Huber, S. 72–88

5.2.2 Beratung bei chronischer Erkrankung

Im Umfeld chronischer Erkrankungen sind eine Vielzahl pädagogisch-psychologischer Hilfen denkbar. Da wir in der Darstellung entwicklungspsychologischer Aspekte insbesondere Fragen der Krankheitsverarbeitung und weniger solche der Diagnostik, der entwicklungsneurologischen Beschreibung und Erklärung diskutiert haben, sollen hier nun Angebote zur Verarbeitung chronischer Erkrankungen vorgestellt werden. Dabei werden wir uns auf die entwicklungspsychologischen Aspekte konzentrieren.

Mit Blick auf die zuvor beschriebenen Einflußgrößen sollten Kinder und Jugendliche mit chronischen Erkrankungen ein Maximum an sozialer Unterstützung erfahren: Die Anwesenheit der Eltern, der positive Kontakt zu den Diagnostikern, Therapeuten, Pflegekräften, zur *peer group* sollte sichergestellt sein (vgl. Petermann 1995). Eine kindgerechte Information über die Erkrankung und die anstehenden Maßnahmen ist erforderlich. Gefühle sollten nicht unterdrückt, sondern offen ausgedrückt werden. Aber was bedeutet »kindgerechte« Information? Wie Lohaus (1998) darstellt, bestehen zwischen der allgemeinen kognitiven Entwicklung und der Einschätzung und Bewertung von Krankheit und Krankheitssymptomen enge Zusammenhänge. So gelten die Konzentration auf das Offensichtliche, die besondere Betonung von Einzelaspekten und der Egozentrismus als besondere Merkmale der *präoperationalen Phase* (2 bis 6 Jahre). Entsprechend konzentriert sich das Kind in der Krankheitsbewertung auf »sichtbare und fühlbare Signale« (Lohaus 1998, S. 603). Die Einschätzungen von Krankheitsursachen und -verläufen gelten als wenig realistisch. Intentionen und Möglichkeiten der anderen werden eher diffus und widersprüchlich eingeschätzt. In der *konkret operationalen Phase* (7 bis 11 Jahre) wächst das Verständnis für einfache Zusammenhänge. Zunehmend können verschiedene Aspekte gleichzeitig berücksichtigt werden. Ein Perspektivenwechsel wird möglich. So wächst auch das Verständnis für die Ursachen der Erkrankung und für den Krankheitsverlauf. Durch den Perspektivenwechsel werden Einschätzungen anderer erleichtert. In der *formal operativen Phase* (ab 12 Jahre) wird das Verständnis für komplexe Zusammenhänge stärker. Die Abstraktion nimmt zu. Hypothetische Relationen werden reflektiert. Damit können auch komplexe Zusammenhänge im Krankheitsgeschehen verstanden werden. Krankheit kann konkret, aber auch abstrakt reflektiert werden. Erscheint dem Kind in der präoperationalen Phase Krankheit noch als Folge eines Verstoßes gegen geltende Gebote, in der konkret operationalen Phase als Resultat einer externen Ursache, so kann sie nun als durch interne und externe Faktoren multifaktoriell determinierter Prozeß verstanden werden (Lohaus 1998).

Betrachten wir die Koppelung zwischen kognitiver Entwicklung und Krankheitsbewertung, so wird deutlich, daß »kindgemäß« mehr bedeutet, als »sprachlich angemessen«. Angebote zur Verarbeitung der chronischen Erkrankung sollten unpassenden Selbstzuschreibungen der frühen Phase genauso entgegenwirken wie unangemessenen Externalisierungen der konkret-operationalen Phase. Dabei sind neben Informationen zu Krankheitsursachen und Krankheitsverlauf auch darstellende Methoden, spielerisch didaktische Ansätze u. a. m. denkbar (vgl. die Beiträge in Steinebach [Hrsg.] 1997a).

📖 Steinebach, Ch. (Hrsg.) (1997a). Heilpädagogik für chronisch kranke Kinder und Jugendliche. Freiburg i. Br.: Lambertus

🕯 Lohaus, A. (1998). Begriffe von Gesundheit und Krankheit bei Kindern. In: Keller, H. (Hrsg.): Entwicklungspsychologie. Bern: Huber, S. 599–613

5.3 Trennung und Scheidung

Die Zahl der Ehescheidungen nimmt auch weiterhin Jahr für Jahr zu. So wurden 1997 7% mehr Ehen geschieden als im Jahr zuvor (Statistisches Bundesamt 1998, Schillings 1998). Analog wächst die Zahl der geschiedenen Ehen mit minderjährigen Kindern. Besonders betroffen sind Familien mit zwei und mehr Kindern. Die Institution »Familie« ist einem grundlegenden Wandel unterworfen, und es wird zunehmend die Frage gestellt, ob die Familie im Zuge dieses Wandels überleben kann. Paarbeziehungen scheinen weniger auf Dauer hin angelegt, Leitbilder fehlen (Willi 1991), Beziehungen sind durch externe Anforderungen extrem belastet, Lebensperspektiven, etwa durch geänderte Berufsrollen, wandeln sich, u. a. m. (vgl. Bertram 1991). Wachsende Scheidungsraten führen auch dazu, daß die Zahl derer, die in alternativen Gemeinschaften leben, zunimmt: Ein-Elternteil-Familien, Patchworkfamilien (als Ergebnis der Wiederverheiratung), Mehrgenerationenfamilien, Adoptivfamilien, homosexuelle Beziehungen, Multi-Erwachsenenhaushalte (vgl. Menzen 1996, Schneewind 1998). So ist davon auszugehen, daß inzwischen ein Drittel der Kinder in Deutschland in Trennungsfamilien leben. Etwa die Hälfte alleinerziehender Mütter ist auf Sozialhilfe angewiesen.

Trennung und Scheidung lassen sich zunächst als gesellschaftspolitische und sozialrechtliche Probleme analysieren. Im Zuge solcher Diskussionen werden verstärkt rechtliche Regelungen und ihre Folgen für die Ehepartner als Eltern und für die Gesellschaft hervorgehoben. Psychologische Analysen machen deutlich, daß Trennung und Scheidung als Problem weit vor dem Auszug des Partners oder der Partnerin beginnt und die Folgen eines solchen Schritts nur dann abzuschätzen sind, wenn die zurückliegende Familiengeschichte beachtet wird. In diesem Sinne sind auch Phasenmodelle zu verstehen, die die Scheidung in unterschiedliche Abschnitte teilen. Dabei stellt die Scheidung nur einen äußeren, aber sicher einen einschneidenden Aspekt dieses Prozesses dar. Weitere Sequenzen lassen sich unterscheiden, wenn man die Frage nach der psychischen Verarbeitung der Scheidung im Sinne einer Einstellungsänderung stellt (Textor 1991, Jaede 1993).

Beginnen wir also vor der Scheidung: Die *Ambivalenzphase* zeichnet sich durch Unentschiedenheit, Rückzug und Bilanzierung aus. Es kommt zu Konflikten, die für alle Familienmitglieder belastend sind. Negative Erwartungen und Zuschreibungen verstärken sich in dieser Vorscheidungsphase. Die *Trennungsphase* zeichnet sich durch eine Vielzahl von Veränderungen und Belastungen aus. Die Eltern sind gefordert, sich diesen Änderungen zu stellen. Beziehungskonflikte sind von organisatorischen, familienrechtlichen, finanziellen und anderen Fragen überlagert. Damit wird eine adäquate emotionale Verarbeitung verzögert und erschwert. Die formale Scheidung mit dem Scheidungsurteil markiert die eigentliche *Scheidungsphase*. Nach einer Zeit der Auseinandersetzung, der Streitigkeiten zwischen den Partnern tritt eine allmähliche Stabilisierung ein. Nun gilt es, neue Kontakte aufzubauen, Erziehungsregeln neu zu definieren und Familienregeln kreativ zu gestalten. Diese Prozesse leiten die *Nachscheidungsphase* ein. Textor (1991) und Jaede (1993) gehen von einem Trauerprozeß von bis zu vier Jahren aus, bis der Familienalltag wieder als »normal« erlebt wird.

5.3.1 Entwicklungsaufgaben bei Trennung und Scheidung

Privatheit, Dauerhaftigkeit und große Nähe zeichnen die familiären Beziehungen aus (vgl. Schneewind 1987a). Der Alltag, aber auch der Familienzyklus, stellt hohe Anforderungen an das Bemühen, diese besonderen Beziehungsmerkmale trotz alltäglicher oder lebenslaufspezifischer Herausforderungen zu sichern. »Die im Kontext von Verbundenheit und zugestandener Autonomie ablaufenden familiären und individuellen Entwicklungsprozesse stellen zum einen sich wechselseitig beeinflussende Größen dar ... Zum anderen sind Verbundenheit und zugestandene Autonomie zwei zentrale Metaentwicklungsaufgaben, welche die im Familienlebenszyklus alters- und situationsspezifisch auftretenden Familienentwicklungsaufgaben überlagern« (Schneewind 1998, S. 165). Tabelle 22 gibt eine Übersicht über die Familienentwicklungsaufgaben für Familien nach der Scheidung.

Kinder in unterschiedlichen Entwicklungsphasen sind von Trennung und Scheidung der Eltern betroffen. *Kinder bis zum 6. Lebensjahr* zeigen verstärkt Ängstlichkeit und/oder Aggression. Während die älteren häufig die Auswirkungen der elterlichen Trennung einschätzen und ihre Folgen bewerten können, ist dies für die jüngeren Kinder kaum möglich. Da die jüngeren Kinder das Geschehen um sie herum unmittelbar auf sich und ihr Verhalten beziehen, erleben sie sich oft als schuldig. Schuldgefühle treten besonders dann auf, wenn dem Kind klare Informationen fehlen und die bestehenden familiären Probleme tabuisiert werden (Jaede 1993). *Kinder zwischen dem 6. und 11. Lebensjahr* haben zumeist das Stadium des Egozentrismus überwunden. Eine konkrete Auseinandersetzung mit der Umwelt wird möglich. Geschehnisse und Erfahrungen werden kritisch und differenziert auf die eigene Person bezogen und so als Rückmeldung

Tabelle 22: Entwicklungsaufgaben für Familien nach der Scheidung (vgl. Schneewind 1987a)

PHASE	FAMILIENFORM	FAMILIENENTWICKLUNGSAUFGABE
Nachscheidungsphase	A. Alleinerziehende Eltern	a) Einrichten flexibler Besuchsregelungen mit dem Expartner/der Expartnerin und seiner/ihrer Familie.
		b) Umgestalten des eigenen Netzwerks an Sozialbeziehungen.
	B. Alleinlebende (nicht sorgeberechtigte) Eltern	a) Ausfindigmachen von Wegen, um eine effektive elterliche Beziehung zu den Kindern aufrechtzuerhalten.
		b) Umgestalten des eigenen Netzwerks an Sozialbeziehungen.
Wiederverheiratung und Rekonstituierung der Familie	C. Wiederverheiratete Eltern	a) Umstrukturierung der Familiengrenzen, um die Einbeziehung des neuen Partners und Stiefelternteils zu ermöglichen.
		b) Neuordnung der Beziehungen zwischen den Subsystemen, damit eine Vernetzung der verschiedenen Systeme möglich wird.
		c) Bereitstellen von Beziehungsmöglichkeiten für alle Kinder mit ihren biologischen (nicht sorgeberechtigten) Eltern, Großeltern und anderen Mitgliedern der erweiterten Familie.
		d) Austausch von Vergangenheit und Geschichte, um die Integration der Stieffamilie zu verbessern.

verarbeitet. Damit sind angemessenere Zuschreibungen auf die eigene Person, auf die persönlichen Fähigkeiten und Fertigkeiten verbunden. So wird in dieser Altersstufe weniger von Schuldgefühlen als von Trauer berichtet. Wünsche, die Familie möge wieder harmonisch zusammenleben, weichen einer tiefen Resignation. Trennung als Mittel zur Lösung grundlegender Beziehungsprobleme wird übergeneralisiert. Es bestehen Ängste, bei Fehlverhalten selbst auch die Eltern verlassen zu müssen. Mit zunehmendem Alter wächst die Fähigkeit, Perspektiven zu wechseln und zu vergleichen. Daher können auch die unterschiedlichen Sichtweisen der am Konflikt Beteiligten berücksichtigt und verstanden werden. So sind *Kinder ab dem*

12. Lebensjahr allgemein in der Lage, die sozialen Konflikte und Probleme der Familie, der Eltern, die Sichtweisen der Beteiligten kritisch abzuwägen, Auswirkungen der Trennung differenziert einzuschätzen und auch aus einer relativen Distanz heraus zu bewerten. Faßt man die Befunde zu den Reaktionen der Kinder auf Trennung und Scheidung zusammen, so wird folgendes deutlich (vgl. Klein-Allermann & Schaller 1992): Die langfristigen Beeinträchtigungen sind wohl eher gering. Einige Kinder profitieren sogar von der elterlichen Trennung. Kurzfristig sind jedoch gehäuft Verhaltensauffälligkeiten zu beobachten. Solche Auffälligkeiten treten insbesondere in »intakten« Familien mit dysfunktionalen Strukturen auf. Zu den Verhaltensproblemen zählen vornehmlich soziale Anpassungsschwierigkeiten und leistungsbezogene Beeinträchtigungen (Klein-Allermann & Schaller 1992).

5.3.2 Gruppenangebote für Kinder aus Scheidungsfamilien

Trennung und Scheidung können Anlaß für sehr unterschiedliche Beratungs- und Begleitungsangebote sein. Hierzu gehören u. a. Beratung der Ehepartner, Familienberatung, Paartherapie, Rechtsberatung und Familienhilfe. Bedenkt man die möglichen Verarbeitungsprobleme und die damit verbundenen Entwicklungs- und Verhaltensprobleme bei den betroffenen Kindern und Jugendlichen, sind Angebote für Kinder aus Trennungs- und Scheidungsfamilien von besonderer Bedeutung. Auch wenn die langfristigen Auswirkungen von Trennung und Scheidung, wie gesagt, im Schnitt als weniger gravierend einzuschätzen sind, sagt dies noch nichts über den Einzelfall. Zudem macht es aus entwicklungspsychologischer Sicht durchaus einen Unterschied, ob sich Belastungen im Lebensverlauf z. B. über fünf oder »nur« über drei Jahre erstrecken.

Info-Box 17: Gruppenangebote für Kinder aus Trennungs- und Scheidungsfamilien

Grundlagen: Jaede und Mitarbeiter (1996) legten ein Gruppenprogramm für Kinder aus Trennungs- und Scheidungsfamilien vor. Das Angebot kann als präventive wie auch als therapeutische Maßnahme im Umfeld einer extremen Krisensituation verstanden werden. Aus präventiver Sicht geht es darum, Entwicklungsbeeinträchtigungen zu verhindern, aus therapeutischer Sicht gilt es, belastende Gefühle und Reaktionen zu bearbeiten. Gruppenangebote scheinen indiziert, da die Gruppe Solidarität, Unterstützung und Entlastung bereitstellt. Die Gruppe (6 bis 8 Kinder, altershomogen, ausgewogenes Verhältnis von Jungen und Mädchen, Heterogenität im Trennungsprozeß) bietet die Chance für altersgemäße Betätigung. Sie läßt aber auch die Möglichkeit, sich zurückzuziehen und sich so zu schützen, wenn es um die thematische Bearbeitung und emotionale Auseinandersetzung mit den anstehenden Problemen geht. Daß sich das Angebot an Kinder richtet, schließt nicht aus, daß begleitend Beratungsangebote für Eltern (Gruppen-, Paar-, Einzelberatung) angeboten werden.

Vordiagnostik: Die Diagnostik sollte u.a. Hinweise auf Kommunikations- und Rollenmuster in der Familie geben. Familienstrukturen, genauso wie aktuelle Familienthemen und Tabuthemen, sollten erkannt werden.

Ziele: Das Angebot vermittelt die Erfahrung, daß auch andere von Trennung und Scheidung betroffen sind. Es hilft, Gefühle auszudrücken. Informationen zu Trennung und Scheidung werden vermittelt. Alternativen der Bewältigung werden erarbeitet. In der Arbeit mit den Eltern soll das Verständnis für die Kinder vertieft werden. Erzieherische Kompetenzen werden gestärkt.

Programm: Das Programm besteht aus 15 Treffen von je 1,5 Stunden. Die Gruppentreffen finden wöchentlich statt und laufen über drei bis vier Monate. Ergänzend werden zwei Elternabende angeboten. Zur Information und Motivierung finden Vortreffen mit den Eltern statt. Nach den Vortreffen beginnt das Programm mit der Kennenlernphase, dem schließt sich die themenzentrierte Phase, gefolgt von der Abschiedsphase an. Abschlußgespräche bilden den Schlußpunkt des Angebots. Information, Gefühlsarbeit und Bewältigungsarbeit stellen in der Phase des themenzentrierten Arbeitens den Kern der Gruppenangebote. Die Elternabende werden etwa zu Beginn und am Ende der themenzentrierten Phase vorgesehen. Die Gruppenstunden sind in eine Begrüßungsrunde, eine erste Phase themenzentrierten Arbeitens, ein Bewegungsspiel, eine zweite Phase themenzentrierten Arbeitens und ein Abschluß-spiel (-ritual) gegliedert.

Vorgehen:

1. Treffen (Schnupperstunde): Kennenlernen, Regeln festlegen, Rituale einüben, wohl fühlen. Methoden u. a.: Malen eines Körperbildes, Sammeln von Regeln.
2. Treffen: Weiteres Kennenlernen, Gruppenidentität fördern, Verbundenheit empfinden. Methoden u. a.: Selbstdokumentation (Werbeplakat erstellen).
3. Treffen: Kohäsion vertiefen, Hinführung zum Thema »Trennung und Scheidung«. Methoden u. a.: Wohnumfeld zeichnen.
4. Treffen: Einstieg in das Thema, Kohäsion. Methoden: »Familie in Tieren« zeichnen.
5. Treffen: Unterschiedliche Familienformen, Selbstwert durch Normalität der Ein-Elternteil-Familie. Methoden: aktuelle Familienform vorstellen, Geschichte vorlesen.
6. Treffen: Ängste bezüglich des Themas abbauen, Solidarität in der Gruppe. Methoden u. a.: Film »Verliebt, verlobt, verheiratet, geschieden« (Pro Familia 1992).
7. Treffen: Vermitteln, was Gefühle sind, Wahrnehmen und Erkennen von Gefühlen. Methoden u.a.: Wahrnehmungsspiel »Fühle-Kiste«, Sammeln von guten und schlechten Gefühlen. Die Angaben der Kinder aus einer Therapiegruppe von Schillings (1998) sind in Tabelle 23 wiedergegeben.

Tabelle 23: Nennungen und Wertungen von Gefühlen (vgl. Schillings 1998)

»SCHÖN«	»BLÖD«
KUSCHELN	*TRAURIG*
SCHMUSEN	*AUSGESCHLOSSEN*
LIEBHABEN	*AUSGELACHT WERDEN*
GEHOLFEN KRIEGEN	*AUSGESCHIMPFT WERDEN*
KRIBBELIG	*GESCHLAGEN WERDEN*
ZUSAMMEN SPIELEN	*ALLEINE SEIN*

8. Treffen: Primärgefühle erkennen und darstellen, Verbindung zwischen Gefühl und Körperausdruck herstellen. Methoden u. a.: Gefühlsmasken-Ratespiel, Vorlesegeschichte.
9. Treffen: Einlassen auf Gefühle, Solidarität erfahren. Methoden u. a.: Gefühlsballons, Vorlesegeschichte.
10. Treffen: Vertiefung zu den Gefühlen bezüglich Trennung der Eltern, positive Veränderungen durch Trennung herausarbeiten. Methoden: Gruppenarbeit zum Thema »Früher und heute«, Vorlesegeschichte.
11. Treffen: Bewältigungsstrategien vermitteln, Unterstützung in der Wahrnehmung eigener und fremder Gefühle. Methoden u. a.: Vorlesegeschichte und Reflexion.
12. Treffen: Auseinandersetzung innerhalb der Gesprächsrunde fortsetzen, Perspektivenerweiterung. Methoden u. a.: Vorlesegeschichte.
13. Treffen: Wünsche an die Eltern benennen. Ordnen in erfüllbare und unerfüllbare Wünsche. Methoden u. a.: Poster, unerfüllbare Wünsche an mit Gas gefüllten Ballon kleben (Tabelle 24).

Tabelle 24: Wünsche der Kinder der Therapiegruppe
(vgl. Schillings 1998)

MEIN WUNSCH AN MEINE ELTERN	IST DAS WIRKLICH MÖGLICH?			WERTUNG IN DER GRUPPE
Papa soll wieder zu uns nach Hause ziehen.	○ ja	○ nein	○ vielleicht	nein
Daß alles wieder so ist wie früher.	○ ja	○ nein	○ vielleicht	nein
Ich will auch, daß Papa mit mir in Urlaub fährt.	○ ja	○ nein	○ vielleicht	ja
Ich wünsche Mama einen Freund.	○ ja	○ nein	○ vielleicht	vielleicht
Ich will Oma und Opa öfter sehen.	○ ja	○ nein	○ vielleicht	ja
Rote Karte: Dieser Wunsch bleibt ein Traum.				
Grüne Karte: Dieser Wunsch kann in Erfüllung gehen.				

14. Treffen: Gruppenabschied vorbereiten, Lebensausblick. Methoden u. a.: Lebensausblick malen, Schatzkisten gestalten (Materialien aus den Gruppentreffen).
15. Treffen: Gruppenabschluß, Trennungserlebnis positiv gestalten. Methoden u. a.: Traumreise durch alle Treffen, Gruppenphoto und Adressenliste als Geschenk.

📖 Textor, M. R. (1991). Scheidungszyklus und Scheidungsberatung. Göttingen: Vandenhoeck & Ruprecht

⚥ Hetherington, E. M., Cox, M. & Cox, R. (1979). Play and social interaction in children following divorce. Journal of Social Issues 35, S. 27–49

5.4 Arbeit und Entwicklung

Oft wird geradezu selbstverständlich davon ausgegangen, daß zwischen Arbeit und persönlicher Entwicklung Zusammenhänge bestehen. Freilich begegnen uns auch hier viele Überzeugungen, die eher »mythisch« sind und nicht als wissenschaftliche Erkenntnisse zu bezeichnen sind. Auf der Seite empirisch geprüften Wissens begegnen uns Verweise auf die Auswirkung der Berufstätigkeit der Mütter auf die familialen Entwicklungsbedingungen und damit auf die Entwicklung der Kinder (Großmann 1998), die Ausbildung beruflicher Identität, beruflicher Interessen im Übergang von der Schule zur Arbeitswelt (etwa Reitzle, Vondracek & Silbereisen 1998); wir gewinnen Erkenntnisse über berufliche Sozialisation (etwa Semmer & Udris 1993), erfahren von Problemen im Übergang von der Berufstätigkeit zum Ruhestand (Saup & Mayring 1995) u. a. m. Einen Eindruck von den Faktoren und Dimensionen des Entwicklungsgeschehens unter dem Einfluß von Arbeitslosigkeit bietet Abbildung 5.6 (vgl. Silbereisen & Walper 1989).

Demnach sind Arbeitslosigkeit und andere Belastungen, genauso wie die verfügbaren finanziellen Mittel und sozialen Unterstützungspotentiale, eng mit der familialen Entwicklungsgeschichte verwoben. Wichtig ist nun, wie die Familienmitglieder einzeln und

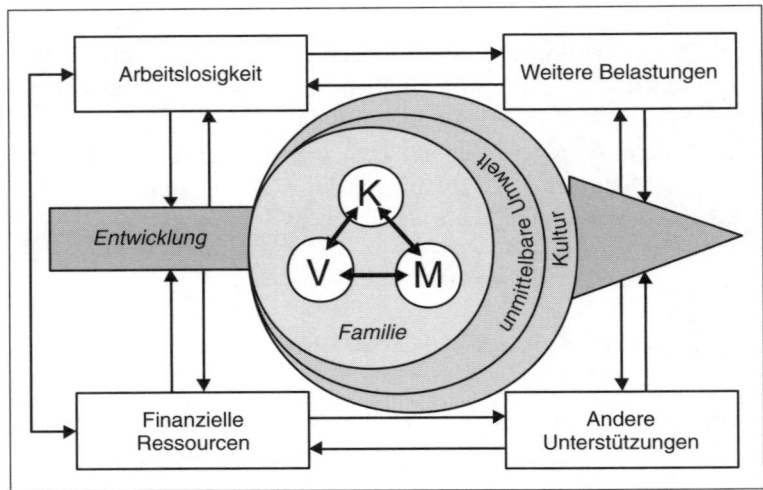

Abbildung 5.6: Arbeitslosigkeit und Familienentwicklung

gemeinsam Belastungen und Unterstützungspotentiale bewerten und inwieweit es gelingt, Entwicklungsperspektiven zu formulieren. Damit ist die *Wahrnehmung* von Bedrohungen und schützenden Faktoren angesprochen. Die Bewertung von Erschwernissen und Unterstützungen hängt ganz wesentlich von den soziokulturellen Begebenheiten ab. Dazu gehören in der Gesellschaft vorherrschende Wertungspräferenzen (Arbeitslosigkeit als individuelles Schicksal, »Jeder ist seines Glückes Schmied«), genauso wie historische Entwicklungen. So legt die Einbettung des individuellen Schicksals der Arbeitslosigkeit eine andere Wertung nahe, wenn sie in Zeiten hoher Arbeitslosigkeit wie in den 20er Jahren des vergangenen Jahrhunderts eintritt.

»One of the consequences of living in the industrialised world at the end of the 20th century is that for many individuals the meaning of work has moved well beyond its original focus of providing for the basic human needs of food and shelter. Today, individuals can choose the type of work they pursue, the relative priority they give to work as opposed to other activities, and the conditions of work. The type of work that individuals choose orients and controls their behaviors well beyond the work setting. It influences the goals they set for themselves and the rewards they hope to gain by achieving them ...« (Vondracek 1998). Entsprechend lassen sich bei unterschiedlichen Fragestellungen relativ stringent Zusammenhänge zwischen Faktoren der beruflichen Tätigkeit und dem individuellen wie familialen Entwicklungsgeschehen nachweisen.

5.4.1 Überforderung als Entwicklungsbelastung

Arbeit kann Quelle großer Entwicklungsgewinne sein. Sie kann aber auch für Belastungen stehen, die zu einer insgesamt negativen Entwicklungsbilanz führen. Wir werden uns nun exemplarisch mit den Auswirkungen permanenter Überforderung z. B. in sozialen Berufen beschäftigen.

In unterschiedlichen Arbeiten hat sich Fengler (etwa 1992) mit Fragen des Belastungserlebens und Kontrollverlusts in sozialen Berufen beschäftigt. In seinen Arbeiten unterscheidet er *berufliche Deformation* und *Burnout*. *Berufliche Deformation* umfaßt alle Schädigungen, Verformungen und Fehlentwicklungen im Erleben, Verhalten und Denken, die während der Berufstätigkeit und durch die Berufstätigkeit bedingt auftreten. *Burnout* meint einen schleichend beginnenden oder abrupt einsetzenden Erschöpfungszustand körperlicher, geistiger oder gefühlsmäßiger Art in Beruf, Freundeskreis, Familie, Partnerschaft, oft verbunden mit Aversion, Ekel und Fluchtgedanken.

Fengler (1992) nennt Dauerbelastung, Überidentifikation, Wahrnehmungsselektion, blinde Flecken, Interessenverarmung, gedankliche Dürre, erstarrten Gestus und abrufbare Gefühle als charakteristische seelische Vorgänge. Die Verstärkungstheorie der beruflichen Deformation, die Selektionstheorie, die soziale Wahrnehmungstheorie, die soziale Lerntheorie, die Sozialisationstheorie, die Persönlichkeitstheorie und die Belastungstheorie liefern Erklärungsansätze.

Als Indikatoren für Burnout gelten Absentismus, Arbeitsunzufriedenheit, psychosomatische Störungen und depressives Verhalten. Alkoholkonsum, Krankheiten, Verlusterlebnisse und Einsamkeit können den Burnout-Prozeß verstärken. Soziale Unterstützung gilt als wesentliche Hilfe in der Prävention und Korrektur von Burnout-Prozessen. Sie wird als Botschaft verstanden, die das Gefühl, beachtet und geliebt, geschätzt und als wertvoll erachtet zu werden und an einem Netzwerk von Kommunikation und gegenseitiger Verpflichtung teilzuhaben, vermittelt (vgl. Fengler 1992). Soziale Unterstützung steht für emotionale Unterstützung, Unterstützung beim Lösen von Problemen, praktische und materielle Unterstützung, soziale Integration und Beziehungssicherheit. In aller Regel soll diese Unterstützung von den Kolleginnen und Kollegen im Team bereitgestellt werden. An Mitarbeiterinnen, Mitarbeiter und an Teams werden damit hohe Erwartungen gestellt. Teams sollen informieren, emotional unterstützen, entlasten, motivieren, sie sollen qualifizieren und optimieren (Mullins et al. 1994, Vinokur-Kaplan 1995). Sie sollen, kurz gesagt, nicht nur einen Entwicklungsschutz, sondern auch einen Entwicklungsgewinn bieten. Anscheinend wird Teams mehr und mehr die gleiche Bedeutung zuerkannt, die den Primärgruppen Partnerschaft und Familie zukommt (vgl. Steinebach 1995a, 1997b, 1999).

5.4.2 Entwicklungsbezogene Supervision

Entwicklung und Erhalt einer persönlichen Identität verlangt einen aktiven Gestaltungsprozeß, um die Kontinuität und Veränderung des Lebenslaufes in das Selbstbild zu integrieren. Dabei zeigen organisationspsychologische Untersuchungen, daß berufliche Identität mit den Gruppenprozessen am Arbeitsplatz verwoben ist. Dies gilt gerade für Mitarbeiterinnen und Mitarbeiter interdisziplinärer Teams (vgl. Nightingale & Scott 1994). »Unter Identität versteht man die subjektive Verarbeitung biographischer Kontinuität/Diskontinuität und ökologischer Konsistenz/Inkonsistenz durch eine Person in bezug auf Selbstansprüche und soziale Anforderungen« (Hausser 1989, S. 279). Wer Identität entwickeln möchte, muß nicht nur das Stabile in seinem Leben sehen und berücksichtigen, sondern auch die Veränderungen, nicht nur die eigene Perspektive, sondern auch die Sichtweisen der anderen. Daraus resultieren unterschiedliche persönliche Identitäten. Und zugleich ändert sich die Wahrnehmung der Personen in unterschiedlichen Settings stetig. Der Mythos der positiven stabilen Identität ist also kaum tragbar. Stabile berufliche Identität ist weder möglich noch erstrebenswert. Identität ist einem stetigen Wandel unterzogen, und ob der Aufbau von Identität gelingt oder mißlingt, hängt nicht nur von persönlichen Kompetenzen, sondern auch von Merkmalen der jeweils als wichtig erachteten Gruppen ab (vgl. den Begriff der »kontextuierten Identität« bei Willke 1995).

Aus entwicklungspsychologischer Sicht sind zwei Positionen hervorzuheben: (1) Entwicklung, und eben auch Identitätsentwicklung, ist ein vom Menschen gestalteter Prozeß (Oerter 1998b), der auf ein positives Selbstkonzept, Selbstwertgefühl und die angemessene Ausprägung internaler und externaler Kontrollüberzeugungen zielt (Hausser 1989, Krampen 1987a). (2) Menschen nehmen Einfluß auf die Entwicklung der sich mit ihnen entwickelnden Partner, indem sie etwa die Umwelt hinsichtlich ihrer möglichen Beiträge zu einer positiven Entwicklung bewerten oder indem sie Entwicklungsziele und -mittel abwägen und umsetzen (Brandtstädter et al. 1990). Für diese beiden Grundpositionen gibt es unterschiedliche empirische Belege und Hinweise. Wenn wir für die Befunde aus diesen sehr unterschiedlichen Bereichen den kleinsten gemeinsamen Nenner suchen, so läßt sich sagen: Entwicklung in Partnerschaften, Gruppen und Organisationen verläuft dort positiv, wo in den bestehenden sozialen Beziehungen gerade in Belastungssituationen ein hohes Maß an Unterstützung bereitgestellt wird, wo Verantwortung angemessen, d. h. aus der Sicht der Beteiligten gerecht, aufgeteilt ist und wo die bestehenden Absprachen unter den jeweiligen aktuellen Bedingungen revidiert werden können. Kurz: *Kohäsion, persönliche Verantwortung* und *Flexibilität* scheinen für eine optimale Entwicklung in Gruppen von besonderer Bedeutung zu sein (Tabelle 25).

Unter zunehmendem ökonomischem und sozialem Druck erleben sich die Mitarbeiterinnen und Mitarbeiter immer häufiger in einem Konflikt zwischen Belangen der Organisation, des eigenen Teams und den eigenen Interessen. Dies dokumentieren sowohl psychologische Arbeiten zur Supervision für helfende Berufe (Watkins 1995, Fengler 1999) als auch organisationspsychologische Analysen (Yank et al. 1994). Mit Blick auf die Organisation gilt es, den Konflikt zwischen zunehmender Ökonomisierung und der ursprünglichen Philosophie professioneller Hilfe zu lösen. Auch wenn das Dilemma nicht aufzulösen wäre, mag es für einzelne Mitarbeiterinnen und Mitarbeiter erträglich scheinen, solange das Team Unterstützung bereitstellt oder keine weiteren persönlichen Belastungen hinzukommen. Dennoch ist es wichtig zu fragen, was denn Konflikte zwischen Organisation und Team, zwischen Organisation und Individuum oder Team und Individuum erträglich macht. Welchen Beitrag kann ein Team leisten, um individuelle Konflikte aufzulösen? Welche Teammerk-

Tabelle 25: Kohäsion und Hierarchie als Entwicklungsbedingungen (vgl. Steinebach 1997b, 1997c, 1999, in press)

STRUKTUR-ASPEKTE	ENTWICKLUNG			
	INDIVIDUUM	FAMILIE	TEAM	ORGANISATION
KOHÄSION, NÄHE, DISTANZ	Selbstdefinition und Identität	Bindung und Autonomie im Lebenslauf	Formelle vs. informelle Gruppen, Subsysteme	Selbständigkeit und Eigenaktivität
HIERARCHIE, MACHT, EINFLUSSNAHME	Subjektive Freiräume und Selbstverpflichtung	Selbständigkeit und Gehorsam	Situationsabhängiger Führungsstil, Partizipation	Informationsfluß, Leitungsspanne
STEHEN AUSSERDEM IN ZUSAMMENHANG MIT ...	Individuelle Bedürfnisse, Gruppenleistung	Verhaltens- und Entwicklungsstörungen, psychosomatische Störungsbilder	Intergruppenkonflikte, Vorurteile	Arbeitszufriedenheit, Gruppengröße

male sind für das einzelne Teammitglied ein Gewinn und für die Organisation eine Hilfe? Geht es um Organisation, Gruppe und Individuum, so scheinen Kohäsion (Kohärenz, Zusammenhalt vs. Distanz) und Macht (Einflußnahme, Führung u. a. m. vs. Partnerschaftlichkeit, Eigenverantwortung) als Merkmale der Gruppe von besonderer Bedeutung zu sein (McGrath et al. 1996, vgl. etwa French & Bell 1994, zusammenfassend Steinebach 1997b, 1999). Kohäsion beruht auf einer offenen vertrauensvollen Kommunikation, aber auch auf interpersonaler Attraktivität. Gerade in informellen Gruppen sind diese Merkmale am ehesten vertreten. Hier entsteht ein positives Arbeitsklima, das höhere Arbeitsleistungen zur Folge hat (Yoon et al. 1994). Die Gruppe muß aber auch genügend Raum lassen, so daß Eigenverantwortung und individuelle Kreativität ihren Platz haben. Hier zeigt sich, daß Kohäsion durchaus zwiespältig zu sehen ist. Gleiches gilt für die Leitung. Ein Zuviel an Leitung hat negative Auswirkungen auf die Motivation und Kooperation der Mitarbeiterinnen und Mitarbeiter, ein Zuwenig an Leitung läßt meist die Zuständigkeiten ungeklärt und führt damit zu Verwirrungen und unnötigem Energieverschleiß (vgl. etwa Fodor & Riordan 1995).

Wenn wir die Zusammenhänge zwischen Arbeit und Entwicklung verstehen wollen, wenn wir insbesondere Fragen nach Teammerkmalen und der individuellen Entwicklung nachgehen wollen, so ist in folgenden zwei Punkten eine Berücksichtigung von Theorien und Befunden der kognitven Sozialpsychologie unverzichtbar: (1) Welche Bedeutung hat die Gruppe für die Identitätsentwicklung? (2) Welche Gruppenmerkmale sind für die Entwicklung der eigenen Identität förderlich oder auch hinderlich?

Es gilt jedoch einige Besonderheiten zu beachten: (1) Jeder hat im Spannungsfeld zwischen Ich und Gruppe eine eigene Sicht. (2) Diese subjektive Sicht ist verzerrt, insbesondere, wenn es um die Abschätzung von Leistungen geht. (3) Die subjektive Einschätzung von Identität, Gruppe und Leistung beeinflußt das weitere Engagement des einzelnen in der Gruppe. Wir kommen also nicht umhin, der Wahrnehmung des Individuums besondere Beachtung zu schenken. So unterscheiden wir im Zuge einer »sozialen Kategorisierung« (Tajfel 1981) zwischen Eigen- und Fremdgruppe und leiten aus der Zugehörigkeit zur Eigengruppe unsere soziale Identität ab. Zwischen Eigen- und Fremdgruppe finden nun immer wieder soziale Vergleiche statt mit dem Ziel, »selbst besser dazustehen« (Brewer 1996). Dies führt zu einer in vielen Untersuchungen belegten Tendenz, die Fremdgruppe zu diskriminieren (etwa Pettigrew 1997). Soziale Kategorisierung und Abwertung der Fremdgruppe finden auch dort statt, wo das Team über »die Verwaltung« oder »die Niedergelassenen« herzieht. Mit Schiffmann (1993) können wir davon ausgehen, daß Menschen als Mitglieder einer Gruppe sich einmal eher identitätsbezogenen, einmal eher gruppenbezogenen Zielen widmen. Geht es um einen Gruppenerfolg, so hat die Person dann einen Identitätsgewinn, wenn sie den Eindruck hat, daß ihr Beitrag entscheidend war, und sie zugleich mit ihrer Tätigkeit eine Selbstdefinition, ein wichtiges Entwicklungsziel verbindet. Wie Schiffmann weiter zeigt, ist ein solcher Identitätsgewinn insbesondere in Gruppen mit geringerem Zusammenhalt möglich, weil sonst ja auch die anderen an dem Erfolg beteiligt wären.

Ziele der persönlichen Entwicklung und Gruppenziele können untereinander in Konflikt stehen. So wäre mit Blick auf die Theorie der symbolischen Selbstergänzung (Wicklund & Gollwitzer 1985, Gollwitzer 1993) denkbar, daß wir gerade eine selbstsymbolisierende

Handlung begehen und genau deswegen die Befindlichkeit der übrigen Gruppenmitglieder übergehen. Bei selbstsymbolisierenden Handlungen versuchen Menschen, so diese Theorie (vgl. Wicklund & Gollwitzer 1985), den Mangel an Erfolgen in einem subjektiv wichtigen Zielbereich durch die Zurschaustellung alternativer Symbole der Zielerreichung zu kompensieren. Solch ein Mangel besteht bei den üblicherweise hochgesteckten Persönlichkeitsidealen und Entwicklungszielen recht häufig. Ob, wie und welche Ziele angestrebt werden, hängt jedoch sicher auch von der sozialen Umwelt der einzelnen Person ab.

Die Annahme, daß Kohäsion und Macht nicht nur für das Familiensystem zentrale Systemmerkmale sind, scheint plausibel. Plausibilität darf aber nicht empirische Forschung ersetzen. Daher sind weitere Untersuchungen notwendig. So wird grundsätzlich zu klären sein, welche sekundären Merkmale von Kohäsion (im Sinne von Cota et al. 1995) und Macht für die unterschiedlichen Systeme und Subsysteme von Bedeutung sind. Des weiteren müssen vor allem die Veränderungen von Kohäsion und Macht über den Supervisionsprozeß auf den verschiedenen Systemebenen erforscht werden. Über die unterschiedlichen Problemlagen und denkbare Interventionen gibt Tabelle 26 einen Überblick.

Für den Verlauf dieser Veränderungsprozesse sind die Zusammenhänge zwischen den verschiedenen Systemebenen von Bedeutung. Hier bedarf es weitreichender Analysen im Längsschnitt. Bei alledem ist es sicher notwendig, auf die Kulturrelativität von Theorie und Empirie in diesem Anwendungsfeld hinzuweisen. Nicht nur familiale Systemmerkmale variieren in den verschiedenen Kulturen. Auch in Arbeits-, Supervisions- oder Teamgruppen sind Kohäsion und Hierarchie in den jeweiligen Kulturen unterschiedlich ausgeprägt und werden verschieden bewertet (Triandis 1996). An dieser Stelle berühren sich Fragen nach der individuellen Repräsentation subjektiv wichtiger Systeme und der kollektiven Repräsentation sozialer Gruppenstrukturen (Moscovici 1990) und damit Fragen der persönlichen Entwicklung mit Aspekten der Team- und Organisationsentwicklung.

Tabelle 26: Veränderung von Kohärenz und Leitung durch identitäts- und teambezogene Maßnahmen auf verschiedenen Ebenen (vgl. Steinebach in press). (+) = Zunahme, (–) = Abnahme

KONFLIKTART	PROBLEM-BEREICH	ZIEL	METHODE	WIRKUNGEN
Individuum vs. Gruppe	Persönliche Interessen und Belange der Gruppe gelten als unüberbrückbar.	Erkennen möglicher gemeinsamer Ziele und Interessen.	Sammeln, Bewerten von Zielen und Mitteln; Planung gemeinsamer Aktivitäten.	Kohäsion (+); beziehungsbezogene Leitung.
	Mitarbeiter fühlen sich nicht dem Team zugehörig.	Passung zwischen Bezugs- und Mitgliedsgruppe.	Selbsterfahrungsbezogene Teamsupervision; Reflexion individueller Wünsche, Kommunikationstraining.	Transparenz der Kohäsion (+); Klärung von Erwartungen an Leitung; Hierarchie (–).
Eigen- vs. Fremdgruppe	Eigengruppe wird als über die Maßen homogen wahrgenommen.	Differenziertere Wahrnehmung der Eigengruppe.	Darstellung der Berufsgruppen im Team, spezifische Fortbildungen.	Spezialisierung verlangt Zusammenarbeit; Kohäsion zunächst (–), dann (+).
	Fremdgruppe wird als äußerst homogen wahrgenommen.	Differenziertere Wahrnehmung der Mitglieder der Fremdgruppe.	Fallbezogene Zusammenarbeit; gruppenübergreifende Gremien, Supervision und Fortbildung.	Kohäsion (+), jedoch nicht auf Kosten der Fremdgruppe.
Individuum vs. Team vs. Organisation	Ungerechte Kausalattributionen zwischen den Gruppen.	Differenzierte Wahrnehmung der Situation und der Handlungsaspekte.	Gemeinsame Team- und Fallbesprechungen.	Differenziertere Wahrnehmung eigenen und fremden Handelns; Kohäsion und Hierarchie zunächst (–).
	Identitäts- und Zielkonflikte zwischen Individuum, Team und Organisation.	Passung zwischen individuellen Zielen, Teamnormen und Organisationskultur; Klima der Toleranz.	Informationen über organisationale Bedingungen; wechselseitige Hospitationen; Projektgruppen; Gestaltung der Organisationskultur.	Transparenz bei Kohäsion und Hierarchie (+); Verminderung der Möglichkeiten, Konflikte zu verlagern.

⊞ Steinebach, Ch. (1999). Systemdiagnostik und Systemberatung in der Rehabilitation. In: Viquerat, H. (Hrsg.): Psychotherapie mit Kindern und Jugendlichen. Bonn: DPV, S. 92–125

⅄ Hofstede, G. (1989). Sozialisation am Arbeitsplatz aus kulturvergleichender Sicht. In: Trommsdorff, G. (Hrsg.): Sozialisation im Kulturvergleich. Stuttgart: Enke, S. 156–173

5.5 Migration und Entwicklungsförderung

Kulturelle Bedingungen sind wichtige Einflußgrößen für die Entwicklung des einzelnen Menschen. Die Kultur repräsentiert die in der Gesellschaft gültigen Entwicklungsforderungen, -erwartungen, aber auch Unterstützungsmöglichkeiten und Gestaltungshilfen. Kultur umfaßt alle für die Gesellschaft wichtigen »erfahrungsbedingten Deutungsmuster, auf deren Grundlage einzelne Mitglieder wie soziale Institutionen dieser Gruppe handeln, d. h. Ziele setzen und Schritte zur Realisierung dieser Ziele planen und durchführen« (Trommsdorff 1987, S. 25). Kinder wachsen in Gesellschaften und Gruppen hinein. Diese stellen den Kindern Aufgaben, geben Hilfen und vermitteln so wichtige Erfahrungen. Dabei dienen die von der Kultur bereitgestellten Deutungssysteme der Verarbeitung dieser Erfahrungen. Vor diesem Hintergrund lassen sich verschiedene Fragen formulieren:

(1) Welche Unterschiede bestehen zwischen Kulturen? Inwiefern sind diese Unterschiede wichtig für die Entwicklung?

(2) Welche Konsequenzen haben Erkenntnisse über Unterschiede zwischen Kulturen für die Entwicklungshilfe? Inwiefern sind Maßnahmen z. B. der Entwicklungsrehabilitation auf fremde Kulturen hin abzustimmen? Sind Methoden der Entwicklungsförderung »exportierbar«?

(3) Welche Bedeutung haben Wechsel in fremde Kulturen? Welche Entwicklungsprozesse sind für Migranten oder für Personen, die sich für längere Zeit im Ausland aufhalten, charakteristisch?

Mitglieder unterschiedlicher Kulturen nutzen im Umgang mit sozialen Belangen allgemein, aber auch im Umgang mit Entwicklungsproblemen, »unterschiedliche Kategorien und Denkmuster, die mit bestimmten Emotionen verbunden sind und handlungswirksam werden können« (Trommsdorff 1993a, S. 3).

In den vorangehenden Kapiteln wurden Fragen angesprochen, die die Besonderheiten in der Entwicklung von Menschen unter dem Einfluß unterschiedlicher Lebensereignisse und Erfahrungen betreffen. Dabei blieb jedoch die Frage nach der Bedeutung gesellschaftlicher Bedingungen und spezifischer kultureller Erfahrungen für die Entwicklung offen. Hier wollen wir nun nach besonderen kulturellen Aspekten der Entwicklung chronisch kranker Kinder, nach der spezifischen Situation von Menschen mit Behinderungen in unterschiedlichen Kulturen oder nach spezifischen Problemen des »In-der-Fremde-Lebens« fragen. Sicher sind voreilige Generalisierungen von den Beobachtungen in Westeuropa auf die menschliche Entwicklung in anderen Kulturen unzulässig. So wird das grundlegende Problem des Verhältnisses von Kultur und Entwicklung deutlich.

5.5.1 Entwicklungrelevante Unterschiede zwischen den Kulturen

Warum ist Kultur wichtig? Als behindert gelten Menschen, die in ihrer Motorik, in der Wahrnehmung, in der Kommunikation und/oder im Sozialverhalten so weit beeinträchtigt sind, daß ihre Teilnahme am Leben der Gesellschaft erschwert ist oder eine solche Erschwernis droht (Deutscher Bildungsrat 1973). Behinderung ist also immer relativ zu sehen, relativ zur Umwelt mit ihren spezifischen Erschwernissen oder Ressourcen, die eine Integration ermöglichen oder verhindern. Entwicklung, gleich ob erwartungsgemäß oder abweichend, vollzieht sich in einem engen Wechselspiel zwischen Individuum und Umwelt (vgl. etwa Bronfenbrenner 1981, 1989, 1990). Dabei spielt nicht nur die unmittelbare soziale Umwelt eine Rolle, sondern auch der weitere soziale Rahmen: gesellschaftliche Aspekte wie Normen, Werte im Sinne von Entwicklungsaufgaben, aber auch Einstellungen und Vorurteile. Annahmen über Normalität und Einstellungen gegenüber Behinderung wirken von der Umweltseite her in einem wechselseitigen Interaktionsprozeß und schränken über Zuschreibungen den Erlebens- und Handlungsspielraum eines Menschen mit Behinderung ein (vgl. Bundschuh 1992). Wenn es also um Unterschiede zwischen Kulturen geht, kommt Einstellungen besondere Bedeutung zu. Einstellungen als Deutungsmuster beeinflussen, welche Informationen bezüglich einer Person aufgenommen werden, prägen die Besonderheiten der Situation, in der die Person beobachtet wurde, und schließlich die Kennzeichnung und Bewertung des Gesamteindrucks im Sinne einer Behinderung (Trommsdorff 1987, vgl. Abbildung 5.7).

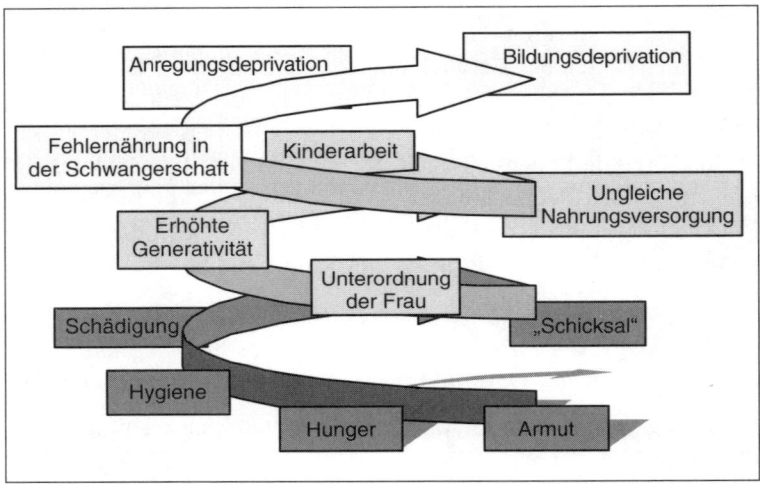

Abbildung 5.7: Armut, Kultur und frühe Entwicklung

Was ist wichtig an »Kultur«? Was sind das für kulturspezifische Deutungsmuster? Wo lassen sich systematische Unterschiede nachweisen? Hofstede (1989) unterscheidet aufgrund umfassender empirischer Analysen vier Dimensionen: Machtdistanz, Individualismus, Maskulinität und Toleranz gegenüber Ambiguität. Dabei ist die Berücksichtigung der Ausprägung von Kollektivismus bzw. Individualismus (Gruppen- vs. Individualorientierung) einer Kultur gerade für Fragen der Entwicklung und Sozialisation von besonderer Bedeutung (Trommsdorff 1989; Tabelle 27).

Entsprechend konnten kulturabhängige Unterschiede beim Bindungsverhalten (vgl. Kornadt & Husarek 1989) oder auch in familiären Beziehungen (Trommsdorff 1991) nachgewiesen werden. Wie Trommsdorff (1989) berichtet, beschreiben japanische Jugendliche ihre Beziehungen zu den Eltern, zu Gleichaltrigen und die Kontakte am Arbeitsplatz im Vergleich zu deutschen Jugendlichen eher als harmonisch. Deutsche Mütter zeigen eher als japanische Mütter Erziehungsverhalten, das primärer Kontrolle entspricht. Sie betonen auch stärker die eigenen Interessen und berichten mit Blick auf ihr Kind eher über negative Emotionen als japanische Mütter. Darüber hinaus können wir davon ausgehen, daß in Japan – als Beispiel einer kollektivistisch ausgerichteten Kultur – Freundschaften und insbesondere gemischtgeschlechtliche Beziehungen als weniger »intim gelten« (Trommsdorff 1991). Emotionale Beziehungen sind dort eher auch formale Beziehungen. Beziehungen am Arbeitsplatz werden als sehr wichtig angesehen. Obwohl diese Beziehungen kaum frei gewählt sind, gelten sie als lebenslange Verbindungen. Emotionen der Geborgenheit und der Selbstverpflichtung bestehen eher gegenüber Gruppen als gegenüber individuellen Partnern (vgl. ausführlicher Trommsdorff 1991).

Tabelle 27: Unterschiede zwischen kollektivistischen und individualistischen Kulturen nach Hofstede (1989) und Thomas (1993)

BEREICH	KOLLEKTIVISTISCHE KULTUREN	INDIVIDUALISTISCHE KULTUREN
Familie	Erziehung zur Gemeinschaft (»Wir-Gefühl«); Meinungen und persönliche Identität werden über die Gruppe definiert; Verpflichtung zu Harmonie, Respekt, Scham.	Erziehung zu Selbstbewußtsein; es wird eine eigene Meinung erwartet; Betonung einer Verpflichtung gegenüber sich selbst (Selbstverwirklichung).
Schule	Primär für die Kindheit wird Aufgabe zu lernen betont.	Andauernde Erziehung und lebenslanges Lernen (lernen, wie man lernt); Freundschaften nur zu Einzelpersonen; Konkurrenz gilt als förderlich.
Arbeitsplatz	Wertmaßstäbe für die Gruppe und Außenstehende sind nicht gleich; Akzeptanz von Hierarchieunterschieden.	Gleiche Wertmaßstäbe für alle; Konflikte werden offen angesprochen; Hierarchie löst Skepsis aus.
Leistung	Konkurrenz innerhalb der Gruppe ist verpönt (Hingabe, Gehorsam, Konformität); Beziehung dominiert Aufgabe (»moralisches Modell«).	Aufgabe dominiert Beziehung (»kalkulatives Modell«); Sympathie und Zieldienlichkeit entscheiden über Beziehungen, Reaktanz bei Gruppendruck.

211

Für die Frühförderung scheinen Deutungsmuster über Möglichkeiten der Beeinflussung von Behinderung und Entwicklung wichtig zu sein. Wie denken die Mitglieder einer Kultur über die Ursachen und Beeinflußbarkeit von Entwicklungsstörungen und Verhaltensproblemen? Welche Verhaltensweisen werden als Kontrollbemühungen im Umgang mit diesen Problemen bevorzugt, und wie werden sie begründet? *Welche Rolle spielen Kontrollorientierungen?* Kontrollorientierungen sind direkt mehrfach von Bedeutung. Wir wissen, daß sich kollektivistische und individualistische Kulturen gerade in ihrer Ausprägung von primärer und sekundärer Kontrolle (Rothbaum et al. 1982, Weisz et al. 1984) unterscheiden. Zum anderen gehören diese Orientierungen selbst zu den wesentlichen motivationalen Unterschieden zwischen Menschen mit und ohne geistige Behinderung (vgl. Zigler 1973, Wendeler 1993). Es wäre also sinnvoll, diesen Aspekten im interkulturellen Dialog besondere Beachtung zu schenken (siehe Tabelle 28).

Planungen über einen »Technologieaustausch« wären leichter, wüßten wir mehr über die Ausprägung der hier beschriebenen Kontrollorientierungen allgemein und bezogen auf Behinderungen und andere Probleme im jeweiligen Nehmerland: Gelten Behinderungen als unabwendbares Schicksal, oder werden sie als Herausforderungen für planvolles und gezieltes fachliches Handeln gesehen? Sind Entwicklungsstörungen besondere Notlagen, oder wird anderen Problemen mehr Beachtung geschenkt? Wer Fördermethoden unreflektiert exportiert, exportiert auch Normen und Werte. Vielleicht gäbe es aber wichtigere Probleme, die in den Angeboten ja berücksichtigt werden könnten? Aus der Sicht des Nehmerlandes sind »multi problem families« eher die Regel als die Ausnahme, Randgruppen sind weniger »Drogenabhängige«, sondern Minderheiten von Volksgruppen. Wäre also z. B. eine gemeinwesenorientierte Sozialarbeit wichtiger als eine hoch spezialisierte Frühförderung?

Durch eine Berücksichtigung dominierender primärer bzw. sekundärer Kontrollorientierungen in individual- bzw. sozialorientierten Kulturen lassen sich Handlungsmöglichkeiten zum Aufbau von Maßnahmen zur Entwicklungsrehabilitation in der Dritten Welt bewerten. So können Handlungsempfehlungen gegeben werden, die differenzierter sind, als dies unter der bestehenden Praxis der Fall ist, die den kulturellen Kontext des Geber- und Nehmerlandes vernachlässigt.

Tabelle 28: Kulturelle Unterschiede in Kontrollorientierungen

(Schattierte Flächen = Einstellungen und Angebote in sozialorientierten Kulturen der Dritten Welt, hier Indien)

ART DER KONTROLLE		BESCHREIBUNG	ORIENTIERUNGEN BEHINDERTER MENSCHEN	MERKMALE INDIVIDUAL- VS. SOZIALORIENTIERTER KULTUREN	MASSNAHMEN UND ANGEBOTE IN DEN KULTUREN
Vorhersagend	Primär	Versuch der Vorhersage, um das Ereignis zu bewältigen. Anstrengung bei angemessenen Anforderungen.		Behinderungen als persönlich zu veränderndes Schicksal. Aufforderung zu Kooperation bei Förderung.	Vorsorgeuntersuchungen, Beratungs- und Förderangebote.
	Sekundär	Versuch der Vorhersage, um Enttäuschungen zu vermeiden. Passivität bei moderaten Anforderungen.	Gerade bei moderaten Anforderungen Passivität. Negative Selbsteinschätzung.	Diagnosen verweisen nicht auf Fördermöglichkeiten.	Diagnostische Informationen ohne Hinweise auf therapeutische Hilfen.
Illusionär	Primär	Versuch, das Glück zu beeinflussen. Positive Selbstzuschreibungen.		Individuelle Einflussnahme, begleitet von überzogenen Erwartungen.	Hohe Erwartungen an das Gelingen von Prävention und Intervention.
	Sekundär	Meiden von Aufgaben; Erfolge werden Glück zugeschrieben.	Glück wird nicht herausgefordert. Skepsis.	Skepsis gegenüber Förderangeboten.	Orientierung auf traditionelle Hilfen der eigenen Kultur.
Stellvertretend	Primär	Versuch der Einflußnahme auf einflußreiche Personen.		Politisierung der Behindertenarbeit.	Möglichkeiten des Engagements in Selbsthilfeorganisationen.
	Sekundär	Versuch, sich mit einflußreichen Personen durch Unterwürfigkeit zu verbünden.	Unterwürfigkeit als soziales Merkmal. Subjektive Abhängigkeit.	Institutionalisierung Behinderter. »Schutz der Behinderten« vor Gesellschaft.	Schaffung von Großeinrichtungen. Lebenslange Betreuung in Institutionen.
Interpretativ	Primär	Probleme verstehen, um sie besser bewältigen zu können.		Information zu Ätiologie und Verlauf von Behinderungen.	Beratungsstellen, Schulen und Kliniken als Anlaufstellen.
	Sekundär	Problemen Sinn geben, um sie besser akzeptieren zu können.	Mißtrauen bzgl. Einfluß. Gleichgültigkeit bzgl. Sinnfragen.	Irrationale Sinndeutungen.	Religiöse Rituale zur Unterstützung irrationaler Sinndeutungen.

5.5.2 Rehabilitation und Entwicklungshilfe in Indien

In Abgrenzung zur Bildungspolitik in Zeiten des Kolonialismus und beeinflußt durch kulturrelativistische Positionen (Trommsdorff 1987) werden inzwischen nicht-direktive Formen pädagogisch-psychologischer Entwicklungshilfeberatung propagiert (etwa Schreck & Steinebach 1999). Jedoch bestehen auch hier Probleme: (1) Stipendien und Hospitationen sollen den Verantwortlichen des jeweiligen Nehmerlandes eigenständige Entscheidungen auf der Grundlage unselektierter Informationen ermöglichen. Dies setzt jedoch die Hospitanden unter einen erheblichen »acculturative stress« (Berry 1988), dessen Bewältigung sowohl Anreiz zu transkultureller Migration (»brain drain«) als auch Grundlage für unrealistische Erwartungen über Ziele und Mittel von Förderung sein kann (Wilken & Wilken 1987). (2) Es werden nach dem Modell westlicher Einrichtungen Großprojekte im Nehmerland aufgebaut, die die Bedürfnisse der behinderten Menschen vor Ort übergehen. Eine projektbezogene transkulturelle Beratung läßt sich aufgrund kultureller Unterschiede nicht als einfaches Technologie-Transfer-Problem verstehen (van Quekelberghe 1990).

Kulturelle Merkmale sind beim Aufbau von Förderangeboten für behinderte Menschen besonders zu berücksichtigen. So spielen kulturelle Wertorientierungen bei der Wahrnehmung von Behinderungen eine größere Rolle als professionelle Ausbildungen in diesem Bereich (Trommsdorff 1987). Spezifische Merkmale behinderter Menschen werden je nach Kulturzugehörigkeit des Beobachters unterschiedlich gewichtet oder nicht als Behinderung wahrgenommen (Trommsdorff 1987). Kulturelle Wertorientierungen beeinflussen außerdem den Prozeß der Genese von Behinderungen, indem sie die Auswirkungen ökonomischer und biologischer Faktoren verstärken (siehe Abbildung 5.7, S. 210). Dies macht es auch notwendig, den Gegenstand der Überlegungen zu spezifizieren. So sollen im folgenden Rehabilitationsmaßnahmen für mehrfach behinderte Menschen in Indien diskutiert werden.

Eine Zusammenstellung ökonomischer, biologischer und sozialer Faktoren läßt offen, welche kulturpsychologischen Aspekte für die Bewertung möglicher Hilfsangebote von Bedeutung sind. Unter der Annahme, daß dominierende Kontrollorientierungen hier zu berücksichtigen sind, ist nachzuweisen, daß (1) das Konzept primärer vs. sekundärer Kontrolle wesentliche Erkenntnisse über die Sozialisation behinderter Menschen ermöglicht, daß (2) sich Kulturen in der Ausprägung primärer und sekundärer Kontrolle unterscheiden und daß schließlich (3) unter Berücksichtigung dieser Konzepte für Indien andere Rehabilitationsmaßnahmen als die in Westeuropa gängigen zu fordern sind:

(1) Kontrollorientierungen und Sozialisation bei behinderten Menschen. Im Rahmen entwicklungspsychologischer Studien erweisen sich die Konzepte primärer vs. sekundärer Kontrolle (Rothbaum, Weisz & Snyder 1982) als Variablen, die die individuellen Unterschiede in der Auseinandersetzung mit Leistungsanforderungen, Entwicklungsaufgaben, Krisen und kritischen Lebensereignissen verständlich werden lassen. Verschiedene Arbeiten konnten zeigen, daß Unterschiede zwischen Menschen mit und ohne Behinderung in der Leistungsmotivation und im Sozialverhalten Differenzen zwischen sekundärer bzw. primärer Kontrollorientierung entsprechen. Art und Grad der individuellen Kontrollorientierungen werden mit spezifischen Sozialisationserfahrungen in Zusammenhang gebracht (siehe »outer directed cluster« bei Menschen mit Behinderungen, Zigler 1973, Weisz 1999, Hodapp & Fidler 1999).

(2) Kontrolle als Kulturmerkmal. Darüber hinaus zeigt sich, daß primäre Kontrolle bevorzugt in individualorientierten, sekundäre Kontrolle dagegen vor allem in sozial orientierten Kulturen zur Adaptation an Umweltanforderungen eingesetzt wird (Weisz, Rothbaum & Blackburn 1984). Demnach sind die Konzepte primärer und sekundärer Kontrolle sowohl für die Analyse von Sozialisationsbedingungen behinderter Menschen als auch für die psychologische Beschreibung unterschiedlicher Kulturen von Bedeutung. Tabelle 28 führt zur Verdeutlichung individuelle und kulturelle Merkmale unter der Perspektive dominierender Kontrollorientierungen zusammen.

(3) Alternativen zur gegenwärtigen Rehabilitationspraxis Indiens. Es ist davon auszugehen, daß gesellschaftlich bevorzugte externale Attribuierungen sekundäre Kontrollorientierungen der betroffenen behinderten Menschen verstärken und damit Selbsthilfebestrebungen als Ausdruck primärer Kontrolle eher blockieren. Deshalb sind Interventionsformen zu bevorzugen, die zunächst wenig Eigenaktivität von den Betroffenen verlangen (z. B. wohnortnahe Versorgung

über Hausbesuche). Um einer sozialen Isolierung des behinderten Menschen als Resultat auftretender Kontrollorientierungsdivergenzen vorzubeugen, scheinen Maßnahmen sinnvoll, die das soziale Umfeld einbeziehen (z. B. familienbezogene Beratung). Solche wohnortnahen, familienbezogenen Maßnahmen sollten über ein Modell erfolgen, welches der gleichen sozialen Schicht und dem gleichen Wohnbereich angehört (Beachtung der Kastenzugehörigkeit, Einsatz von Laienhelfern). Die Einbindung traditioneller Unterstützungssysteme (religiöse Lehrer, traditioneller Heiler, Geburtshelferinnen) wäre anzustreben, um eine größtmögliche Akzeptanz der Maßnahmen zu erreichen. Die bereitgestellten Hilfen sollten bezüglich der Einsatzorte (Stadt vs. Land) und der sozialen Schicht (arm vs. reich) möglichst flexibel sein, um auch Wertdifferenzen innerhalb der Kulturgemeinschaft gerecht zu werden (Thomas 1993).

Diese theoretischen Überlegungen und empirische Untersuchungen zu Kulturvergleich und Entwicklungshilfe stellen eine pragmatische, unbeschwerte, unreflektierte psychologische Entwicklungshilfe in Frage. Was sind Voraussetzungen, damit solche Angebote Erfolg haben können? Vor dem Hintergrund der theoretischen Überlegungen sind drei Merkmale wichtig: Dialog, Prozeßorientierung und Evaluation. Es scheint uns wichtig, daß Ziele und Methoden mit Experten und Teilnehmern aus dem Nehmerland erarbeitet werden. Es ist sicher wichtig, daß in einem solchen Dialog die Geber etwas über das Gastland erfahren, daß aber auch die Nehmer erfahren, vor welchem gesellschaftlichen Hintergrund die vorgeschlagenen Methoden entwickelt wurden. Folglich kann eine Entwicklungsintervention nur sinnvoll ablaufen, wenn ihr Verlauf, ihre Themen und Methoden ständig reflektiert und wenn nötig korrigiert werden. Es ist aber auch notwendig, die Maßnahme unter Beteiligung jener zu evaluieren, für die das Angebot entwickelt wurde.

5.5.3 *Leben und Arbeiten in fremden Kulturen*

Zu den besonderen Lebenslagen, in denen entwicklungspsychologische Interventionen denkbar sind, gehören sicher auch Aus- und Umsiedlung, Flucht und Asyl. Solche Veränderungen lassen sich unter dem Begriff »Migration« zusammenfassen. Migration meint *»allgemein die räumliche Bewegung von Menschen ...,* im besonderen das

Verlassen des bisherigen und das Aufsuchen eines neuen, als dauerhaft angestrebten Wohnorts in einer signifikanten Entfernung ...« (Schrader 1989, S. 436, Hervorhebungen im Original). Migration ist mit physischen, biologischen, politischen, ökonomischen, kulturellen, sozialen und individuellen Veränderungen verbunden. Damit ist der Begriff der Migration sehr weit gefaßt. So kann auch jener Wandel berücksichtigt werden, der nicht als die Folge von Bedrohung und Flucht verstanden werden kann (vgl. Moser, Steinebach & Liebsch 1999). Erfahrungen mit fremden Kulturen werden auch im Rahmen von Auslandsstipendien oder bei Auslandsaufenthalten im Auftrag des Arbeitgebers gesammelt. Hier ist interkulturelles Lernen und Handeln verlangt (Thomas 1993). Bemühungen der individuellen Adaptation an die noch fremden Bedingungen können mit einer Anpassung der Person an die Umwelt, mit Änderungsbemühungen bezogen auf die neue Umwelt, aber auch mit Rückzug im Sinne einer Reduktion von Umweltanforderungen einhergehen. Dieser Prozeß wird meist als Sonder- und Grenzsituation erlebt (Thomas 1993) und ist in aller Regel mit erheblichem »acciturative stress« (Berry 1988) verbunden. Berry (1988) legt zur Systematisierung der unterschiedlichen Entwicklungsresultate zentrale Entscheidungen des Migranten zugrunde (vgl. Tabelle 29). Dabei steht die Verbundenheit mit der eigenen ethnischen Herkunft, aber auch das Interesse an der neuen Kultur im Mittelpunkt.

Tabelle 29: Prozeßbezogene Entscheidungen und Entwicklung

| | | Will ich meine ethnische Identität aufrechterhalten? | |
		Ja	Nein
Sind Kontakte zur neuen Gesellschaft erstrebenswert?	Ja	Integration	Assimilation
	Nein	Separation	Marginalisierung

Wer sich für längere Zeit in einer fremden Kultur aufhält, wird sich zumindest interkulturelle Kompetenzen aneignen müssen. Die Bewältigung der Aufgabe »Leben in einer fremden Kultur« setzt vielfältige Lernprozesse voraus. Thomas (1993) unterscheidet *gegen-*

ständliche (Raum, Zeit, Umwelt), *soziale* (Beziehungsstrukturen, Kommunikation, Verhaltensregeln) und *personale* (Erscheinungsbild, Wert und Motive, Selbstkonzept und Einstellungen) *Determinanten interkulturellen Lernens und Handelns.* Entwicklungsbezogene Angebote zur Prävention im Umfeld interkultureller Begegnungen sollten vor allem darauf zielen, übernommene Vorstellungen wie Homogenität der fremden Kultur, Ähnlichkeit, Simplifizierung und Ethnozentrismus zu revidieren. Das Wissen um die Heterogenität der Zielkultur, Wissen um Ähnlichkeiten und Unterschiede zwischen den Kulturen, die Überzeugung der Multikausalität von Prozessen und kultureller Kontingenzen wird dagegen als wertvoll angesehen. Entsprechend sieht der Entwurf eines interkulturellen Handlungstrainings Informationen und Fachwissen, attributionsorientierte Trainings, Bewußtmachung eigener kultureller Verhaltensmuster, kognitive Verhaltensmodifikation, Methoden experimentellen Lernens und Interaktionskonzepte vor. Denn »als Lockung und als Bedrohung, als Möglichkeit und als Gefahr des Andersseins erfahren wir uns im Fremden und damit die Grenzen unseres Selbstseins« (Graumann 1997).

📖 Trommsdorff, G. (1993b). Entwicklung im Kulturvergleich. In: Thomas, A. (Hrsg.): Kulturvergleichende Psychologie. Göttingen: Hogrefe, S. 103–143
Diehm, I. & Rathke, O. (1999). Erziehung und Migration. Stuttgart: Kohlhammer

Weisz, J. R., Rothbaum, F. & Blackburn, T. C. (1984). Standing out and standing in. The psychology of control in America and Japan. American Psychologist 39, S. 955–969

6
Forschung und Evaluation entwicklungsbezogener Angebote

6.1 Probleme der Entwicklungsforschung

Entwicklungspsychologische Forschung verlangt nicht nur eine Beachtung der Entwicklung in Abgrenzung zu anderen individuellen Verhaltensänderungen. Sie verlangt auch eine angemessene Berücksichtigung der sich mehr oder weniger wandelnden Entwicklungsumwelt (vgl. Trommsdorff 1993b, Super & Harkness 1999). Es scheint, als sei dem sozialen Kontext in der psychologischen Forschung über lange Zeit wenig Beachtung geschenkt worden. Damit, so Trommsdorff (1993b), bleiben jedoch (1) die Bedingungen menschlichen Handelns und Erlebens unklar, es geht (2) der soziokulturelle Kontext verloren, es etabliert sich (3) eine ethnozentrische Sichtweise, es mangelt (4) den Untersuchungsergebnissen an ökologischer Validität, für die Theorieentwicklung sind (5) die Ergebnisse von begrenzter Bedeutung, es bleibt (6) unklar, wie weit die beschriebenen Befunde generalisiert werden dürfen, und damit ist (7) die gesellschaftliche Relevanz der Ergebnisse zweifelhaft.

Wie müßte entwicklungspsychologische Forschung aussehen? Im Zuge der Entwicklung des Faches ist deutlich geworden, daß Untersuchungen, die Aspekte des Verhaltens und Erlebens verschiedener Altersstufen zu einem Meßzeitpunkt erfassen, mit großen Fehlern behaftet sind. In einem solchen als *Querschnitt* bezeichneten Datenerhebungsdesign sind Alters- und Generationeneffekte miteinander verwoben. Im *Längsschnitt* wird dagegen eine Stichprobe zu unterschiedlichen Zeitpunkten und damit in unterschiedlichen Altersstufen untersucht. Die Qualität der Erkenntnisse hängt dabei wesentlich davon ab, wie gut die Stichprobe zusammengestellt wurde, inwieweit *drop-outs* das Ergebnis verzerren, welche Zeitabschnitte untersucht werden und wie sehr durch die Wiederholung der Untersuchungen der Untersuchungsgegenstand beeinflußt wird. Schließlich besteht noch die Möglichkeit, Verhalten und Erleben *einer* Altersstufe zu unterschiedlichen Meßzeitpunkten (unterschiedliche Kohorten im gleichen Alter) miteinander zu vergleichen. Dieses Vorgehen bezeichnet

Schaie als »Zeitwandelstudie«. Es erscheint naheliegend, Quer- und Längsschnitt miteinander zu verbinden, um die Fehlerquellen zu kontrollieren. Entsprechend schlug Schaie (1965) vor, Entwicklung als Funktion von Alter, Generation (Kohorte) und Testzeit zu untersuchen. »Da die Variablen ›Alter‹, ›Kohorte‹ und ›Testzeit‹ wechselseitig abhängig sind, kann immer nur eine Variable kontrolliert werden. Demzufolge schlägt Schaie eine sequentielle Strategie der Datenerhebung vor ... Schaie schlägt im einzelnen vor:

- die Kohorten-Sequenz-Analyse (eine Verallgemeinerung des Erhebungsplanes der Längsschnittstudie);
- die Testzeit-Sequenzanalyse (eine Verallgemeinerung des Erhebungsplanes der Querschnittstudie) und
- die Quer-Sequenz-Analyse (eine Verallgemeinerung des Erhebungsplanes der Zeitwandelstudie)« (Petermann 1987, S. 1025; siehe Abbildung 6.2).

Die eingangs angeführten kritischen Überlegungen zum Wert klassischer empirischer Forschung für die Entwicklungspsychologie machen auch deutlich, daß experimentelle Ansätze in der Entwicklungspsychologie nur von untergeordneter Bedeutung sind. Statt dessen wird man sich eher dazu entscheiden müssen, Ökonomie und maximale Kontrollierbarkeit als die offensichtlichen Vorzüge des Ex-

Abbildung 6.1: Malten Kinder der Geburtskohorte um 1500 genauso wie heutige Kinder? (Giovanni Francesco Caroto, 1480?–1546, Knabe mit einer Zeichnung)

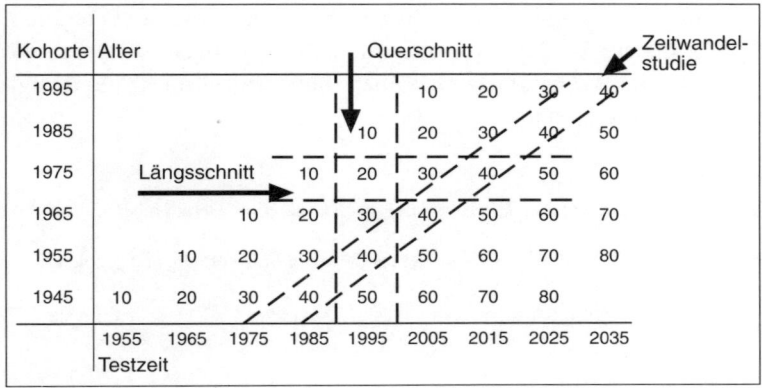

Kohorte	Alter			Querschnitt					Zeitwandel-studie
1995				10	20	30	40		
1985			10	20	30	40	50		
1975	Längsschnitt	10	20	30	40	50	60		
1965		10	20	30	40	50	60	70	
1955		10	20	30	40	50	60	70	80
1945	10	20	30	40	50	60	70	80	
	1955	1965	1975	1985	1995	2005	2015	2025	2035
	Testzeit								

Abbildung 6.2: Übersicht über verschiedene Forschungsstrategien in der Entwicklungspsychologie (vgl. Petermann 1987)

periments zurückzustellen. Die Aussagekraft der Befunde scheint besonders dann hoch, wenn es gelingt, mehr entwicklungsrelevante Umweltaspekte in der Untersuchung zu berücksichtigen. Dazu schlägt Bronfenbrenner das ökologische Experiment vor. Ihm geht es besonders darum, die ökologische Validität zu stärken. Damit ist das Ausmaß gemeint, »in welchem die von Subjekten in einer wissenschaftlichen Untersuchung erfahrene Umwelt die Merkmale aufweist, die sie nach den Vermutungen oder Annahmen des Forschers besitzt« (Bronfenbrenner 1978, S. 38). Daneben werden Einzelfallstudien als Zeitreihenanalysen vorgeschlagen. Der Entwicklungspsychologie geht es aber nicht nur um eine Beschreibung dauerhafter Veränderungen. Sie möchte auch Ursache-Wirkungszusammenhänge aufzeigen. Dazu reichen deskriptiv-statistische Kennwerte einschließlich der Berechnung von Korrelationen nicht aus. Die Aussage, daß zwei oder mehr Variablen miteinander in Zusammenhang stehen, sagt noch nichts darüber aus, ob die eine die *Ursache* für die Ausprägung der anderen Variable ist oder ob nicht vielleicht eine ganz andere, gänzlich unbekannte Variable verantwortlich ist. Um z. B. Korrelationen kausal interpretieren zu können, müssen im Rahmen einer *cross-lagged panel analysis* zwei Variablen jeweils zu zwei Meßzeitpunkten erhoben und muß ihr Interkorrelationsmuster zeit- und variablenübergreifend berechnet werden (vgl. Petermann 1987, Steinebach 1995b). Darüber hinaus liegen unterschiedliche Verfah-

221

ren zur Datenanalyse vor. Dazu gehören Pfadanalysen (Petermann 1987), lineare Strukturgleichungsmodelle (Rudinger 1998) und die Analyse von Wachstumskurven über »hierarchical linear modeling« (Hasselhorn & Schneider 1998).

📖 Wottawa, H. & Thierau, H. (1998). Lehrbuch Evaluation. Bern: Huber (2. Aufl.)

📓 Schaie, K. W. (1965). A general model for the study of developmental problems. Psychological Bulletin 64, S. 92–107

6.2 Ziele und Wege der Evaluation

Mit *Evaluation* bezeichnet man den »Prozeß der Beurteilung des Wertes eines Produktes, Prozesses oder eines Programms, was nicht notwendigerweise systematische Verfahren oder datengestützte Beweise zur Untermauerung einer Beurteilung erfordert« (Wottawa & Thierau 1990, S. 9). In Abgrenzung dazu verlangt die *Evaluationsforschung* die »explizite Verwendung wissenschaftlicher Forschungsmethoden und -techniken für den Zweck der Durchführung einer Bewertung. Evaluationsforschung betont die Möglichkeit des Beweises anstelle der reinen Behauptung bzgl. des Wertes und Nutzens einer bestimmten sozialen Aktivität« (ebd.). Entwicklungspsychologisch sind sowohl Produkte als auch Prozesse wie auch Programme interessant. Bei *Produkten* könnte es sich z. B. um neue Softwarepakete für die vorschulische Förderung über PC handeln. Bei *Prozessen* sind all jene Veränderungen interessant, die zwar nicht als Intervention gedacht waren, die aber dennoch als Ausdruck von Entwicklung angesehen werden können. Hier wäre z. B. an die Identitätsentwicklung im Rahmen organisationaler Veränderungen zu denken. Unter *Programmen* sollen hier alle theoriebezogenen Interventionen zur Beeinflussung von Entwicklung verstanden werden. Solche Programme können sehr eng angelegt sein, etwa wenn es um Kurse zum Autogenen Training für Seniorinnen und Senioren geht. Sie können sehr weit angelegt sein, etwa wenn es um verschiedene freizeitpädagogische Maßnahmen im Rahmen der Jugendbildung geht. In all diesen Fällen wäre es Aufgabe der Evaluation, die Produkte, Prozesse oder Programme zu beschreiben und in ihrem entwicklungsbezogenen Nutzen zu bewerten. Dies sollte mit dem Ziel geschehen, entsprechende Maßnahmen in ihren Ergebnissen, in ihrer Effizienz und Qualität zu optimieren (vgl. Fink 1995). Dabei sind die eingesetzten Methoden weitgehend deckungsgleich mit jenen der quantitativen und qualitativen Sozialforschung. Je nach Fragestellung werden aber auch Methoden der Nachbardisziplinen zu berücksichtigen sein. Dies gilt etwa bei Fragen des Zusammenhangs von psychosozialen Entwicklungsbedingungen und Aspekten körperlicher Entwicklung im Kindesalter. Hier wären diagnostische Methoden der Sozialpädiatrie und Entwicklungsneurologie unverzichtbar. Die Wahl der einzusetzenden Methoden sollte dabei schlüssig aus den Fragestellungen der Evaluation abgeleitet werden (siehe Abbildung 6.3).

Damit liegen die wesentlichen Aufgaben der Evaluation darin, Fragen an das Programm zu stellen, Standards für Effektivität zu formulieren, Entscheidungen über Datenquellen und Datenarten zu fällen, die Daten zu analysieren und die Ergebnisse zu vermitteln. Dies kann projektbegleitend als *formative Evaluation* geschehen (in Abgrenzung zur summativen Evaluation, vgl. etwa Wottawa & Thierau 1998).

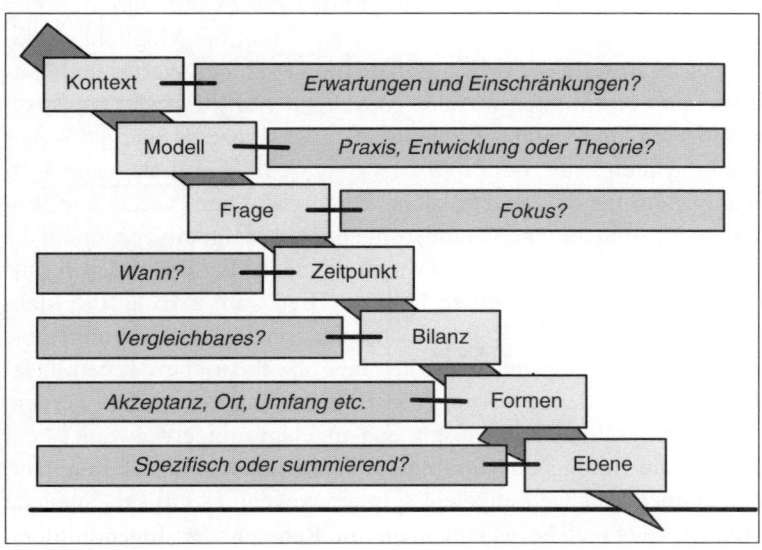

Abbildung 6.3: Fragestellungen der Evaluation

223

📖 Fink, A. (1995). Evaluation for education and psychology. Thousand Oaks: Sage

👤 American psychological association (APA) (1985). Standards for educational and psychological testing. Washington, DC: APA

6.3 Entwicklungsevaluation

Evaluation stellt Fragen an die Beeinflussung von Entwicklung im Zuge bestimmter Maßnahmen (vgl. Fink 1995):

(1) Inwiefern hat das Programm seine Ziele erreicht?
(2) Was sind die besonderen Merkmale der Zielgruppe und der letztendlich beteiligten Personen?
(3) Gibt es Personen, denen das Programm besonders viel gebracht hat?
(4) Wie lange dauerten die Effekte an?
(5) Kann das Programm auch für andere Personen in anderen Situationen von Nutzen sein?
(6) Inwiefern haben anderer Veränderungen (sozial, politisch etc.) die beschriebenen Veränderungen unterstützt (oder behindert)?

Wie Abbildung 6.4 zeigt, werden für die Beurteilung von Entwicklungsinterventionen mindestens drei Aspekte zu berücksichtigen sein: die Methoden, das Alter und der Fokus der Intervention. Diese

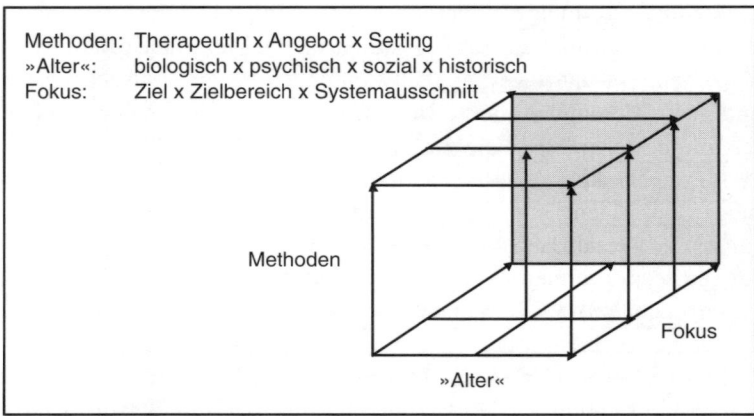

Abbildung 6.4: Planung und Evaluation von Entwicklungsinterventionen

224

Aspekte stehen für Felder unterschiedlicher Merkmale, die zu konkretisieren sind. So steht *Methode* für Merkmale der Therapeutin bzw. des Therapeuten (etwa Alter, Ausbildung, Kompetenzen etc.), *Alter* steht für die körperlichen, psychischen und sozialen Dimensionen und berücksichtigt so Lebensalter und Historie. *Fokus* meint das in Frage stehende Ziel und den Zielbereich, dem dieses Ziel zuzuordnen ist. Möglicherweise wäre auch ein Ziel verschiedenen Zielbereichen zuzuordnen (Blickkontakt läßt sich als motorische, perzeptive und soziale Kompetenz verstehen). Daneben kann der Fokus mehr individuelle Merkmale und/oder Prozesse eines sozialen Systems betreffen.

Offensichtlich lassen sich die resultierenden Fragen nur annähernd beantworten – und dies auch nur dann, wenn die Standards zur Bestimmung der Effektivität differenziert sind (Wachs 1999). So wird bei der Evaluation diätetischer Programme für Kinder mit Stoffwechselstörungen darauf zu achten sein, daß die in Frage stehenden Aspekte des Verhaltens und Erlebens aus unterschiedlichen Perspektiven (etwa Kind, Eltern, Erzieherin im Kindergarten etc.) und auf verschiedenen Ebenen erfaßt werden (physiologische Parameter, Selbsterleben, Fremdeinschätzungen etc.). Anzahl der Meßzeitpunkte, Art und Zeitpunkte der Messungen sowie Probanden sind zu bestimmen. Bei der Wahl der *Meßinstrumente* sind Reliabilität und Validität als Kriterien bestimmend. Reliabilität meint die Freiheit von Meßfehlern. So muß ein Test das, was er mißt, auch genau messen. Bei Testwiederholungen darf es, sollen stabile Merkmale erfaßt werden, eben nur relativ geringe Schwankungen geben. Zwischen zwei und mehr Messungen müßte im Falle von Stabilität eine hohe Korrelation bestehen. Die Schwierigkeit des Verfahrens sollte für ähnliche Gruppen und Situationen vergleichbar sein. Die Items sollten homogen (konsistent) sein. Zwei und mehr Evaluierende sollten beim Einsatz der Verfahren unter vergleichbaren Bedingungen zu gleichen Ergebnissen kommen (Interraterreliabilität; vgl. zusammenfassend Grubitzsch 1978). Weitergehend als die Frage, ob das Verfahren auch das, was es erfassen soll, *genau erfaßt*, ist die Frage, ob denn das Verfahren das, was es erfassen soll, *überhaupt erfaßt*. Mißt ein Intelligenztest tatsächlich die Wirkungen eines Denktrainings, oder erfaßt er eher die Kompetenz des einzelnen, mit einem Test »klarzukommen«? Ob ein Verfahren valide ist, läßt sich über verschiedene Verfahren (z. B. Bestimmung der Interkorrelationen zu Vergleichsdaten, etwa bei Expertenratings) und mit Blick auf unterschiedliche Argumente (Augenscheinvalidität, aber auch Konstruktvalidität) bestimmen oder diskutieren. Reliabilität und Validität stellen gerade in der entwicklungspsychologischen Evaluation besondere Herausforderungen dar. So verlangt die Frage nach Veränderungen im Sinne von Entwicklung als Folge eines Angebots den wiederholten Einsatz eines Verfahrens, aber bereits dies kann die Qualität der Messung beeinflussen. Haben die TeilnehmerInnen nun wirklich »Entwicklungsfortschritte gemacht«, oder haben sie nur gelernt, wie sie diesen Test geschickter bearbeiten können? Oder haben sie sich an die Beobachtung gewöhnt und können nun ihre Leistungen besser »unter Beweis stellen«? Gleichzeitig stellt sich die Frage, ob das gewählte Verfahren nach Ablauf der Interventionszeit noch angemessen ist. Dies gilt insbesondere für Entwicklungstests, die jeweils für bestimmte Altersabschnitte konstruiert sind und im Einsatz bei anderen Altersgruppen oder Zielgruppen weder als valide noch als reliabel gelten können.

📖 Brandtstädter, J. (1990). Evaluationsforschung: Probleme der wissenschaftlichen Bewertung von Interventions- und Reformprojekten. In: Brandtstädter, J. (Hrsg.): Themenschwerpunkt: Evaluationsforschung. Zeitschrift für Pädagogische Psychologie (4), S. 215–227
Brim, O. G. & Phillips, D. A. (1988). The life-span intervention cube. In: Hetherington, E. M., Lerner, R. M. & Perlmutter, M. (Hrsg.): Child development in life-span perspective. Hillsdale, NJ: Erlbaum, S. 277–299

⏳ Scriven, M. (1967). The methodology of evaluation. In: Tyler, R. W., Gagne, R. M. & Scriven, M. (Hrsg.): Perspectives of curriculum evaluation. Chicago: Rand McNally, S. 39–83

6.4 Evaluationsmethoden

Im Laufe der Evaluation können unterschiedliche Datenarten zu verschiedenen Themen- oder Problemfeldern berücksichtigt werden (vgl. Tabelle 30, S. 227).

Verschiedene Verfahren können mit unterschiedlichen Fehlern behaftet sein. Will man von Beobachtungen auf Entwicklungsverläufe schließen, so können diese Schlüsse durch Fehler verzerrt sein, die

Tabelle 30: Datenarten in der Evaluation von Beratung und Förderung

BERATUNGS- UND FÖRDERPHASE	GEGENSTAND/INHALTE (AUSWAHL)	DATENART
Kontaktnahme	Informationen	Verbal
	Datenaufnahme	Quantitativ/verbal
	Erste Absprachen	Verbal/nur wenige quantitativ erfaßbare Aspekte
Erstgespräch	Vorstellungsgrund	
	Anamnestisches	
	Weitere Anliegen	
	Absprachen	
Anamnese	Fragen der Fachleute (Sachfragen)	Quantitativ/teilweise auch qualitativ (verbale Daten)
	Wertungen der Eltern	
Beobachtungen	Während der Anamnese	Quantitativ/qualitativ (hohe vs. niedrige Strukturierung, unterschiedliche Protokollierungsverfahren)
	... im Kindergarten	
	... während eines Tests	
	... beim Spiel in der Förderstelle	
	... beim Hausbesuch	
Fremdbefunde	Arztberichte	Verbal, sofern nicht quantitative Daten abgefragt werden (Problemhäufigkeit etc.)
	Telefonat mit Erzieherin im Kindergarten	
	Andere fachärztliche Berichte	
	Frühere Therapien etc.	
Tests	Entwicklungstests	Quantitativ
	Lern- und Leistungstests	
	Persönlichkeitstests	
	Elternfragebögen	Quantitativ/qualitativ (bei offenen Fragen bzw. Items)
	Standardisierte Beobachtungen	
Diagnose	Zusammenschau der Eindrücke und Befunde	Quantitativ/qualitativ
	Sichtweisen und Wertungen der Eltern	Qualitativ
	Bewertung von Problemen und Kompetenzen	
	Reflexion der Förderung	
	Förderplanung	
Dokumentation	Förderung	Quantitativ/qualitativ (Beobachtungsdaten/verbale Daten)
	Zwischenschritte im Förderprozeß	
	Teamprotokolle	
	Supervisionsprotokolle	
Katamnese	Bericht	Verbal
Später	Alle Quellen wie oben denkbar	Quantitativ/qualitativ

227

zu Lasten der Beobachtenden, zu Lasten der Beobachtung oder äußerer Bedingungen gehen (vgl. ausführlicher Greve & Wentura 1997). So gilt es, Wahrnehmungsfehler, Deutungs- und Interpretationsfehler oder auch Erinnerungsfehler zu meiden. Greve und Wentura nennen hier z. B. Konsistenzeffekte, den Einfluß vorangehender Information, Projektion oder Erwartungseffekte. Ein grundlegendes Problem der Beobachtung liegt darin, daß »beobachtet zu werden« das Verhalten und damit das Beobachtungsergebnis beeinflussen kann (auch hier gibt es also Erwartungseffekte, vgl. Greve & Wentura 1997). Die Dokumentation der Beobachtung kann frei über ein Verbalprotokoll oder strukturiert über Kategoriensysteme erfolgen. Verbalprotokolle sind zwar einfacher ein- und umzusetzen, die Qualität des Protokolls ist aber ganz wesentlich von den Kompetenzen der Beobachtenden abhängig (vgl. Schölmerich & Weßels 1998). Der Einsatz von Kategoriensystemen setzt intensive Vorarbeiten voraus. So müssen Kategorien gefunden werden, denen sich die unterschiedlichen Verhaltensweisen erschöpfend und eindeutig zuordnen lassen. Besondere Beachtung verdient daher das verwendete Kategorisierungssystem. Solche Systeme können Fehler provozieren, wenn sie eine fehlerhafte Zuordnung der Beobachtung zu den Kategorien begünstigen. Diesen und ähnlichen Fehlern soll über eine differenzierte Schulung der Beobachtenden, über eine besondere Gestaltung der Beobachtungssituation und über eine Kontrolle der Zuordnung von Daten zu Kategorien vorgebeugt werden. So läßt sich die Beobachtung etwa im Rahmen des »Fremde-Situation-Test« (Ainsworth et al. 1978) optimieren, indem die Beobachtenden anhand von Trainingsvideos auf ihre Aufgaben vorbereitet werden. Dabei vereinfacht die relativ rigide Gestaltung der Situation wie auch die Ausrichtung auf wenige kritische Verhaltensweisen die Beobachtung. Zudem läßt der Einsatz von Einwegscheibe oder Video Verzerrungen durch die Beobachtung selbst weniger wahrscheinlich werden.

Beobachtungen, aber auch Tests und viele andere Verfahren liefern Eindrücke und Daten, die durch die Perspektive der Fachleute beeinflußt sind. Zunehmend wächst aber das Interesse an der Perspektive der Betroffenen. In der Arbeit mit Kindern beschränkt man sich noch allzu häufig auf Befragungen vor allem der Eltern, der Erzieherinnen im Kindergarten oder anderer Personen, die für das Kind wichtig sind. Die Kinder selbst werden relativ selten befragt.

Abbildung 6.5:
Charlotte Bühler (1893–1974)
(Foto: Archiv Klett-Cotta)

Dies ist jedoch im Rahmen verantwortlicher Forschung und Evaluation kaum angemessen oder befriedigend. Tagebücher, offene Interviews, Gespräche und Erzählungen bieten gute Möglichkeiten, mehr und anderes über die Entwicklung aus Sicht der Kinder zu erfahren (Hoppe-Graff 1998). Diese Verfahren bieten sich auch an, wenn es gilt, Angebote für Menschen zu evaluieren, denen die Bearbeitung von Fragebögen und ähnlichem prinzipiell schwerfällt. So sollten Versuche, Menschen mit Behinderungen, schwerwiegenden Erkrankungen und vergleichbaren Problemen in den Prozeß der Evaluation einzubeziehen, besonders ernst genommen werden. »Wer jugendliches Seelenleben darstellen will, muß Jugend kennen und begreifen, muß sie lieben und ihr nahestehen, muß ihr Glück und Weh wie eigenes fühlen können. Mehr noch, über allgemeine Kenntnis und Einfühlung hinaus ist ein ins einzelne gehendes Wissen nötig um Jugendentwicklung und ihre Tatsachen. Diesen umfassenden Überblick können allgemeine Beobachtungen allein oder Experimente nicht vermitteln. Es ist mehr erforderlich, und dies wird uns von Jugendlichen selbst geschenkt in ihrer literarischen Produktion und vor allem ihren *Tagebüchern*« (Bühler 1925, S. 1, Hervorhebung im Original).

📖 Greve, W. & Wentura, D. (1997). Wissenschaftliche Beobachtung in der Psychologie. München: Quintessenz (2. Aufl.)

👤 Hoppe-Graff, S. (1998). Tagebücher, Gespräche und Erzählungen: Zugänge zum Verstehen von Kindern und Jugendlichen. In: Keller, H. (Hrsg.): Entwicklungspsychologie. Bern: Huber, S. 261–294

7
Ausblick: Entwicklungsmodelle und berufliches Handeln

Welche Bedeutung hat die Entwicklungspsychologie für die berufliche Praxis? Die in diesem Buch dargestellten Theorien und Befunde machen deutlich, daß entwicklungspsychologisches Wissen nützlich, wenn nicht gar unverzichtbar ist. Aber kann die Entwicklungspsychologie auch einen Beitrag zur Lösung grundlegender Fragen der beruflichen Praxis leisten? Zu solchen Fragen gehören z. B. Fragen nach den *Beratungs- und Förderzielen*, nach *ethischen Entscheidungsmaximen*. Wie wir gesehen haben, bestehen bei der Zielbegründung erhebliche Probleme (vgl. Kapitel 2.2.2).

In der Arbeit mit Menschen, die professioneller Hilfe bedürfen, die als behindert oder verhaltensauffällig gelten, ist eine Vielzahl von Bedingungen, Wirkungen und Wechselwirkungen zu berücksichtigen. Diese Vielzahl von Bedingungen ist auch im Einzelfall kaum überschaubar. Idealerweise sollte ein allgemeines oder auch fallbezogenes Arbeitsmodell helfen, diese Faktoren zu ordnen und zu systematisieren. Nun darf aber ein solches Modell nicht nur die Bedingungen berücksichtigen, auf die sich ein einzelnes Fach im besonderen ausrichtet; so sollte ein heilpädagogisches Arbeitsmodell auch medizinische, psychologische, soziologische Faktoren berücksichtigen. Genausowenig darf ein sozialpädagogisches Arbeitsmodell psychologische, medizinische oder soziologische Faktoren übergehen. Vor der Vielzahl der Faktoren, die nun zu berücksichtigen sind, kann auch der beste Profi die Übersicht verlieren.

Der folgende psychologische Bericht soll diese Komplexität verdeutlichen. Auch wenn der Bericht recht realistisch klingt: Die hier genannten Personen und Sachverhalte sind frei erfunden. Ähnlichkeiten mit Begebenheiten in der Praxis sind zwar allgemein beabsichtigt, wären aber im konkreten Fall rein zufällig.

**Frühförderstelle des Oberaukreises
Am Oberau-Ring 17
74321 Oberau**

Oberau, den 25. Juni 1998

An den Kindergarten St. Nikolaus
z. Hdn. Frau Kalk, Frau Senf-Schmalz
Kindergartenweg 1
75432 Feldweiler

Psychologischer Bericht

Sehr geehrte Frau Kalk,
sehr geehrte Frau Senf-Schmalz,

auf Wunsch der Mutter berichte ich Ihnen heute über Matthias Löser, geb. am 22. 11. 1993, wohnhaft Pestalozzistraße 7, 75432 Feldweiler. Die Mutter stellte Matthias erstmals am 24. Mai 1998 mit der Bitte um pädagogische Frühförderung zur Begleitung der Einzelintegration im Regelkindergarten vor. Zwischenzeitlich fanden auch ein Gespräch mit beiden Eltern sowie diagnostische Termine mit Matthias statt.

Anamnestisches: Matthias ist das zweite von zwei Kindern gesunder Eltern. Der Vater, Jahrgang 1960, ist als Diplom-Ingenieur im Management einer Softwarefirma tätig, die Mutter, Jahrgang 1963, war bis zur Geburt von Matthias als Grundschullehrerin tätig. Die Eltern leben seit zwei Jahren getrennt. Die Scheidung ist eingereicht. Die Eltern streben ein gemeinsames Sorgerecht an.

Mit der Geburt wurde bei Matthias ein Down-Syndrom diagnostiziert.

Zu den Großeltern väterlicherseits bestehe kein intensiver Kontakt. Nach der Hochzeit, vor der Geburt von Matthias, sei man ins

Haus der Großeltern mütterlicherseits gezogen, weil dort viel Platz gewesen sei. Außerdem habe Frau Löser nach der Geburt des Kindes eigentlich weiterarbeiten wollen. Ihre Mutter hatte sich schon vor der Geburt bereit erklärt, auf das Kind aufzupassen. Diese Zusage sei auch nach der Diagnose der Behinderung nicht zurückgezogen worden. Die Großeltern seien auch heute noch sicher im Umgang mit Matthias. Allerdings seien sie inzwischen aufgrund des höheren Alters nicht mehr so belastbar. Zu den Großeltern väterlicherseits bestehe kein Kontakt. Die Eltern von Herrn Löser hätten sich schon früh getrennt, die Mutter sei vor elf Jahren verstorben.

In ihren eigenen Eltern habe sie, so Frau Löser, auch heute noch eine gute Hilfe. Während der zunehmenden Auseinandersetzungen mit ihrem Mann hätten ihre Eltern sie sehr unterstützt und sich liebevoll um Matthias und seine jüngere Schwester Hannah gekümmert.

Hannah sei ein reges und interessiertes Kind, mit guten schulischen Leistungen. Das mache den Erwachsenen viel Freude. Die Mutter und Kinder bewohnten im Haus der Großeltern eine große, abgeschlossen Wohnung. Hannah und Matthias hätten ein eigenes Schlaf- und Spielzimmer. Es gebe viel Platz zum Spielen, im Haus und auch im Garten. Am Ende der Straße sei ein kleiner Spielplatz.

Die Schwangerschaft und die Geburt selbst (Geburtsgewicht: 3200 g / Größe 52 cm) werden als unauffällig beschrieben. Von einer Pränataldiagnostik habe man abgesehen, da es weder in der Familie ihres Mannes noch in ihrer eigenen Familie angeborene Behinderungen gegeben habe. Außerdem sei Frau Löser ja »auch noch nicht so alt« gewesen. Die Geburt sei spontan (ohne wehenfördernde Mittel) vier Tage nach Termin gewesen. Beide Eltern hätten sich sehr auf das Kind gefreut, auch wenn Herr Löser durch seinen Beruf immer sehr angespannt gewesen sei.

Unmittelbar nach der Geburt sei alles sehr schnell gegangen. Die Werte des Kindes seien sehr schlecht (APGAR 6/2) gewesen, und der anwesende Kinderarzt hätte dann direkt den OP und die Neugeborenenintensivstation verständigt. Die Mutter ist hier noch sehr betroffen. Es fällt ihr schwer, über die Wochen nach der Geburt zu berichten. Es sei ein »Horrortrip« gewesen. Bei alledem sei es dann schwer gewesen, das Kind überhaupt anzunehmen. Vor lauter Problemen hätten sie gar nicht das Kind gesehen. Frau Löser hätte dann gezwungenermaßen beschlossen, nicht mehr arbeiten zu gehen, sondern sich um das Kind zu kümmern. Matthias sei die ersten drei Monate im Krankenhaus geblieben. Außerdem seien ständig ärztliche Kontrollen nötig gewesen.

Das Säuglingsalter sei sehr anstrengend gewesen. Matthias habe die Flasche bekommen, aber schlecht getrunken. Er habe kaum einschlafen können, sei nachts ständig wach geworden. Das Wickeln sei jeweils eine »Tortur« gewesen. Matthias habe sich nie so klar mitgeteilt, wie man das von anderen Kindern höre. Ständig hätten sie rätseln müssen, was denn nun sein Wimmern oder Weinen zu bedeuten habe.

Die motorische Entwicklung wird als verlangsamt beschrieben. Spätes Sitzen, kein Krabbeln, Laufen mit 22 Monaten, Fahrrad mit Stützrädern beginne jetzt. Matthias sei bei allen motorischen Anforderungen eher schlapp und passiv, aber auch ängstlich und unsicher, was gerade dem Vater »auf die Nerven geht«. Matthias habe schon im Krankenhaus und dann bis zum Laufen Krankengymnastik nach Vojta bekommen. Erste Worte habe Matthias mit 20 Monaten gesprochen. Jetzt spreche er Einwortsätze. Dabei seien einzelne Buchstaben undeutlich. Matthias wisse aber genau, was er will, und könne darauf extrem bestehen. Die Sauberkeitserziehung sei gerade abgeschlossen.

Im Kontakt zu ihr oder ihren Eltern sei Matthias oft trotzig und aufbrausend. Es sei schwierig, den Kontakt zu seiner Schwester zu beschreiben. Hannah neige dazu, Matthias »zu bemuttern«, andererseits sei sie »oft genervt« und wolle ihre Ruhe haben. Seitdem der Vater ausgezogen sei, hätten sich Hannahs Tendenzen »zum Rückzug« eher verstärkt.

Die Mutter berichtet, daß Matthias nach seinen »anfänglichen Startschwierigkeiten« im Regelkindergarten St. Nikolaus in Feldweiler »nun besser zurechtkomme«.

Verhalten: Matthias wird als impulsiv und aufbrausend, aber auch als empfindsam beschrieben. Oft sei er mißmutig und schalte auf stur. Dies besonders dann, wenn man konkrete Anforderungen an ihn stelle.

Motorik: Matthias wirkt in seinen Bewegungen ungelenk. Das Gleichgewicht zu halten, scheint für ihn das größte Problem. Insgesamt wirkt er eher schlapp, hypoton. Im Sitzen und Laufen und bei jeder Lageveränderung sucht er Sicherheit, indem er sich abstützt. Einen Ball kann er sitzend zurückrollen, Kicken im Stehen ist nicht möglich, auch nicht Fangen oder einhändiges Werfen.

Sprache: Matthias spricht insgesamt wenig. Sein Wortschatz ist eingeschränkt. Er spricht sehr undeutlich, zumeist nur einzelne Worte.

Wahrnehmung: Matthias wirkt in der Wahrnehmung eher verlangsamt, ist aber bemüht, bei einer Sache zu bleiben, was ihm auch recht gut gelingt. Matthias kann einige Aufgaben, die ihm vorgemacht werden, nachmachen, etwa einen Turm bauen, einfache Formen ordnen.

Fremdbefunde: Matthias wird seit seiner Entlassung aus dem Krankenhaus von Herrn Dr. Grau, Kinderarzt, betreut. In einem Telefonat verweist Herr Dr. Grau auf die bestehende Diagnose und die Vorgeschichte, insbesondere auf die operativen Eingriffe. Momentan seien weitere Kontrollen nötig, wobei Komplikationen bei dem fortgeschrittenen Alter des Kindes nicht zu erwarten seien. Früher sei eine HNO-Konsultation empfohlen und vorgenommen worden. Er habe jedoch keinen Bericht und könne dazu also keine Aussagen machen. Die Entwicklungsprobleme habe er im Vorsorgeheft aufgeführt und auf Anraten der Kinderklinik Krankengymnastik verschrieben. Eine umfassende Förderung des Kindes halte er für sinnvoll. Bezüglich der Aufnahme in den Regelkindergarten sei aus ärztlicher Sicht höchstens auf die erhöhte Infektanfälligkeit zu verweisen. Im Regelkindergarten habe Matthias vermehrt Kontakt zu Kindern, was mit Blick auf die erhöhte Infektanfälligkeit sicher nicht unproblematisch sei.

Testdiagnostische Befunde: Im Mann-Zeichen-Test (MZT) zeichnet Matthias eine Spirale mit Strichen, die kaum an einen Kopffüßler erinnert. Matthias erreicht im Motoriktest für 4- bis 6jährige Kinder (MOT) einen unterdurchschnittlichen Gesamtwert von weniger als 14%. In den Testaufgaben, die Gleichgewicht, feinmotorisches Geschick oder kraftvolles Springen verlangen, zeigt er große Schwierigkeiten. Im SON (Snijders-Oomen Nicht-verbale Intelligenztestreihe) erreicht Matthias einen IQ von 57. Dabei ist das Profil über die Untertests homogen unterdurchschnittlich.

Diagnose: Multiple Entwicklungsrückstände bei Down-Syndrom

Epikrise: Matthias ist momentan (also mit 4½ Jahren) auf dem Entwicklungsstand eines knapp dreijährigen Kindes. Er erfüllt zumindest formal die Voraussetzungen für eine Aufnahme in den Regelkindergarten. Matthias bedarf jedoch einer allgemeinen Entwicklungsförderung. Diese sollte auf alle Fälle begleitend zum Kindergartenbesuch durchgeführt werden. Matthias wird der Kontakt zu anderen Kindern sicher gut tun. Eventuell wirkt sich der Besuch des Kindergartens positiv auf das Sozialverhalten, das Selbstbewußtsein und die Motivation aus. Die Trennung der Eltern sollte auch im Rahmen einer Förderung des Kindes Beachtung finden. Fragen zur Anzahl und zur Gestaltung der Treffen mit dem Vater sind sicher wichtig. Es wäre zu bedauern, würde sich der Vater zunehmend weniger engagieren. Eine Anleitung und Beratung der Erzieherinnen und, wenn möglich, beider Eltern möchten wir hier ausdrücklich anbieten, genauso wie eine umfassende Förderung über unsere Heilpädagogin.

Mit freundlichen Grüßen

Dipl.-Psych. Thomas Lohaus
– Leiter der Frühförderstelle –

PS: Wir würden uns freuen, wenn Sie uns nach dem Abschluß der Probephase und dem Elterngespräch einen Bericht zukommen lassen würden. Schon jetzt herzlichen Dank dafür! Th. L.

Kann ein entwicklungspsychologisches Modell helfen, diese vielen Aspekte zu systematisieren, zu ordnen? Würden sich mehrere Fachbereiche auf ein solches Modell ausrichten, wäre ein interdisziplinärer Austausch sicher leichter. Zunächst mag aber der Gewinn eines solchen Modells darin liegen, bei der Planung, Umsetzung und Reflexion der Interventionen eine Orientierungshilfe zu geben. An das Modell werden im Einzelfall konkrete Fragen zu richten sein: (1) Welche Vergleiche zu ähnlichen Problemen sind zulässig? Was wissen wir über die Entwicklung von Kindern mit Down-Syndrom? (2) Welches sind wichtige frühere oder aktuelle Bedingungen? Welche Bedeutung hat die belastende Phase kurz nach der Geburt für die Entwicklung des Kindes und die Mutter-Kind-Beziehung? (3) Wie lassen sich die gegebenen Bedingungen verändern? Welche Förder- und Beratungsstrategien sind angemessen? (4) Verfüge ich über die notwendigen Kompetenzen? Welche psychologischen Kompetenzen sind verlangt? Wo liegen in diesem Fall die Stärken anderer Professionen? (5) Welche Vorgehensweisen sind ethisch vertretbar? Ist Integration als Ziel der Intervention vertretbar? Inwieweit begünstigt Förderung eine Sonderrolle und damit Ausgrenzung?

Letztlich geht es also darum, mit Hilfe des Modells Vergleichs-, Bedingungs-, Änderungs-, Kompetenz- und Werthypothesen zu formulieren und zu prüfen (vgl. Kaminski 1970, Steinebach 1988; siehe Abbildung 7.1).

Wie kann nun dieses Modell aussehen? Es scheint sinnvoll, zunächst verschiedene Elemente zu unterscheiden, die das aktuelle Erleben und Verhalten eines Menschen – und damit auch die Entwicklung eines Kindes mit Behinderung – beeinflussen. Daneben ist es wichtig, verschiedene Ebenen zu unterscheiden, auf die pädagogische, psychologische und medizinische Hilfen zielen. Und schließlich wird zu überlegen sein, in welchem Zusammenhang diese Ebenen stehen, welche Faktoren für Stabilität und Wandel im Beziehungsgefüge von Elementen, Ebenen und Umwelt eine Rolle spielen. Die Zielgruppen psychologischer Hilfen sind sehr heterogen. Die Krankheiten, Störungsbilder, Entwicklungs-, Verhaltensprobleme und problematischen Lebenslagen sind sehr verschieden, auch dann, wenn man sich eigentlich nur mit einer Problemlage beschäftigt. Schließlich sind auch die Angebote vielfältig und in ihrer Art sehr verschieden. Wenn ein Modell hier eine Hilfe sein und all diese Fak-

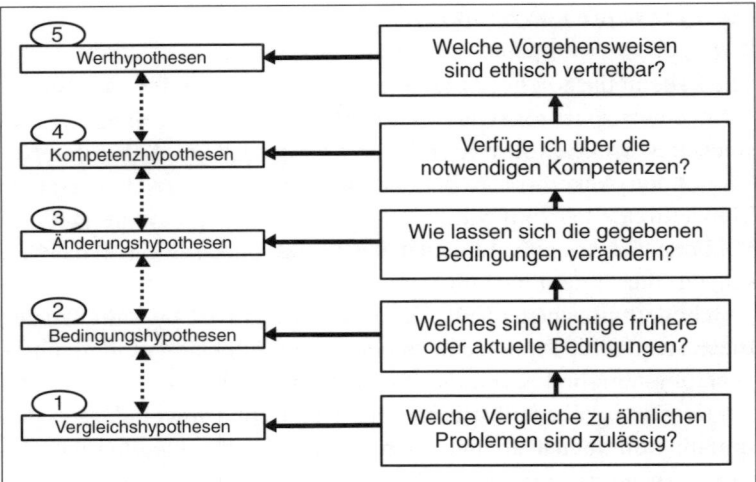

*Abbildung 7.1: Hypothesengeleitetes Arbeiten als Prozeß
(vgl. Kaminski 1970)*

toren berücksichtigen soll, muß es recht weit gefaßt sein. Wenn es
aber zugleich auch übersichtlich sein soll, wird es recht theoretisch
und abstrakt; dies ist nicht zu vermeiden. Daher möchte ich, wo es
zu abstrakt wird, auf unser Praxisbeispiel (vgl. Info-Box 18) zurückgreifen. Denn der Zusammenhang zwischen Theorie und Praxis
macht es erst möglich, aus der Praxis zu lernen. In Anbetracht der
Komplexität des skizzierten Bedingungsgefüges hat das Schlagwort
vom »lernenden System« sicher seine Berechtigung (vgl. Willke
1995).

Was brauchen Menschen, um ihre Entwicklung weitgehend selbständig zu meistern? Wie wollen die Überlegungen von Brandtstädter (1980; vgl. Kapitel 2.2.2) zum Ausgangspunkt für die Konstruktion eines Arbeitsmodells nehmen.

7.1 Elemente und Strukturen

Die kybernetische Theorie adaptiv selbstoptimierender Systeme unterscheidet perzeptorische (wahrnehmende; »1« in Abbildung 7.2) und effektorische (ausführende) Systemglieder (»5«). Ein internes Modell der Außenwelt (»2«), das ein Selbstmodell (»2a«) und ein Umweltmodell (»2b«) beinhaltet, soll interne und externe Prozesse abbilden. Ein kognitiv-semantisches Systemglied (»3«) soll das, was eingeht oder intern an Informationsprozessen abläuft und nunmehr abgebildet wird, benennen (»3a«), ein evaluatives Systemglied soll diese und andere Prozesse dann bewerten (»3b«). Ein motivdynamisches Systemglied (»4«), das eine organismisch-biogenetische Motivationsbasis, ein Selbstideal (»4a«) und ein Umweltideal (»4b«) umfaßt, soll zum Systemgeschehen innere und äußere körperliche, intrinsische und extrinsische Motive einbringen. In Verbindung mit dem kognitiv-semantischen und dem evaluativen Systemglied bildet das motivdynamische Systemglied einen Optimalwertkreis bzw. ein adaptives Führungsgrößensystem: Unter geänderten externen oder internen Bedingungen bilden sich neue, aus Sicht des Systems angemessenere Richtwerte (vgl. Brandtstädter 1980).

Welche Bedeutung haben die genannten Systemelemente für die Entwicklungsförderung im beschriebenen Fall (Info-Box 18)? Die Wahrnehmung ist immer dann Gegenstand, wenn es um eine Sensibilisierung für Auslösereize geht. Kinder müssen lernen, problematische Situationen zu erkennen, bevor sie diese alternativ bearbeiten oder auch meiden können. Wahrnehmung bezieht sich aber nicht nur auf äußere Reize, sondern auch auf innere Prozesse. Hier geht es z. B.

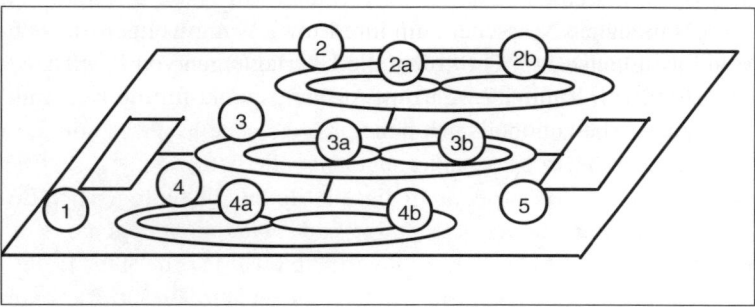

Abbildung 7.2: Systemelemente in einer Ebene

um das Körperschema bzw. Körperkonzept. Wie wir wissen, spielen auch hier frühe Erfahrungen eine entscheidende Rolle. Solche waren in dem beschriebenen Fall nur begrenzt möglich. Statt sicheren ersten Kontakten wurde das Kind mit »Frühgeborenenstation«, mit »operativem Eingriff« konfrontiert. Schwierigkeiten in den frühen Begegnungen zwischen Eltern und Kind haben sicher viele natürliche Erfahrungen negativ überlagert.

Um Eingehendes (Input) angemessen verarbeiten zu können, sind Vergleiche wichtig. Dazu bedarf es gespeicherter Erfahrungen, Abbildungen von internen und externen Prozessen. Fördermaßnahmen setzen voraus, daß die eingehenden Informationen nicht nur wahrgenommen, sondern auch benannt und bewertet werden. Eine diffuse Wahrnehmung von Veränderungen ist nicht genug. Sie müssen benannt werden, um dann adäquat reagieren zu können. Sicher ist auch hier die Integration von Wahrnehmung einzuordnen (Ayres 1992; Kap. 3.2.2). Das Kind wird als trotzig und leicht aufbrausend beschrieben. Was bedeutet das für die pädagogisch-therapeutische Arbeit? Im Sinne des Modells richtet sie sich besonders auf die Beeinflussung der Motivdynamik und versucht so, bei der Ausbildung »neuer Führungsgrößen« zu helfen. Das kann heißen, daß ein Verzicht auf überzogene Ziele angenommen wird, wo er notwendig ist. Zugleich werden alternative Möglichkeiten der Selbstverwirklichung erarbeitet. Solche Ziele begegnen uns beim Kind, etwa wenn es um die Frage nach passenden Spielangeboten geht – aber auch bei seinen Eltern. Für Eltern von Kindern mit Down-Syndrom kann das heißen, bei der Annahme des besonderen Aussehens zu helfen, in dem über Aussehen als Wert nachgedacht, alternative Werte entwickelt und Werthierarchien geändert werden. Neben Fragen der Wahrnehmung scheinen in unserem Fall Probleme des Ausübens (effektorisches Systemglied) wichtig. Die motorische Entwicklung wird, bei bestehender Hypothonie (geringer Muskelspannung), als verlangsamt eingeschätzt. Aber auch das Sprechen scheint hier, zumindest was die Deutlichkeit der Äußerungen angeht, betroffen.

Es stellt sich die Frage, ob in diesem Modell die biologischen Bedingungen genügend berücksichtigt sind, ob es nicht angemessener ist, die genannten Modellelemente prinzipiell auf körperlichen, emotionalen und kognitiven Prozeßebenen zu suchen. Dieser Frage soll im folgenden Abschnitt nachgegangen werden.

7.2 Ebenen und Prozesse

Wenn wir all die genannten körperlichen, emotionalen, kognitiven und sozialen Bedingungen, die für die Bewältigung einer Krise oder Entwicklungsaufgabe wichtig sind, als Elemente eines einzelnen Systems verstehen, werden Probleme und Fehlentwicklungen nur schwer verständlich. Statt dessen scheint es sinnvoller, verschiedene Ebenen zu unterscheiden: die Ebene der Stoffwechselprozesse (Ebene »I« in Abbildung 7.3), die Ebene der muskulären Regulation (»II«), die vorbegrifflich-emotionale (»III«) und die rational-kognitive Ebene (»IV«).

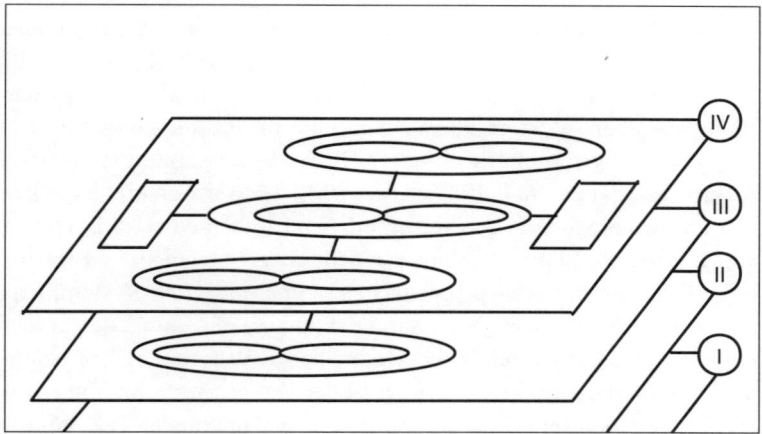

Abbildung 7.3: Systemebenen

In der Tradition der kybernetischen Systemtheorie können wir dann annehmen, daß es sich jeweils um teilautonome Systeme handelt, die zunächst die anfallenden Störungen intern zu regeln suchen. Erst wenn dies nicht gelingt, werden höhere Ebenen »eingeschaltet« und in die Problembewältigung einbezogen. Bense (1981) und Allmer (1985) folgend, können wir annehmen, daß diesen Ebenen unterschiedliche Bewußtseinsstufen entsprechen (vgl. Steinebach 1988). So kann ein Kind schon über motorische Aktivität ein Ziel erreichen. Es kann einen weiteren Klotz auf einen kleinen Turm legen und so einen hohen Turm bauen. Es kann dabei natürlich scheitern und dieses Scheitern als Enttäuschung erleben. Es kann traurig oder wü-

241

tend werden. Es kann Hilfe holen u.a.m. In unserem Fall wäre ein Scheitern denkbar, weil Matthias nicht über die entsprechenden motorischen Kompetenzen verfügt. Er hat aber inzwischen gelernt, sich gegen Trauer zu schützen, indem er wütend wird. Dann erfolgt meist Hilfe durch eine andere Person. Seine Mutter komplettiert den Turm.

Wie grenzen sich System und Umwelt voneinander ab? Welche Beziehungen bestehen zwischen System und Umwelt? In der kybernetischen Systemtheorie versucht das System, bestimmte Ziele zu erreichen, indem es sich mit der Umwelt auseinandersetzt. Diese Auseinandersetzung wird vom System über bestimmte Kontrollwerte oder Führungsgrößen kontrolliert. Das System bewältigt seine Aufgaben, d. h. es adaptiert, indem es auf die Umwelt Einfluß nimmt oder neue Führungsgrößen definiert (Brandtstädter 1980, Kiss 1990). In der Theorie autopoietischer, selbstreferentieller Systeme wird das Verhalten über selektive Umweltkontakte im Rahmen eines innengerichteten, systemintern ablaufenden Selbstherstellungsprozesses erklärt (Luhmann 1984, 1987, Kiss 1990). Theoretisch bietet die Erweiterung des Modells von verschiedenen Elementen einer Ebene zu vergleichbaren Elementen unterschiedlicher Ebenen die Möglichkeit, den Entwicklungsoptimismus der kybernetischen Systemtheorie zu relativieren: Wir gehen dann davon aus, daß es bei den Informations- und Aktivationsprozessen zwischen zwei und mehr Ebenen immer zu Verzögerungen, Störungen oder Verzerrungen im Sinne von »Mißverständnissen« kommt. Zudem ist anzunehmen, daß Widersprüche zwischen Ebenen zu Konflikten führen.

Ein Modell, das diese Ebenen unterscheidet, bietet auch die Möglichkeit, Betrachtungsweisen und Maßnahmen der verschiedenen Berufsgruppen zu systematisieren. So beziehen sich ärztlich-diagnostische Maßnahmen wesentlich auf die Ebene der Stoffwechselprozesse und der muskulär-neuronalen Regulation. Psychologische und pädagogische Interventionen beziehen sich wesentlich auf die emotionale und kognitive Ebene; hier wären dann das emotionale Befinden, Ängste oder auch Wissen um die Behinderung und mögliche Bewältigungsstrategien zu nennen.

Es wäre nun leicht, den genannten Ebenen eine »Umweltebene« beizufügen. Aber damit wäre der Interpretationsbogen von biologischen Prozessen über emotionale und kognitive bis hin zu umwelt-seitigen Prozessen überspannt. Bei genauer Betrachtung zeigen sich bereits Interpretationsprobleme, wenn es um die Übertragung der vorgeschlagenen Modellelemente auf eine rein biochemische oder muskulär-neuronale Ebene geht. Eine Übertragung auf Aspekte der sozialen und nonsozialen Umwelt ist dann um so schwieriger. Wir wollen daher im Modell interne und externe Prozesse klarer vonein-ander trennen und, unter Berufung auf moderne Entwicklungs- und Sozialisationstheorien, verschiedene Ebenen der Mensch-Umwelt-Interaktion unterscheiden. Dies soll im folgenden Abschnitt gesche-hen.

7.3 Stabilität und Wandel

Stabilität und Entwicklung erscheinen aus Sicht der ökologischen Entwicklungspsychologie ganz wesentlich von Wandlungen in den Mensch-Umwelt-Beziehungen bestimmt. So unterscheidet Bronfen-brenner (1981, 1999; vgl. Kapitel 4 dieses Buchs) verschiedene Be-dingungen menschlicher Entwicklung, systematisiert in einer ver-schachtelten Struktur von Entwicklungsumwelten. Er bezeichnet das ort- und zeitspezifische, tätigkeits- und rollenabhängige Bezie-hungsgefüge zwischen Person und Umwelt als *Mikrosystem* (Bereich »A« in Abbildung 7.4).

Das *Mesosystem* (»B«) besteht umfassender aus allen wichtigen Settings, in denen sich eine Person zu einem bestimmten Zeitpunkt befindet. Die entwicklungsbestimmenden Settings sind ihrerseits von weiteren formellen und informellen Strukturen beeinflußt, die der Autor als Exosystem (»C«) zusammenfaßt. Übergeordnete institu-tionelle Muster der Kultur oder einzelner Subkulturen sind dem *Ma-krosystem* (»D«) zugeordnet. Mit dieser Systematik können wir in un-serem Fall nun die wichtigen »Umweltaspekte« berücksichtigen: die Interaktion zwischen Mutter und Kind oder zwischen Vater und Kind, die Situation im Kindergarten, die Situation am Arbeitsplatz des Va-ters, aber auch Einstellungen der Gesellschaft zur Integration von Kindern mit Behinderungen.

Aus Sicht einer ökologischen Entwicklungspsychologie ist Bron-fenbrenners Systematik unter verschiedenen Aspekten wichtig:

243

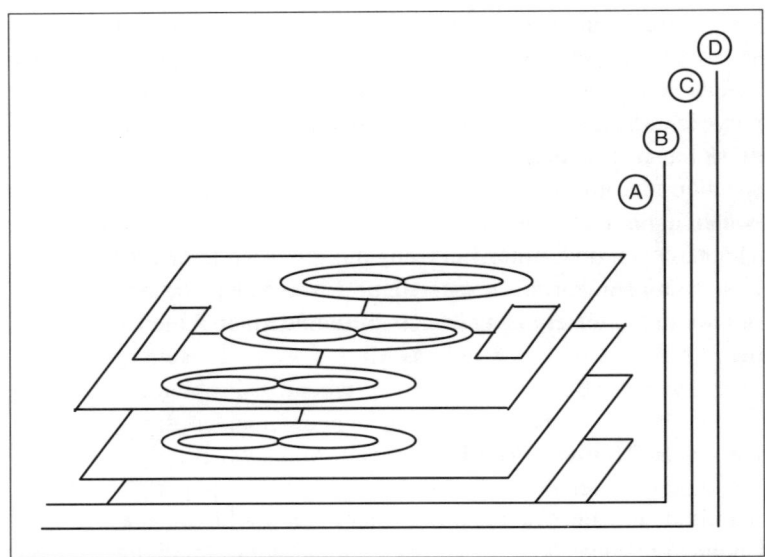

Abbildung 7.4: Umweltsysteme

(1) Ökologische Übergänge erweisen sich als »Entwicklungsmotoren«, indem sie umfassende Anforderungen an das Individuum stellen, deren Bewältigung nur als Folge einer positiven Entwicklung denkbar ist (vgl. auch das Konzept der Entwicklungsaufgaben bei Havighurst 1953). So ist Matthias, sind aber auch seine Eltern mit dem Eintritt in den Kindergarten als ökologischer Übergang und Entwicklungsaufgabe konfrontiert.

(2) Die Auseinandersetzung mit Lebensproblemen macht unterschiedliche ökologische Übergänge notwendig. Dies ist unmittelbar verständlich, wenn an stationäre Maßnahmen gedacht ist, gilt aber auch für den Bereich der ambulanten Rehabilitation, Veränderungen im schulischen Alltag, offene Angebote u. a. m. Mathias z. B. lernt nicht nur den Kindergarten, sondern auch die Frühförderstelle kennen.

(3) Phasen des Übergangs können unterschiedlich lange dauern und damit Phasen einschließen, in denen das Individuum Teil verschiedenster, auch konfligierender Mikro- bzw. Mesosysteme ist. So werden bestehende Rollenunterschiede in verschiedenen Sy-

stemen als starke Belastung erlebt. Es ist schwer, sich immer wieder neu auf die im jeweiligen System geltende Identität einzustellen (vgl. Willke 1995). Die Eltern von Matthias müssen z. B. lernen, daß sie in den verschiedenen Bereichen unterschiedliche Aufgaben und Rollen haben.

Es ist durchaus sinnvoll, die Unterscheidung verschiedener Umweltsysteme, ähnlich wie die Unterscheidung von Systemelementen und Systemebenen, zur Charakterisierung verschiedener Maßnahmen heranzuziehen. So richten sich rehabilitative Maßnahmen auf die Familie als ein besonders wichtiges Mikrosystem, dem ein besonderer Beitrag bei der Bewältigung der bestehenden Probleme zukommt. Für Matthias gewinnen nun aber auch andere, außerfamiliale Beziehungen an Bedeutung. Hinzu kommen Maßnahmen, die sich übergeordneten Systemen widmen. Hier wären Kindergarten und Gemeinde zu nennen. Sicher wären aber auch Maßnahmen auf gesellschaftlicher Ebene denkbar. Informationen über Behinderungen, über Lebenschancen und -ziele von Menschen mit Behinderungen fördern die Bereitschaft in der Gesellschaft, Menschen mit Behinderungen zu integrieren (vgl. Steinebach 1997e).

Ist dieses komplexe Wirkungsgefüge zwischen individuellen, sozialen, nonsozialen Faktoren überhaupt zu beeinflussen? Der Wert des hier vorgestellten Modells liegt zunächst darin, die Vielzahl von Variablen und Aspekten zu ordnen, mit Blick auf die Variablen Interventionen zu begründen oder auch die Wirkungen von Interventionen auf verschiedene Variablen zu reflektieren. Dies ist unverzichtbar, um die oft bestehende Kluft zwischen medizinischem, psychologischem und pädagogischem Handeln zu überbrücken: Ein gemeinsames Bedingungsmodell ist die angemessene Grundlage für die Planung, Umsetzung und Reflexion von Maßnahmen der interdisziplinären Praxis. Ein solches Modell muß daher die biochemischen, muskulär-neuronalen, emotionalen, kognitiven und verschiedenen sozialen und nonsozialen Aspekte des Entwicklungsverlaufs berücksichtigen. Was braucht eine Psychologin, Pädagogin oder Sozialarbeiterin, um an dieser Komplexität nicht zu verzweifeln? Welche Fähigkeiten machen Erfolge wahrscheinlich? Die Aus- und Weiterbildung sollte insbesondere solche Kompetenzen in den Blick nehmen, die ein verantwortungsvolles Systemmanagement wahr-

scheinlich werden lassen. Mit Blick auf die Theorie selbstreferentieller Systeme lassen sich hier nennen: das Wissen um Strukturen,
zeitliche Abläufe, kompetenter Umgang mit Gefühlen, Kontaktfähig-
keit, Fertigkeiten der Systemförderung und Theoriewissen (Abbildung 7.5).

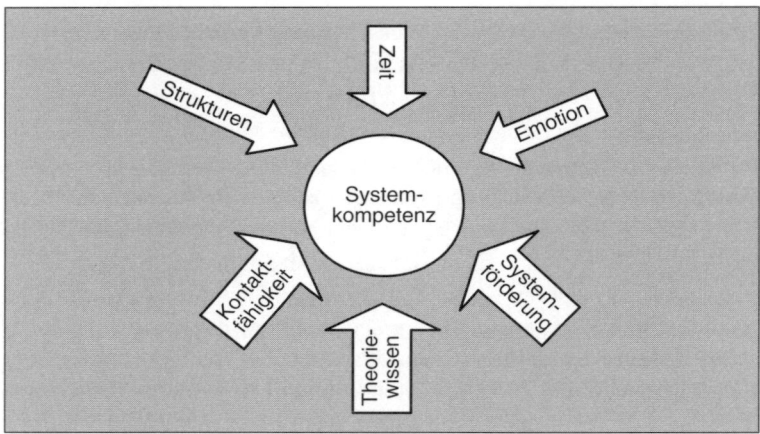

*Abbildung 7.5: Aspekte der individuellen Systemkompetenz
(vgl. Manteufel & Schiepek 1995)*

Mit Bedacht sind diese Kompetenzen so abstrakt formuliert, daß eine stetige Überarbeitung der beruflichen Praxis und Weiterentwicklung im Beruf möglich ist. Lernen wird zur grundlegenden Herausforderung, zur lebenslangen Aufgabe. Dies klingt auch in einer der
Geschichten Bert Brechts vom Herrn Keuner an. »Ein Mann, der
Herrn K. lange nicht gesehen hatte, begrüßte ihn mit den Worten: ›Sie
haben sich gar nicht verändert.‹ ›Oh!‹ sagte Herr K. und erbleichte«
(Brecht 1980, S. 26).

📖 Oerter, R. (1998b). Kultur, Ökologie und Entwicklung. In: Oerter, R. & Montada,
L. (Hrsg.): Entwicklungspsychologie. Weinheim: PVU (4. Aufl.), S. 84–127

🗐 Steinebach (1997d). Kinder, Krisen, Kliniken. Rehabilitation zwischen Individuum
und Organisation. In: Steinebach, Ch. (Hrsg.): Heilpädagogik für chronisch kranke
Kinder und Jugendliche. Freiburg i. Br.: Lambertus, S. 45–65

Literatur

Aebli, H. (1993). Denken, das Ordnen des Tuns. Bd. 1: Kognitive Aspekte der Handlungstheorie. Stuttgart: Klett-Cotta (2. Aufl.)

Aebli, H. (1994). Denken, das Ordnen des Tuns. Bd. 2: Denkprozesse. Stuttgart: Klett-Cotta (2. Aufl.)

Affolter, F. (1992). Wahrnehmung, Wirklichkeit und Sprache. Villingen-Schwenningen: Neckar (6. Aufl.)

Ainsworth, M. D. S., Blehar, M. C., Waters, E. & Wall, S. N. (1978). Patterns of attachment: A psychological study of the strange situation. Hillsdale, NJ: Erlbaum

Albert, H. (1968). Traktat über kritische Vernunft. Tübingen: Mohr

Allmer, H. (1985). Entwicklungspsychologie aus handlungstheoretischer Sicht: Implikationen für die Theoriebildung und Forschungskonzeption. Psychologische Rundschau 36 (4), S. 181–190

Allport, G. W. (1935). Attitudes. In: Murchinson, C. C. (Hrsg.): Handbook of Social Psychology. Worcester: Clark University Press, S. 798–844

American psychological association (APA) (1985). Standards for educational and psychological testing. Washington, DC: APA

Angermeier, W. F. (1977). Lernen. In: Herrmann, Th., Hofstätter, P. R., Huber, H. P. & Weinert, F. E. (Hrsg.): Handbuch psychologischer Grundbegriffe. München: Kösel, S. 259–277

Arbinger, R. (1995). Entwicklung der Motorik. In: Hetzer, H., Todt, E., Seiffge-Krenke, I. & Arbinger, R. (Hrsg.): Angewandte Entwicklungspsychologie des Kindes- und Jugendalters. Heidelberg: Verlag Quelle & Meyer (2. Aufl.), S. 42–67

Aucouturier, B. & Lapierre, A. (1982). Bruno. Bericht über eine psychomotorische Therapie bei einem zentral geschädigten Kind: München: Reinhardt

Ayres, J. (1992). Bausteine der kindlichen Entwicklung. Berlin: Springer

Baltes, M. M. (1996). The many faces of dependency in old age. Cambridge: Cambridge University Press

Baltes, M. M. (1998). Alter und Altern: Bewältigung von Verlusten. Zeitschrift für Klinische Psychologie 27 (2), S. 75–77

Baltes, M. M. & Sowarka, D. (1998). Kognitive Intervention im Alter. In: Oerter, R. & Montada, L. (Hrsg.): Entwicklungspsychologie. Weinheim: PVU (4. Aufl.), S. 1116–1126

Baltes, P. B. (1997). Die unvollendete Architektur der menschlichen Ontogenese: Implikationen für die Zukunft des vierten Lebensalters. Psychologische Rundschau 48, S. 191–210

Baltes, P. B. & Sowarka, D. (1983). Entwicklungspsychologie und Entwicklungsbegriff. In: Silbereisen, R. K. & Montada, L. (Hrsg.): Entwicklungspsychologie. Ein Handbuch in Schlüsselbegriffen. München: Urban & Schwarzenberg, S. 11–20

Bandler, R., Grinder, J. & Satir, V. (1978). Mit Familien reden. München: Pfeiffer

Bandura, A. (1965). Behavioral modifications through modeling processes. In: Krasner, L. & Ullmann, L. P. (Hrsg.): Research in behavior modification. New York: Holt, Rinehardt & Winston, S. 310–340

Bandura, A, (1986). Social foundation of thoughts and actions: A social cognitive theory. Engelwood Cliffs, NJ: Prentice-Hall

Barker, R. G. (1968). Ecological psychology. Concepts and methods for studying the environment of human behavior. Stanford, CA: Stanford University Press

Batinic, B. (Hrsg.) (1997). Internet für Psychologen. Göttingen: Hogrefe

Belsky, Y. & Tolan, W. J. (1981). Infants as producers of their own development: An ecological analysis. In: Lerner, R. M. & Busch-Rossnagl, N. A. (Hrsg.): Individuals as producers of their development. A life-span perspective. New York: Academic Press, S. 87–116

Bense, A. (1981). Klinische Handlungstheorie. Weinheim: Beltz

Berry, J. W. (1988). Acculturation and psychological adaptation: A conceptual overview. In: Berry, J. W. & Annis, R. C. (Hrsg.): Ethnic psychology: Research and practice with immigrants, refugees, native peoples, ethnic groups and sojourners. Amsterdam: Swets & Zeitlinger, S. 41–52

Bertram, H. (1991). Individualisierung – eine Tendenz gegen die Familie? Zum Wandel familialer Lebensformen. München: DJI

Bierbach, E.-M. & Steinebach, Ch. (1992). Grundbegriffe. In: Finger, G. & Steinebach, Ch. (Hrsg.): Frühförderung. Zwischen passionierter Praxis und hilfloser Theorie. Freiburg i. Br.: Lambertus. S. 42–49

Bischof, N. (1993). Untersuchungen zur Systemanalyse der sozialen Motivation I. Zeitschrift für Psychologie 201, S. 5–43,

Bischof, N. (1997). Das Rätsel Ödipus. München: Piper (5. Aufl.)

Bischof-Köhler, D. (1998). Zusammenhänge zwischen kognitiver, motivationaler und emotionaler Entwicklung in der frühen Kindheit und im Vorschulalter. In: Keller, H. (Hrsg.): Lehrbuch Entwicklungspsychologie. Bern: Huber, S. 319–376

Bowlby, J. (1982). Attachment and loss. Bd. 1: Attachment. New York: Basic (2. Aufl.)

Brandtstädter, J. (1980). Gedanken zu einem psychologischen Modell optimaler Entwicklung. Zeitschrift für klinische Psychologie und Psychotherapie, 28 (3), S. 209–222

Brandtstädter, J. (1981). Entwicklung in Handlungskontexten: Aussichten für die entwicklungspsychologische Theoriebildung und Anwendung. Trierer psychologische Berichte 8 (8)

Brandtstädter, J. (1982). Kern- und Leitbegriffe psychologischer Prävention. In: Brandtstädter, J. & von Eye, A. (Hrsg.): Psychologische Prävention. Bern: Huber, S. 81–115

Brandtstädter, J. (1983a). Emotion, Kognition , Handlung: Konzeptuelle Beziehungen. Berichte aus der Arbeitsgruppe »Entwicklung und Handeln« 3. Trier: Universität Trier

Brandtstädter, J. (1983b). Personal and social control over development: Some implications of an action perspective in life-span developmental psychology. Berichte aus der Arbeitsgruppe »Entwicklung und Handeln«. Trier: Universität Trier

Brandtstädter, J. (1985). Entwicklungsberatung unter dem Aspekt der Lebensspanne: Zum Aufbau eines entwicklungspsychologischen Anwendungskonzeptes. In: Brandtstädter, J. & Gräser, H. (Hrsg.): Entwicklungsberatung unter dem Aspekt der Lebensspanne. Göttingen: Hogrefe, S. 1–15

Brandtstädter, J. (1986). Personale Entwicklungskontrolle und entwicklungsregulatives Handeln: Überlegungen zu einem vernachlässigten Forschungsthema. Zeitschrift für Entwicklungspsychologie und Pädagogische Psychologie 18 (4), S. 316–334

Brandtstädter, J. (1990). Evaluationsforschung: Probleme der wissenschaftlichen Bewertung von Interventions- und Reformprojekten. In: Brandtstädter, J. (Hrsg.): Themenschwerpunkt: Evaluationsforschung. Zeitschrift für Pädagogische Psychologie (4), S. 215–227

Brandtstädter, J. (1998). Action perspectives on human development. In: Lerner, R. M. (Hrsg.): Theoretical models of human development (= Handbook of child psychology, Bd. 1, 5. Aufl.). New York: Wiley, S. 807–863

Brandtstädter, J., Baltes-Götz, B. & Heil, F. E. (1990). Entwicklung in Partnerschaften: Analysen zur Partnerschaftsqualität bei Ehepaaren im mittleren Erwachsenenalter. Zeitschrift für Entwicklungspsychologie und Pädagogische Psychologie 22 (3), S. 183–206

Brandtstädter, J. & Gräser, H. (1999). Entwicklungsorientierte Beratung. In: Oerter, R., von Hagen, C., Röper, G. & Noam, G. (Hrsg.): Klinische Entwicklungspsychologie. Weinheim: PVU, S. 335–350

Brandtstädter, J. & Greve, W. (1999). Intentionale und nichtintentionale Aspekte des Handelns. In: Straub, J. & Werbik, H. (Hrsg.): Handlungstheorie. Frankfurt a. M.: Campus, S. 185–212

Brandtstädter, J. & Rothermund, K. (1998). Bewältigungspotentiale im höheren Alter: adaptive und protektive Prozesse. In: Kruse, A. (Hrsg.): Psychosoziale Gerontologie. Bd. 1: Grundlagen. Göttingen: Hogrefe, S. 223–237

Brecht, B. (1980). Geschichten vom Herrn Keuner. Frankfurt a. M.: Suhrkamp

Brem-Gräser, L. (1993). Handbuch der Beratung für helfende Berufe. München: Reinhardt

Brewer, M. B. (1996). Managing diversity: The role of social identities. In: Jackson, S. E. & Ruderman, M. N. (Hrsg.): Diversity in work teams. Washington DC: Amercan Psychological Association, S. 47–68

Brim, O. G. & Phillips, D. A. (1988). The life-span intervention cube. In: Hetherington, E. M., Lerner, R. M. & Perlmutter, M. (Hrsg.): Child development in life-span perspective. Hillsdale, NJ: Erlbaum, S. 277–299

Bronfenbrenner, U. (1978). Ansätze zu einer experimentellen Ökologie menschlicher Entwicklung. In: Oerter, R. (Hrsg.): Entwicklung als lebenslanger Prozeß. Hamburg: Hoffmann & Campe, S. 33–65

Bronfenbrenner, U. (1981). Die Ökologie der menschlichen Entwicklung. Stuttgart: Klett

Bronfenbrenner, U. (1989). Ecological systems theory. Annals of child development (6), S. 187–249

Bronfenbrenner, U. (1990). The ecology of cognitive development. Zeitschrift für Sozialisationsforschung und Erziehungssoziologie (ZSE) (2), S. 101–114

Bronfenbrenner, U. (1999). Environments in developmental perspective: Theoretical and operational models. In: Friedman, S. L. & Wachs, T. D. (Hrsg.): Measuring environment across the life span. Washington. American Psychological Association, S. 3–28

Bühler, Ch. (1925). Das Seelenleben des Jugendlichen. Jena: Fischer

Bundschuh, K. (1992). Heilpädagogische Psychologie. München: Reinhardt

Burgess, R. L. & Houston, T. L. (Hrsg.) (1979). Social exchange in developing relationships. New York: Academic Press

Buss, A. R. (1974). Multivariate model of quantitative, structural, and quantistructural ontogenetic change. Developmental Psychology 10, S. 190–203

Cicchetti, D. (1999). Entwicklungspsychopathologie: Historische Grundlagen, konzeptuelle und methodische Fragen, Implikationen für Prävention und Intervention. In: Oerter, R., von Hagen, C., Röper, G. & Noam, G. (Hrsg.): Klinische Entwicklungspsychologie. Weinheim: PVU, S. 11–44

Cierpka, M. (Hrsg.) (1996). Handbuch der Familiendiagnostik. Berlin: Springer

Claessens, G. (1989). Enkulturation. In: Endruweit, G. & Trommsdorff, G. (Hrsg.): Wörterbuch der Soziologie. Stuttgart: Enke, S. 145 f.

Clarke, A. & Clarke, A. (1977). Prospects for prevention and amelioration of mental retardation: A guest editorial. American Journal of Mental Deficiency 81, S. 523–533

Cota, A. A., Evans, C. R., Dion, K. L., Kilik, L. & Longman, R. S. (1995). The structure of group cohesion. Personality and Social Psychology Bulletin, S. 572–580

Dell, P. F. (1982). Klinische Erkenntnis. Dortmund: Modernes Lernen

Deutscher Bildungsrat (1973). Empfehlungen der Bildungskommission. Zur pädagogischen Förderung behinderter und von Behinderung bedrohter Kinder und Jugendlicher. Stuttgart: Klett

Diehm, I. & Rathke, O. (1999). Erziehung und Migration. Stuttgart: Kohlhammer

Dunst, C. J. (1985). Rethinking early intervention. Analysis and Intervention in Developmental Disabilities 5, S. 165–201

Duvall, E. M. (1977). Family development. Philadelphia: Lippincott (5. Aufl.)

Eckensberger, L. (1998). Die Entwicklung des moralischen Urteils. In: Keller, H. (Hrsg.): Lehrbuch Entwicklungspsychologie. Bern: Huber, S. 475–516

Eggert, D. (1994). Theorie und Praxis der psychomotorischen Förderung. Dortmund: Modernes Lernen

Eibl-Eibesfeldt, I. (1976). Der vorprogrammierte Mensch. Wien: Molden

Elias, N. (1970). Was ist Soziologie? München: Juventa

Erikson, E. H. (1950). Childhood and society. New York: Norton

Erikson, E. H. (1995). Kindheit und Gesellschaft. Stuttgart: Klett-Cotta (12. Aufl.)

Erikson, E. H. (1998). Jugend und Krise. Die Psychodynamik im sozialen Wandel. Stuttgart: Klett-Cotta (4. Aufl.)

Faltermaier, T., Mayring, P., Saup, W. & Strehmel, P. (1992). Entwicklungspsychologie des Erwachsenenalters. Stuttgart: Kohlhammer

Fend, H. (1992). Vom Kind zum Jugendlichen. Bd. I. Bern: Huber, S. 255 f.

Fend, H. (2000). Entwicklungspsychologie des Jugendalters. Opladen: Leske & Budrich

Fengler, J. (1992). Helfen macht müde. München: Pfeiffer

Fengler, J. (1999). Supervision. In: Fengler, J. & Jansen, G. (Hrsg.): Handbuch der Heilpädagogischen Psychologie. Stuttgart: Kohlhammer (3. Aufl.), S. 322–334

Filipp, S.-H. (1987). Intervention in der Gerontopsychologie. In: Oerter, R. & Montada, L. (Hrsg.): Entwicklungspsychologie. Weinheim: PVU (2. Aufl.), S. 934–970

Filipp, S.-H. (1995). Ein allgemeines Modell für die Analyse kritischer Lebensereignisse. In: Filipp, S.-H. (Hrsg.): Kritische Lebensereignisse. Weinheim: PVU (3. Aufl.), S. 3–52

Filipp, S.-H. & Doenges, D. (1983). Entwicklungstests. In: Groffmann, K. J. & Michel, L. (Hrsg.): Intelligenz- und Leistungsdiagnostik. Enzyklopädie der Psychologie. Göttingen: Hogrefe, S. 202–306

Fink, A. (1995). Evaluation for education and psychology. Thousand Oaks: Sage

Fisher, A. G. & Murray, E. A. (1998). Einführung in die Theorie der Sensorischen Integration. In: Fisher, A. G., Murray, E. A. & Bundy, A. C. (Hrsg.): Sensorische Integrationstherapie. Berlin: Springer, S. 3–42

Flammer, A. (1992). Entwicklungskontrolle: Chance oder Hybris? In: Gerhard, U. (Hrsg.): Psychologische Erkenntnisse zwischen Philosophie und Empirie. Bern: Huber, S. 61–71

Flammer, A. (1993). Entwicklungsaufgaben als gesellschaftliche Eintrittskarten. In: Mandel, H., Dreher, M. & Kornadt, H.-J. (Hrsg.): Entwicklung und Denken im kulturellen Kontext. Göttingen: Hogrefe, S.119–128

Flammer, A. (1996). Entwicklungstheorien. Bern: Huber (2. Aufl.)

Flehinghaus, K.-H. (1984). Sprach- und Sprecherzeihung Geistigbehinderter. Hagen: Fernuniversität Hagen (Studienbrief)

Fodor, E. M. & Riordan, J. M. (1995). Leader power and group conflict as influences on leader behavior and group member self-affect. Journal of Research in Personality 29, S. 418–431

French, W. L. & Bell, C. H. (1994). Organisationsentwicklung. Bern: Haupt (4. Aufl.)

Frey, D. (1978). Die Theorie der kognitiven Dissonanz. In: Frey, D. (Hrsg.): Kognitive Theorien der Sozialpsychologie. Bern: Huber, S. 243–292

Friedlmeier, W. & Trommsdorff, G. (1992). Entwicklung von Empathie. In: Finger, G. & Steinebach, Ch. (Hrsg.): Frühförderung. Zwischen passionierter Praxis und hilfloser Theorie. Freiburg i. Br.: Lambertus, S. 138–150

Fritz J. (1993). Theorie und Pädagogik des Spiels. Weinheim: Juventa (2. Aufl.)

Fröhlich, A. (1979). Interdisziplinäre Zusammenarbeit in der Hilfe für geistig Schwerstbehinderte. Basale Stimulation – Ein interdisziplinärer Ansatz zur Förderung Schwerstbehinderter. Zur Orientierung, S. 370–377

Fthenakis, W. E. (1985a). Väter. Bd. 1: Zur Psychologie der Vater-Kind-Beziehung. München: Urban & Schwarzenberg

Fthenakis, W. E. (1985b). Väter. Bd. 2: Zur Vater-Kind-Beziehung in verschiedenen Familienstrukturen. München: Urban & Schwarzenberg

Gehring, T. M. (1993). Der Familiensystemtest. Weinheim: Beltz

Gehring, T. M. & Marti, D. (in press). Concept and psychometric properties of the FAST. In: Debry, M., Gehring, T. M. & Smith, P. K. (Hrsg.): Family System

Test (FAST): A new approach to investigate family relations in clinical research and practice. London: Routledge

Gehring, T. M., Brägger, F., Steinebach, Ch. & Wössmer Buntschu, B. (1995). Family System Test (FAST): A systemic approach to analyse social relationships in clinical context. In: Boothe, B. & Hirsig, R. (Hrsg.): Swiss Monographs in Psychology. Bern: Huber, S. 87–92

Gerris, J. R. M. (1989). Gezinsonderzoek: een multidisciplinairwerkterein op weg naar een interdisciplinaire benadering? Gezin (Tijdschrift voor primaire leefvormen) 1, S. 5–31

Ginsburg, H. P. & Opper, S. (1998). Piagets Theorie der geistigen Entwicklung. Stuttgart: Klett-Cotta (8. Aufl.)

Gloger-Tippelt, G. (1997). Neue und alte Herausforderungen für die Bindungsforschung. Newsletter Entwicklungspsychologie (1), S. 20–23

Gollwitzer, P. M. (1993). Volition: Das Realisieren von Zielen. In: Montada, L. (Hrsg.): Bericht über den 38. Kongreß der Deutschen Gesellschaft für Psychologie in Trier 1992. Göttingen: Hogrefe, S. 888–891

Gordon, Th. (1982). Familienkonferenz. Reinbek b. Hamburg: Rowohlt

Gräser, H. (1980). Entwicklungsintervention. In: Wittling, W. (Hrsg.): Handbuch der Klinischen Psychologie. Bd. 5: Therapie gestörten Verhaltens. Hamburg: Hoffmann & Campe, S. 16–49

Graumann, C. F. (1997). Die Erfahrung des Fremden: Lockung und Bedrohung. In: Mummendey, A. & Simon, B. (Hrsg.): Identität und Verschiedenheit. Bern: Huber, S. 39–62

Greve, W. & Wentura, D. (1997). Wissenschaftliche Beobachtung in der Psychologie. München: Quintessenz (2. Aufl.)

Griesinger, U. (1997). Einzelfallstudie eines Kindes mit einer intermodalen Wahrnehmungsstörung. Freiburg i. Br.: Katholische Fachhochschule (unveröffentlichte Diplomarbeit)

Grimm, H. (1998). Im Zentrum steht das Wort. In: Keller, H. (Hrsg.): Lehrbuch Entwicklungspsychologie. Bern: Huber, S. 445–473

Gröschke, D. (1997). Praxiskonzepte der Heilpädagogik. München: Reinhardt (2. Aufl.)

Großmann, H. (1998). Sozialer Wandel und seine Folgen für die Lebenssituation von Kindern – Eine soziologische Perspektive. In: Sturzbecher, D. (Hrsg.): Kindertagesbetreuung in Deutschland. Bilanzen und Perspektiven. Freiburg i. Br.: Lambertus, S. 9–29

Grossmann, K. E. & Grossmann, K. (1997). Bindungstheorie und Bindungsforschung. Newsletter Entwicklungspsychologie (1), S. 5–14

Grubitzsch, S. (1978). Konstruktion psychologischer Tests. In: Grubitzsch, S. & Rexilius, G. (Hrsg.): Testtheorie und Trestpraxis. Reinbek b. Hamburg: Rowohlt, S. 75–111

Hackenberg, W. (1983). Die psychosoziale Situation von Geschwistern behinderter Kinder. Heidelberg: Schindele

Hajos, A. (1977). Wahrnehmung. In: Herrmann, Th., Hofstätter, P. R., Huber, H. P. & Weinert, F. E. (Hrsg.): Handbuch psychologischer Grundbegriffe. München: Kösel, S. 529–540

Hasselhorn, M. & Schneider, W. (1998). Aufgaben und Methoden der differentiellen Entwicklungspsychologie. In: Keller, H. (Hrsg.): Lehrbuch Entwicklungspsychologie. Bern: Huber, S. 295–316

Haushalter, S. (1997). Heilpädagogik mit krebskranken Jugendlichen. In: Steinebach, Ch. (Hrsg.): Heilpädagogik für chronisch kranke Kinder und Jugendliche. Freiburg i. Br.: Lambertus, S. 161–174

Hausser, K. (1989). Identität. In: Endruweit, G. & Trommsdorff, G. (Hrsg.): Wörterbuch der Soziologie. München: dtv, S. 279–281

Havighurst, R. J. (1953). Developmental tasks and education. New York: McKay

Heckhausen, J. (1993). Developmental expectations for the self and most other people: Age grading in three functions of social comparison. Developmental Psychology 29, S. 539–548

Heckhausen, J. (in press). Developmental regulation across the life span: Age-graded sequencing of developmental-goal-related action cycles. In: Heckhausen, J. (Hrsg.): Developing motivation and motivating development: Towards a motivational psychology of ontogenesis.

Heckhausen, J. & Mayr, U. (1998). Entwicklungsregulation und Kontrolle im Erwachsenenalter und Alter: Lebenslaufpsychologische Perspektiven. In: Keller, H. (Hrsg.): Lehrbuch Entwicklungspsychologie. Bern: Huber, S. 399–442

Heckhausen, J. & Schulz, R. (1993). Optimisation by selection and compensation: Balancing primary and secondary control in life-span development. International Journal of Behavioral Development 16, S. 287–303

Heekerens, H. P. (1988). Familientherapie und Erziehungsberatung. Heidelberg: Asanger

Heinerth, K. (1979). Einstellung, Verhalten und Erleben als Gegenstand der Veränderung in Psychotherapie und Erziehung. In: Heinerth, K. (Hrsg.): Einstellungs- und Verhaltensänderung. München: Reinhardt, S. 17–30

Hetherington, E. M., Cox, M. & Cox, R. (1979). Play and social interaction in children following divorce. Journal of Social Issues 35, S. 27–49

Hill, R. (1971). Modern systems theory in the family: A confrontation. Social Science Information, S. 7–26

Hill, R. & Mattessich, P. (1979). Family development theory and life-span development. In: Baltes, P. B. & Brim, O. G. jr. (Hrsg.): Life-span development and behavior. Bd. 2. New York: Academic Press, S. 161–204

Hodapp, R. M. & Fidler, D. J. (1999). Parenting, etiology, and personality-motivational functioning in children with mental retardation. In: Zigler, E. & Bennett-Gates, D. (Hrsg.): Personality development in individuals with mental retardation. Cambridge: Cambridge University Press, S. 226–248

Hofer, M. (1992a). Die Familie mit Schulkindern. In: Hofer, M., Klein-Allermann, E. & Noack, P. (Hrsg.): Familienbeziehungen. Eltern und Kinder in der Entwicklung. Göttingen: Hogrefe, S. 171–193

Hofer, M. (1992b). Familienbeziehungen in der Entwicklung. In: Hofer, M., Klein-Allermann, E. & Noack, P. (Hrsg.): Familienbeziehungen. Göttingen: Hogrefe, S. 3–26

Hofstede, G. (1989). Sozialisation am Arbeitsplatz aus kulturvergleichender Sicht.

In: Trommsdorff, G. (Hrsg.): Sozialisation im Kulturvergleich. Stuttgart: Enke, S. 156–173

Holle, B. (1996). Die motorische und perzeptuelle Entwicklung des Kindes. München: PVU (4. Aufl.)

Hoppe-Graff, S. (1998). Tagebücher, Gespräche und Erzählungen: Zugänge zum Verstehen von Kindern und Jugendlichen. In: Keller, H. (Hrsg.): Entwicklungspsychologie. Bern: Huber, S. 261–294

Horowitz, F. D. (1980). Intervention and its effects on early development: What model of development is appropriate? In: Turner, R. R. & Reese, H. W. (Hrsg.): Life-span developmental psychology, intervention. New York: Academic Press, S. 235–248

Hurrelmann, K. (1995). Lebensphase Jugend. Eine Einführung in die sozialwissenschaftliche Jugendforschung. München: Juventa

Hurrelmann, K. & Nordlohne, E. (1989). Sozialisation. In: Endruweit, G. & Trommsdorff, G. (Hrsg.): Wörterbuch der Soziologie. Stuttgart: Enke, S. 604–611

Innerhofer, P. & Peterander, F. (1984). Paardiagnostik: Unterforderndes Verhalten im Umgang mit behinderten Kindern. Zeitschrift für klinische Psychologie (13), S. 184–203

Jaede, W. (1993). Trennungs- und Scheidungsberatung in Erziehungsberatungsstellen unter besonderer Berücksichtigung kindlicher Entwicklungskriterien. Praxis der Kinderpsychologie und Kinderpsychiatrie 42, S. 42–49

Jaede, W., Wolf, J. & Zeller-König, B. (1996). Gruppentraining mit Kindern aus Trennungs- und Scheidungsfamilien. Weinheim: Beltz

Jödecke, M. (1998). Einführung in einige kulturhistorische und tätigkeitstheoretische Grundannahmen der materialistischen Behindertenpädagogik. Freiburg i. Br.: Fachbereichstag Heilpädagogik, 20. Mai 1998 (Vortrag)

Käser, R. (1998). Das Ende der Diagnostik in der Schulpsychologie? In: Imoberdorf, U., Käser, R. & Zihlmann, R. (Hrsg.): Psychodiagnostik von Individuen, Gruppen und Organisationen. Stuttgart: Hirzel, S. 243–251

Kahn, R. L. & Antonucci, T. C. (1980). Convoys over the life course: Attachment, roles, and social support. In: Baltes, P. B. & Brim, O. G. (Hrsg.): Life-span development and behavior. Bd. 3. New York: Academic Press, S. 254–287

Kaminski, G. (1970). Verhaltenstheorie und Verhaltensmodifikation. Stuttgart: Klett

Kaufmann-Hayoz, R. (1989). Entwicklung der Wahrnehmung. In: Keller, H. (Hrsg.): Handbuch der Kleinkindforschung. Ben: Huber

Kauschus-Nazario, Ch. (1989). Snoezelen: Ein niederländischer Ansatz im Rahmen der Förderung Schwerstbehinderter. Geistige Behinderung 28, S. 209–213

Keller, H. (Hrsg.) (1998). Lehrbuch Entwicklungspsychologie. Bern: Huber

Keller, H. & Meyer, H.-J. (1982). Psychologie der frühesten Kindheit. Stuttgart: Kohlhammer

Kemmler, L. (1957). Untersuchungen über den frühkindlichen Trotz. Psychologische Forschung 25, S. 279–338

Killermann, D. (1999). Alltagsgestaltung zum Thema »Sterben, Tod und Trauer« mit älteren Menschen mit geistiger Behinderung. Herausforderung und Forderung. Freiburg i. Br.: Katholische Fachhochschule (unveröffentlichte Diplomarbeit)

Kiss, G. (1990). Grundzüge und Entwicklung der Luhmannschen Systemtheorie. Stuttgart: Enke (2. Aufl.)

Klages, H. (1988). Wertedynamik: Über die Wandelbarkeit des Selbstverständlichen. Zürich: Edition Interform

Klein-Allermann, E. & Schaller, S. (1992). Scheidung – Ende oder Veränderung familialer Beziehungen? In: Hofer, M., Klein-Allermann, E. & Noack, P. (Hrsg.): Familienbeziehungen. Eltern und Kinder in der Entwicklung. Göttingen: Hogrefe, S. 267–288

Kobi, E. (1983). Grundfragen der Heilpädagogik. Bern (4. Aufl.)

Kobi, E. (1990). Heilpädagogische Diagnostik. Zürich: Edition SZH/SPC

Köhler, G. & Egelkraut, H. (1984). Münchener Funktionelle Entwicklungsdiagnostik für das zweite und dritte Lebensjahr, Handanweisung. München: Universität München

Kohlberg, L. (1971). From is to ought: How to commit the naturalistic fallacy and get away with it in the study of moral development. In: Mischel, T. (Hrsg.): Cognitive development and epistemology. New York: Academic Press, S. 151–235

Konstantareas, M. M. & Homatidis, S. (1988). Stress and differential parental involvement in families of autistic and learning disabled children. In: Hibbs, E. D. (Hrsg.): Children and families. Studies in prevention and intervention. Madison: International University Press, S. 321–336

Korn, S. & Rinio, D. (1997). Jeux dramatiques in der heilpädagogischen Arbeit mit Kindern. Freiburg i. Br.: Katholische Fachhochschule (unveröffentlichte Diplomarbeit)

Kornadt, H. J. & Husarek, B. (1989). Frühe Mutter-Kind-Beziehungen im Kulturvergleich. In: Trommsdorff, G. (Hrsg.): Sozialisation im Kulturvergleich. Stuttgart: Enke, S. 65–96

Kornadt, H.-J. & Trommsdorff, G. (1990). Naive Erziehungstheorien japanischer Mütter – Deutsch-japanischer Kulturvergleich. Zeitschrift für Sozialisationsforschung und Erziehungssoziologie 10 (4), S. 357–376

Krampen, G. (1982). Differentialpsychologie der Kontrollüberzeugungen. Göttingen: Hogrefe

Krampen, G. (1987a). Entwicklung von Kontrollüberzeugungen. Thesen zu Forschungsstand und Perspektiven. Zeitschrift für Entwicklungspsychologie und Pädagogische Psychologie 19, S. 195–227

Krampen, G. (1987b). Handlungstheoretische Persönlichkeitspsychologie. Göttingen: Hogrefe

Krampen, G. (1996). Evaluation of the effectiveness of autogenic training in gerontology. European psychologist 1 (4), S. 243–254

Kreppner, K. (1998). Vorstellungen zur Entwicklung der Kinder: Zur Geschichte von Entwicklungstheorien in der Psychologie. In: Keller, H. (Hrsg.): Lehrbuch Entwicklungspsychologie. Bern: Huber, S. 121–146

Kreppner, K. & Lerner, R. M. (1989). Family systems and life-span development: Issues and perspectives. In: Kreppner, K. & Lerner, R. M. (Hrsg.): Family systems and life-span development. Hillsdale, NJ: Erlbaum, S. 1–13

Kroh, O. (1944). Entwicklungspsychologie des Grundschulkindes. Langensalza: Beyer (13. Aufl.)

Krueger, F. (1903). Differenztöne und Konsonanz. Archiv für die gesamte Psychologie 1,2

Kudisch, J. D., Poteet, M. L., Dobbins, G. H., Rush, M. C. & Russell, J. E. A. (1995). Expert power, referent power, and charisma: Toward the resolution of a theoretical debate. Journal of business and psychology 10(2), S. 177–195

Kübler-Ross, E. (1996). Interviews mit Sterbenden. Stuttgart: Kreuz Verlag (20. Aufl.)

Lauth, G. (1996). Effizienz eines metakognitiv-strategischen Trainings bei lern- und aufmerksamkeitsbeeinträchtigten Grundschülern. Zeitschrift für klinische Psychologie 25 (1), S. 21–32

Lazarus, R. S. (1981). Streß und Streßbewältigung – Ein Paradigma. In: Filipp, S.-H. (Hrsg.): Kritische Lebensereignisse. München: Urban & Schwarzenberg, S. 198–232

Lenk, H. (1978). Handlung als Interpretationskonstrukt. Entwurf einer konstituenten- und beschreibungstheoretischen Handlungsphilosophie. In: Lenk, H. (Hrsg.): Handlungstheorien – interdisziplinär. Bd. 2,1. München: Fink, S. 279–350

Lerner, R. M. (1976). Concepts and theories of human development. Reading, MA: Addison-Wesley

Lerner, R. M. & Spanier, G. B. (Hrsg.) (1978). Child influences on marital and family interaction: A life-span perspective. New York: Academic Press

Lewin, K. (1936). Principles of topological psychology. New York: McGraw-Hill

Lohaus, A. (1998). Begriffe von Gesundheit und Krankheit bei Kindern. In: Keller, H. (Hrsg.): Entwicklungspsychologie. Bern: Huber, S. 599–613

Lüscher, K. (1989). Von der Sozialisationsforschung zur Familienforschung. In: Nave-Herz, R. & Markefka, M. (Hrsg.): Handbuch der Familien- und Jugendforschung. Bd. 1.: Familienforschung. Neuwied: Luchterhand, S. 95–112

Lüscher, K. (1990). Zur Perspektivik des Handelns in unserer Gegenwart. Überlegungen im Anschluß an G. H. Mead. Zeitschrift für Sozialisationsforschung und Erziehungssoziologie (ZSE) 10 (3), S. 255–267

Lüscher, K. & Stein, A. (1985). Die Lebenssituation junger Familien – die Sichtweise der Eltern. Konstanzer Beiträge zur Sozialwissenschaftlichen Forschung. Bd. 1. Konstanz: Universitätsverlag Konstanz

Luhmann, N. (1984). Soziale Systeme. Frankfurt a. M.: Suhrkamp

Luhmann, N. (1987). Sozialisation und Erziehung. In: Rotthaus, W. (Hrsg.): Erziehung und Therapie in systemischer Sicht. Dortmund: Modernes Lernen, S. 77–86

Lustermann, D. D. (1987). The use of psychodiagnostic evaluation in systems theory. Psychotherapy 25 (35), S. 511–515

Mahoney, G. & O'Sullivan, P. (1990). Early intervention practices with families of children with handicaps. Mental Retardation 28 (3), S. 169–176

Mahoney, M. J. (1974). Cognition and behavior modifikation. Cambridge, Mass.: Ballinger

Manteufel, A. & Schiepek, G. (1995). Das Problem der Nutzung moderner Systemtheorien in der klinischen Praxis. Zeitschrift für klinische Psychologie und Psychotherapie 43, S. 325–347

Mattejat, F. (1993). Subjektive Familienstrukturen. Göttingen: Hogrefe

McCollum, J. A. (1987). Early interventionists in infant and early childhood programms: A comparison of preservice training need. Topics in early childhood special education 7 (3), S. 24–35

McCubbin, H. I. (1998). Families at their best. In: McCubbin, H. I., Thompson, E. A., Thompson, A. I. & Fromer, J. E. (Hrsg.): Stress, coping, and health in families. London: Sage, S. xiii–xv

McCubbin, H. I. & Figley, C. R. (1983). Bridgin normative and catastrophic family stress. In: McCubbin, H. I. & Figley, C. R. (Hrsg.): Stress and the family. Bd. 1. Coping with normative transitions. New York: Brunner & Mazel, S. 218–228

McCubbin, H. I. & Patterson, J. M. (1983). The family stress process: The double ABCX model of adjustment and adaptation. Marriage and Family Review 6, S. 7–37

McCubbin, H. I., Thompson, A. I., Thompson, E. A., Elver, K. M. & McCubbin, M. A. (1998). Ethnicity, schema, and coherence. In: McCubbin, H. I., Thompson, E. A., Thompson, A. I. & Fromer, J. E. (Hrsg.): Stress, coping, and health in families. London: Sage, S. 41–67

McGrath, J. E., Berdahl, J. L. & Arrow, H. (1996). Traits, expectations, culture, and clout: The dynamics of diversity in work groups. In: Jackson, S. E. & Ruderman, M. N. (Hrsg.): Diversity in work teams. Washington DC: American Psychological Association, S. 17–45

Menzen, K. H. (1996). Kids' problems. Neuwied: Luchterhand

Mietzel, G. (2000). Wege in die Psychologie. Stuttgart: Klett-Cotta (10. Aufl.)

Miller, G. A., Galanter, E. & Pribram, K. (1960). Plans and the structure of behavior. New York: Holt

Miller, G. A., Galanter, E. & Pribram, K. (1968). Plans and the structure of behavior. In: Buckley, W. & Rapoport, A. (Hrsg.): Modern systems research for the behavioral scientist. A sourcebook. Chicago: Aldine, S. 369–382

Minuchin, S. (1974). Families and family therapy. Cambridge: Harvard University Press

Mönks, F. J. & Knoers, A. M. P. (1996). Lehrbuch der Entwicklungspsychologie. München: Reinhardt

Mogel, H. (1994). Psychologie des Kinderspiels. Berlin: Springer (2. Aufl.)

Montada, L. (1985). Entwicklungsberatung als angewandte Entwicklungspsychologie. In: Brandtstädter, J. & Gräser, H. (Hrsg.): Entwicklungsberatung unter dem Aspekt der Lebensspanne. Göttingen: Hogrefe, S. 30–43

Montada, L. (1987a). Entwicklungspsychologie und Anwendungspraxis. In: Oerter, R. & Montada, L. (Hrsg.): Entwicklungspsychologie. München: PVU (2. Aufl.), S. 895–914

Montada, L. (1987b). Themen, Traditionen, Trends. In: Oerter, R. & Montada, L. (Hrsg.): Entwicklungspsychologie. München: PVU (2. Aufl.), S. 1–86

Montada, L. (1998a). Entwicklungspsychologie und Anwendungspraxis. In: Oerter, R. & Montada, L. (Hrsg.): Entwicklungspsychologie. Weinheim: PVU (4. Aufl.), S. 895–914

Montada, L. (1998b). Fragen, Konzepte, Perspektiven. In: Oerter, R. & Montada, L. (Hrsg.): Entwicklungspsychologie. Weinheim: PVU (4. Aufl.), S. 1–83

Montada, L. (1998c), Moralische Entwicklung und moralische Sozialisation. In: Oerter, R. & Montada, L. (Hrsg.): Entwicklungspsychologie. Weinheim: PVU (4. Aufl.), S. 862–894

Moscovici, S. (1990). Social psychology and developmental psychology: extending the conversation. In: Duveen, G. & Lloyd, B. (Hrsg.): Social representations and the development of knowledge. Cambridge: Cambridge University Press, S. 164–185

Moser, A., Steinebach, Ch. & Liebsch, M. (1999). Soziale Integration von Flüchtlingen. Bericht über die Evaluation des Projektverbundes »Soziale Integration von Flüchtlingen« (EU-B3-4113, Deutscher Caritasverband) Hockenheim: Larimar

Moss-Kagel, C., Abramovitz, R. & Sager, C. J. (1989). Training therapists to treat the young child in the family and the family in the young child's treatment. Journal of Psychotherapy and the Family 5 (3–4), S. 117–144

Müller, B. (1993). Sozialpädagogisches Können. Ein Lehrbuch zur multiperspektivischen Fallarbeit. Freiburg i. Br.: Lambertus

Mullins, L. L., Keller, J. R. & Chaney, J. M. (1994). A systems and social cognitive approach to team functioning in physical rehabilitation settings. Rehabilitation Psychology 39 (3), S. 161–178

Mussen, P. H., Conger, J. J., Kagan, J. & Huston, A. C. (1999). Lehrbuch der Kinderpsychologie. Bd. 1 und 2. Stuttgart: Klett-Cotta (5./6. Aufl.)

Neidhardt, F. (1975). Die Familie in Deutschland – gesellschaftliche Stellung, Struktur und Funktion. Opladen: Leske & Budrich

Neumann, K. J. (1999). Besonderheiten der pädagogisch-psychologischen Diagnostik. In: Fengler, J. & Jansen, G. (Hrsg.): Handbuch der Heilpädagogischen Psychologie. Stuttgart: Kohlhammer (3. Aufl.), S. 212–240

Nightingale, A. & Scott, D. (1994). Problems of identity in multi-disciplinary teams: The self and systems in change. British Journal of Psychotherapy 11 (2), S. 267–278

Noack, P. (1992). Freunde, Bekannte, Peers: Die Familie und Beziehungen zu »Gleichen«. In: Hofer, M., Klein-Allermann, E. & Noack, P. (Hrsg.): Familienbeziehungen. Eltern und Kinder in der Entwicklung. Göttingen: Hogrefe, S. 82–104

Oerter, R. (1967). Moderne Entwicklungspsychologie. Donauwörth: Auer

Oerter, R. (1977). Psychologie des Denkens. Donauwörth: Auer (5. Aufl.)

Oerter, R. (1992). Denken und kognitive Prozesse. In: Finger, G. & Steinebach, Ch. (Hrsg.): Frühförderung. Zwischen passionierter Praxis und hilfloser Therapie. Freiburg i. Br.: Lambertus, S. 129–137

Oerter, R. (1993). Psychologie des Spiels. Ein handlungstheoretischer Ansatz. München: Quintessenz

Oerter, R. (1995). Kindheit. In: Oerter, R. & Montada, L. (Hrsg.): Entwicklungspsychologie. Weinheim: PVU (3. Aufl.), S. 249–309

Oerter, R. (1998a). Oerter, R. (1995). Kindheit. In: Oerter, R. & Montada, L. (Hrsg.): Entwicklungspsychologie. Weinheim: PVU (4. Aufl.), S. 249–309

Oerter, R. (1998b). Kultur, Ökologie und Entwicklung. In: Oerter, R. & Montada, L. (Hrsg.): Entwicklungspsychologie. Weinheim: PVU (4. Aufl.), S. 84–127

Oerter, R. & Dreher, E. (1998). Jugendalter. In: Oerter, R. & Montada, L. (Hrsg.): Entwicklungspsychologie. Weinheim: PVU (4. Aufl.), S. 310–395

Oerter, R. & Montada, L. (Hrsg.) (1998). Entwicklungspsychologie. Weinheim: PVU (4. Aufl.)

Oerter, R., Schneewind, K. A. & Resch, F. (1999). Modelle der klinischen Entwicklungspsychologie. In: Oerter, R., von Hagen, C., Röper, G. & Noam, G. (Hrsg.): Klinische Entwicklungspsychologie. Weinheim: PVU, S. 79–118

Oerter, R., von Hagen, C., Röper, G. & Noam, G. (Hrsg.) (1999). Klinische Entwicklungspsychologie. Weinheim: PVU

Olson, D. H. (1985). Commentary: Struggling with congruence across theoretical models and methods. Family Process (24), S. 203–207

Olson, D. H. (1986). Circumplex model VII: Validation studies and FACES III, Family Process (25), S. 337–351

Olson, D. H. & Lavee, Y. (1989). Family system and family stress: A family life circle perspective. In: Kreppner, K. & Lerner, R. M. (Hrsg.): Family system and life-span development. Hillsdale, NJ: Erlbaum, S. 165–195

Olson, D. H. & McCubbin, H. I. (1982). Circumplex model of marital and family systems. V: Application to family stress and crisis intervention. In: McCubbin, H. I., Cauble, A. E. & Patterson, J. M. (Hrsg.): Family stress, coping and social support. Springfield: Thomas, S. 48–68

Olson, D. H. & McCubbin, H. I. (1983). Families: What makes them work? Beverly Hills: Sage

Oser, F. & Althof, W. (1997). Moralische Selbstbestimmung. Modelle der Entwicklung und Erziehung im Wertebereich. Stuttgart: Klett-Cotta (3. Aufl.)

Paget, K. D. (1991). Early intervention and treatment acceptability: Multiple perspectives for improving service delivery in home settings. Topics in early childhood special education 11 (2), S. 1–17

Papastefanou, Ch. (1992). Das zweite Kind und die Erweiterung der familialen Beziehungen. In: Hofer, M., Klein-Allermann, E. & Noack, P. (Hrsg.): Familienbeziehungen. Eltern und Kinder in der Entwicklung. Göttingen: Hogrefe, S. 152–170

Pawlik, K. (1982). Modell- und Praxisdimensionen psychologischer Diagnostik. In: Pawlik, K. (Hrsg.): Diagnose der Diagnostik. Stuttgart: Klett-Cotta, S. 13–43

Pawlik, K. (1997). Psychologische Diagnostik. Bern: Huber

Perrez, M. (1987a). Erziehungspsychologische Prophylaxe als Differenzierung von Alltagstheorien. In: Speck, O., Peterander, F. & Innerhofer, P. (Hrsg.): Kindertherapie. Interdisziplinäre Forschung und Praxis. München: Reinhardt, S. 245–251

Perrez, M. (1987b). Soziale Kontingenzen bei Säuglingen als Antezendenten von Kontrollüberzeugungen. In: Albert, D. (Hrsg.): Bericht über den 34. Kongreß der DGfPs in Wien 1984. Bd. 1. Göttingen: Hogrefe, S. 391–394

Perrez, M. (1992). Coping – Forschung auf Abwegen? In: Gerhard, U. (Hrsg.): Psychologische Erkenntnisse zwischen Philosophie und Empirie. Bern: Huber, S. 72–88

Petermann, F. (1987). Daten, Dimensionen, Verfahrensweisen. In: Oerter, R. &

Montada, L. (Hrsg.): Entwicklungspsychologie. München: PVU (2. Aufl.), S. 1017–1060

Petermann, F. (1995). Chronische Krankheiten in den ersten Lebensjahren und ihre Bewältigung. In: Oerter, R. & Montada, L. (Hrsg.): Entwicklungspsychologie. Weinheim: PVU, S. 967–975

Petermann, F., Kusch, M. & Niebank, K. (1998). Entwicklungspsychopathologie. Weinheim: PVU

Petermann, F., Noeker, M. & Bode, U. (1987). Psychologie chronischer Krankheiten im Kindes- und Jugendalter. München: PVU

Pettigrew, T. F. (1997). Generalized intergroup contact effects on prejudice. Personality and Social Psychology Bulletin 23 (2), S. 173–185

Petzold, M.(1992). Familienentwicklungspsychologie. München: Quintessenz

Peuckert, R. (1991). Familienformen im sozialen Wandel. Opladen: Leske & Budrich

Piaget, J. (1973). Einführung in die genetische Erkenntnistheorie. Frankfurt a. M.: Fischer

Popper, K. R. (1958). Die offene Gesellschaft und ihre Feinde, Bd. 2: Falsche Propheten. Bern: Francke

Püschel, S. (Hrsg.) (1995). Down-Syndrom. Für eine bessere Zukunft. Stuttgart: Kreuz Verlag

Rauh, H. (1987). Frühe Kindheit. In: Oerter, R. & Montada, L. (Hrsg.): Entwicklungspsychologie. München: PVU (2. Aufl.), S. 131–203

Rauh, H. (1998a). Frühe Kindheit. In: Oerter, R. & Montada, L. (Hrsg.): Entwicklungspsychologie. Weinheim: PVU (4. Aufl.), S. 167–248

Rauh, H. (1998b). Geistige Behinderung. In: Oerter, R. & Montada, L. (Hrsg.): Entwicklungspsychologie. Weinheim: PVU (4. Aufl.), S. 929–942

Reinecker, R. (1978). Selbstkontrolle. Salzburg: Otto Müller

Reinert, G. (1976). Grundzüge einer Geschichte der Humanentwicklungspsychologie. In: Balmer, H. (Hrsg.): Die europäische Tradition. Die Psychologie des 20. Jahrhunderts, Bd. 1. Zürich: Kindler, S. 862–896

Reischl, O. (1997). »Leben lernen« – Vermittlung sozialer und lebenspraktischer Fähigkeiten durch sozialpädagogische Outdoor-Aktivitäten. Freiburg i. Br.: Katholische Fachhochschule (unveröffentlichte Diplomarbeit)

Reitzle, M., Vondracek, F. W. & Silbereisen, R. K. (1998). Timing of School-to-work transitions: A developmental-contextual perspective. International Journal of Behavioral Development 22 (1), S. 7–28

Remschmidt, H. (1992). Adoleszenz: Entwicklung und Entwicklungskrisen im Jugendalter. Stuttgart, Stuttgart/New York: Thieme

Renner, M. (1995). Spieltheorie und Spielpraxis. Freiburg i. Br.: Lambertus

Röper, G. & Noam, G. (1999). Entwicklungsdiagnostik in klinisch-psychologischer Therapie und Forschung. In: Oerter, R., von Hagen, C., Röper, G. & Noam, G. (Hrsg.): Klinische Entwicklungspsychologie. Weinheim: PVU, S. 240–269

Rogers, C. R. (1959). A theory of therapy, personality, and interpersonal relationships, as developed in the client-centered framework. In: Koch, S. (Hrsg.): Psychology: A study of a science, Bd. 3. London: McGraw-Hill, S. 184–256. (dt.: 1987. Köln: GwG Köln)

Rosner, R. (1999). Entwicklungsdiagnostik und Entwicklungstests in der klinischen Entwicklungspsychologie. In: Oerter, R., von Hagen, C., Röper, G. & Noam, G. (Hrsg.): Klinische Entwicklungspsychologie. Weinheim: PVU, S. 119–147

Rothbaum, F., Weisz, J. R. & Snyder, S. S. (1982). Changing the world and changing the self: A two-process modell of perceived control. Journal of Personality and Social Psychology 42, S. 5–37

Rotter, J. B. (1966). Generalized expectations for internal versus external control of reinforcement. Psychological Monographs 80 (609)

Rudinger, G. (1998). Strukturgleichungsmodelle in der Entwicklungspsychologie. In: Oerter, R. & Montada, L. (Hrsg.): Entwicklungspsychologie. Weinheim: PVU (4.Aufl.), S. 1177–1190

Saup, W. (1991). Konstruktives Altern. Göttingen: Hogrefe

Saup, W. & Mayring, P. (1995). Pensionierung. In: Oerter, R. & Montada, L. (Hrsg.): Entwicklungspsychologie. Weinheim: PVU (3. Aufl.), S. 1110–1115

Schaie, K. W. (1965). A general model for the study of developmental problems. Psychological Bulletin 64, S. 92–107

Scheller, R. & Heil, F. E. (1980). Grundlagen und Mechanismen der diagnostischen Urteilsbildung. In: Wittling, G. (Hrsg.): Handbuch der klinischen Psychologie. Hamburg: Hoffmann & Campe, S. 81–102

Schenk-Danzinger, L. (1988). Entwicklung, Sozialisation, Erziehung. Bd. 2: Schul- und Jugendalter. Stuttgart: Klett-Cotta

Schenk-Danzinger, L. (1996). Entwicklungspsychologie. Wien: ÖBV Pädagogischer Verlag

Schenk-Danzinger, L. (1998). Entwicklung, Sozialisation, Erziehung. Bd. 1: Von der Geburt bis zur Schulfähigkeit. Stuttgart: Klett-Cotta (3. Aufl.)

Schiffmann, R. (1993). Die Wahrnehmung der eigenen Tätigkeit in Arbeitsgruppen als Ergebnis von Selbstverpflichtung, Gruppenkohärenz und Gruppenerfolg. Arbeit 2 (3), S. 223–241

Schillings, R. (1998). Gruppenangebot für Kinder aus Trennungs- und Scheidungsfamilien: Die Perspektive der Eltern. Freiburg i. Br.: Katholische Fachhochschule (unveröffentlichte Diplomarbeit)

Schmidt, M. (1998). Systemische Therapie/Beratung. In: Körner, W. & Hörmann, G. (Hrsg.): Handbuch der Erziehungsberatung. Bd. 1, S. 411–433

Schmidt-Denter, U. (1991). Chaosforschung: Eine neue physikalische Herausforderung an die Psychologie? Eröffnungvortrag auf der 10. Tagung für Entwicklungspsychologie der Deutschen Gesellschaft für Psychologie. Köln: Universität Köln, September 1991.

Schneekloth, H. & Müller, U. (1996). Hilfe- und Pflegebedürftige in Heimen. Vertiefende Ergebnisse der Infratest-Heimerhebung 1994. München: Infratest München

Schneewind, K. A. (1987a). Familienentwicklung. In: Oerter, R. & Montada, L. (Hrsg.): Entwicklungspsychologie. München: PVU (2. Aufl.), S. 971–1014

Schneewind, K. A. (1987b). Familienpsychologie: Argumente für eine neue psychologische Disziplin. Zeitschrift für Pädagogische Psychologie 1 (2), S. 79–90

Schneewind, K. A. (1998). Familienentwicklung. In: Oerter, R. & Montada, L. (Hrsg.): Entwicklungspsychologie. Weinheim: PVU (4. Aufl.), S. 128–166

Schneewind, K. A. (1999). Familienpsychologie. Stuttgart: Kohlhammer (2. Aufl.)

Schneewind, K. A. & Schmidt, M. (1999). Familiendiagnostik im Kontext der klinischen Entwicklungspsychologie. In: Oerter, R., von Hagen, C., Röper, G. & Noam, G. (Hrsg.): Klinische Entwicklungspsychologie. Weinheim: PVU, S. 270–298

Schökle, U. (1994). Stundenbilder zur Psychomotorik. Konstanz: Beratungstelle für entwicklungsauffällige Kinder (unveröffentlichtes Manuskript)

Schölmerich, A. & Weßels, H. (1998). Beobachtungsmethoden und Auswertungsverfahren in der Entwicklungspsychologie. In: Keller, H. (Hrsg.): Lehrbuch Entwicklungspsychologie. Bern: Huber, S. 243–260

Schrader, A. (1989). Migration. In: Endruweit, G. & Trommsdorff, G. (Hrsg.): Wörterbuch der Soziologie. Stuttgart: Enke, S. 436 f.

Schraml, W. J. (1992). Einführung in die Entwicklungspsychologie für Pädagogen und Sozialpädagogen. Stuttgart: Klett-Cotta (8. Aufl.)

Schreck, D. & Steinebach, Ch. (1999). Interkulturelle Heilpädagogik für chronisch kranke Kinder in Chile. Eine Studie gefördert von der Madeleine Schickedanz Stiftung. Freiburg i. Br.: IAF der KFH Freiburg

Schriber, S. (1990). Scheitern an der Ganzheitlichkeit? In: Hagmann, Th. (Hrsg.): Systemisches Denken in der Heilpädagogik. Luzern: SZH, S. 117–133

Schuchardt, E. (1980a und b). Soziale Integration Behinderter. Bd. 1 und 2. Braunschweig: Westermann

Schulz, P. & Hellhammer, D. (1994). Psychologische Aspekte chronischer Krankheiten. In: Reinecker, H. (Hrsg.): Lehrbuch der Klinischen Psychologie. Göttingen: Hogrefe (2. Aufl.), S. 564–589

Schulz von Thun, F. (1998). Miteinander reden: Störungen und Klärungen. Bd. 1 und 2. Reinbek b. Hamburg: Rowohlt

Schulze, H.-J., Tyrell, H. & Künzler, J. (1989). Vom Strukturfunktionalismus zur Systemtheorie der Familie. In: Nave-Herz, R. & Markefka, M. (Hrsg.): Handbuch der Familien- und Jugendforschung. Bd. 1.: Familienforschung. Neuwied: Luchterhand, S. 31–43

Schwarzer, R. (Hrsg.) (1990). Gesundheitspsychologie. Göttingen: Hogrefe

Scriven, M. (1967). The methodology of evaluation. In: Tyler, R. W., Gagne, R. M. & Scriven, M. (Hrsg.): Perspectives of curriculum evaluation. Chicago: Rand McNally, S. 39–83

Seibert, U. (1990). Beratung in der Sozialarbeit/Sozialpädagogik: Methodenintegration. In: Brunner, E. J. & Schönig, W. (Hrsg.): Theorie und Praxis von Beratung. Freiburg i. Br.: Lambertus, S. 77–86

Seligman, M. E. P. (1975). Helplessness. San Francisco: Freeman

Seligman, M. E. P. & Miller, S. M. (1979). The psychology of power. In: Perlmutter, L. C. & Monty, R. A. (Hrsg.): Choice and perceived control. Hillsdale NJ: Erlbaum, S. 347–370

Selye, H. (1974). Stress without distress. Philadelphia: Lippincott

Selye, H. (1988). Streß. Bewältigung und Lebensgewinn. München: Piper (3. Aufl.)

Semmer, N. & Udris, I. (1993). Bedeutung und Wirkung von Arbeit. In: Schuler, H. (Hrsg.): Organisationspsychologie. Bern: Huber, S. 133–165

Shonkoff, J. P., Hauser-Cram, P., Wyngaarden Krauss, M. & Upshur, C. C. (1988). Early intervention efficacy research: What have we learned and where do we go from here? Topics in early childhood special education 8 (1), S. 81–93

Silbereisen, R. K. & Walper, S. (1989). Arbeitslosigkeit und Familie. In: Nave-Herz, R. & Markefka, M. (Hrsg.): Handbuch der Familien- und Jugendforschung. Neuwied: Luchterhand, S. 535–557

Six, B. (1989). Soziale Beziehungen. In: Endruweit, G. & Trommsdorff, G. (Hrsg.): Wörterbuch der Soziologie. Stuttgart: Enke, S. 84–88

Skeels, H. M. & Dye, H. B. (1939). The study of effects of differential stimulation on mentally retarded children. In: Proceedings and addresses of the American Association of Mental deficiency 44, S. 114–136

Smedslund, J. (1978). Bandura's theory of self-efficacy: A set of common sense theorems. Scandinavian Journal of Psychology 19, S. 1–14

Snijders, J. Th. & Snijders-Oomen, N. (1970). Snijders-Ooomen Nicht-verbale-Intelligenztestreihe (S.O.N.). Groningen: Wolters-Noordhoff

Sorrentino, A. M. (1988). Behinderung und Rehabilitation. Dortmund: Modernes Lernen

Sozialgesetzbuch (SGB, VIII). BGBL. I S. 637 vom 7. Mai 1993

Speck, O. (1983). Das gewandelte Verhältnis zwischen Eltern und Fachleuten in der Frühförderung. In: Speck, O. & Warnke, A. (Hrsg.): Frühförderung mit den Eltern. München: Reinhardt, S. 13–20

Speck, O. (1987). Zielsetzung einer interdisziplinären Frühförderung entwicklungsgefährdeter Kinder. In: Speck, O., Peterander, F. & Innerhofer, P. (Hrsg.): Kindertherapie. München: Reinhardt, S. 14–20

Speck, O. (1988). System Heilpädagogik. München: Reinhardt (2. Aufl.)

Speck, O. (1990). Menschen mit geistiger Behinderung und ihre Erziehung. München: Reinhardt

Speck, O. & Peterander, F. (1994). Elternbildung, Autonomie und Kooperation in der Frühförderung. Frühförderung interdisziplinär 13 (3), S. 108–120

Sporken, P. (1979). Sterbebeistand: Aufgabe und Ohnmacht. In: Engelke, E. et al. (Hrsg.): Sterbebeistand bei Kindern und Erwachsenen, Stuttgart: Kohlhammer, S. 34–58

Statistisches Bundesamt (Hrsg.) (1998). Statistisches Jahrbuch für die Bundesrepublik Deutschland. Stuttgart: Metzler-Poeschel

Stegie, E. (1988). Schulische Rehabilitation. In: Koch, U., Lucius-Hoene, G. & Stegie, R. (Hrsg.): Handbuch der Rehabilitationspsychologie. Berlin u. a.: Springer, S. 168–185

Steinebach, Ch. (1988). Wege zu einem integrativen Modell interdisziplinärer Frühförderung. Frühförderung interdisziplinär 7 (3), S. 125–135

Steinebach, Ch. (1989). Der Klientenzentrierte Ansatz in der Frühförderung: Theoriebildung und Anwendung. GwG-Zeitschrift 77, S. 417–425

Steinebach, Ch. (1992). Entwicklungslinien. In: Finger, G. & Steinebach, Ch. (Hrsg.): Frühförderung. Zwischen passionierter Praxis und hilfloser Theorie. Freiburg i. Br.: Lambertus, S. 50–63

Steinebach, Ch. (1994). Familiendynamik im Prozeß der Frühförderung. Vierteljahresschrift für Heilpädagogik und ihre Nachbargebiete (VHN) (63), S. 62–76

Steinebach, Ch. (1995a). Die Gruppenstrukturanalyse (GRUSA). Handbuch. Freiburg i. Br.: KFH-Freiburg

Steinebach, Ch. (1995b). Familienentwicklung in der Frühförderung. Freiburg i. Br.: Lambertus

Steinebach, Ch. (Hrsg.) (1997a). Heilpädagogik für chronisch kranke Kinder und Jugendliche. Freiburg i. Br.: Lambertus

Steinebach, Ch. (1997b). Heilpädagogik in interdisziplinären Teams. In: Steinebach, Ch. (Hrsg.): Heilpädagogik für chronisch kranke Kinder und Jugendliche. Freiburg i. Br.: Lambertus, S. 230–255

Steinebach, Ch. (1997c). Strukturelle Bedingungen für Konflikte in Beratungsstellen und interdisziplinären Teams. In: Jungmann, J. (Hrsg.): Frühförderung als interdisziplinäre Aufgabe. Weinsberg: PLK, S. 33–48

Steinebach (1997d). Kinder, Krisen, Kliniken. Rehabilitation zwischen Individuum und Organisation. In: Steinebach, Ch. (Hrsg.): Heilpädagogik für chronisch kranke Kinder und Jugendliche. Freiburg i. Br.: Lambertus, S. 45–65

Steinebach, Ch. (1997e). Wege zur Integration. In: Scharr, E. & Steinebach, Ch. (Hrsg.): Integration auf dem Weg. Freiburg i. Br.: Lambertus, S. 11–20

Steinebach, Ch. (1999). Systemdiagnostik und Systemberatung in der Rehabilitation. In: Viquerat, H. (Hrsg.): Psychotherapie mit Kindern und Jugendlichen. Bonn: DPV, S. 92–125

Steinebach, Ch. (2000). Psychologie und »Geistige Behinderung«. In: Greving, H. & Gröschke, D. (Hrsg.): »Geistige Behinderung«: Reflexionen zu einem Phantom. Bad Heilbrunn: Klinkhardt, S. 39–51

Steinebach, Ch. (in press). Supervision. Reflecting clinical practice and team development. In: Debry, M., Gehring, T. M. & Smith, P. K. (Hrsg.): Family System Test (FAST): A new approach to investigate family relations in clinical research and practice. London: Routledge

Steinebach, U. & Steinebach, Ch. (1999). Heilpädagogik im Regelkindergarten. Modellversuch im Evangelischen Kindergarten Holzappel. (Bericht über die Evaluation im Auftrag des Ministeriums für Kultur, Jugend, Familie und Frauen Rheinland-Pfalz), Freiburg i. Br.: IAF der KFH Freiburg

Sternberg, R. J. (1988). Lessons from the life span: What theorists of intellectual development among children can learn from their counterparts studying adults. In: Hetherington, E. M., Lerner, R. M. & Perlmutter, M. (Hrsg.): Child development in life-span perspective. Hillsdale NJ: Erlbaum, S. 259 ff.

Super C. M. & Harkness, S. (1999). The environment as culture in developmental research. In: Friedman, S. L. & Wachs, T. D. (Hrsg.): Measuring environment across the life span. Washington: American Psychological Association, S. 279–323

Supersaxo, A., Perrez, M. & Kramis, J. (1986). Beeinflussung der kausalen Attributionstendenzen von Schülern durch Lehrerattribution. Psychologie in Erziehung und Unterricht 33, S. 108–116

Szagun, G. (1996). Sprachentwicklung beim Kind. Weinheim: PVU (6. Aufl.)

Tajfel, H. (1981). Human groups and social categories. Cambridge: Cambridge University Press

Textor, M. R. (1991). Scheidungszyklus und Scheidungsberatung. Göttingen: Vandenhoeck & Ruprecht

Thimm, W. (1999). Epidemiologie und soziokulturelle Faktoren. In: Neuhäuser, G. & Steinhausen, H.-Ch. (Hrsg.): Geistige Behinderung. Stuttgart: Kohlhammer (2. Aufl.), S. 9–25

Thomae, H. (1981). Expected unchangeability of life stress in old age. A contribution to a cognitive theory of aging. Human Development (24), S. 229–239

Thomae, H. & Kranzhoff, U. E. (1979). Erlebte Unveränderlichkeit von gesundheitlicher und ökonomischer Belastung. Zeitschrift für Gerontologie (12), S. 439–459

Thomas, A. (1993). Psychologie interkulturellen Lernen und Handelns. In: Thomas, A. (Hrsg.): Kulturvergleichende Psychologie. Göttingen: Hogrefe, S. 377–424

Thorngates, W. (1976).»In gerneral« vs.»it depends«: Some comments on the Gergen-Schlenker debate. Personality and Social Psychology Bulletin 2, 404–410

Tolstoi, L. (1978). Anna Karenina. München: dtv

Touliatos, J., Perlmutter, B. F. & Straus, M. A. (Hrsg.): (1990). Handbook of family measurement techniques. London: Sage

Trautner, H. M. (1992). Lehrbuch der Entwicklungspsychologie. Bd. 1. Göttingen: Hogrefe (2. Aufl.)

Trautner, H. M. (1995). Allgemeine Entwicklungspsychologie. Stuttgart: Kohlhammer

Trautner, H. M. (1997). Lehrbuch der Entwicklungspsychologie. Bd. 2. Göttingen: Hogrefe (2. Aufl.)

Triandis, H. C. (1996). The importance of contexts in studies of diversity. In: Jackson, S. E. & Ruderman, M. N. (Hrsg.): Diversity in work teams. Washington DC: American Psychological Association, S. 225–233

Trommsdorff, G. (1987). Behinderte in der Sicht verschiedener Kulturen. In: Klauer, K. J. & Mitter, W. (Hrsg.): Vergleichende Sonderpädagogik (= Handbuch Sonderpädagogik, Bd. 11). Berlin: Marhold, S. 23–47

Trommsdorff, G. (1989). Kulturvergleichende Sozialisationsforschung. In: Trommsdorff, G. (Hrsg.): Sozialisation im Kulturvergleich. Stuttgart: Enke, S. 6–24

Trommsdorff, G. (1991). Sympathie und Partnerwahl: Enge Beziehungen aus interkultureller Sicht. In: Ahmelang, M., Ahrens, H.-J., Bierhoff, H. W. (Hrsg.): Partnerwahl und Partnerschaft. Formen und Grundlagen partnerschaftlicher Beziehungen. Göttingen: Hogrefe, S. 185–219

Trommsdorff, G. (1993a). Kulturvergleich von Emotionen beim prosozialen Handeln. In: Mandel, H., Dreher, M. & Kornadt, H.-J. (Hrsg.): Entwicklung und Denken im kulturellen Kontext. Göttingen: Hogrefe, S. 3–25

Trommsdorff, G. (1993b). Entwicklung im Kulturvergleich. In: Thomas, A. (Hrsg.): Kulturvergleichende Psychologie. Göttingen: Hogrefe, S. 103–143

Trommsdorff, G. (1999). Autonomie und Verbundenheit im kulturellen Vergleich von Sozialisationsbedingungen. In: Leu, H. R. & Krappmann, L. (Hrsg.): Zwischen Autonomie und Verbundenheit. Frankfurt a. M.: Suhrkamp, S. 392–419

Turner, R. R., Connell, D. B. & Mathis, A. (1980). The preschool child or the family? Changing models of developmental intervention. In: Turner, R. R. & Reese, H. W. (Hrsg.): Life-span developmental psychology, intervention. New York: Academic Press, S. 250–274

van Quekelberghe, R. (1990). Psychologie in der dritten Welt: Entwicklungsgrenzen und -chancen. In: Pritzel, M. & van Quekelberghe, R. (Hrsg.): Landauer Studien zur Psychologie. Von der Grundlagenforschung zur Anwendung. Heidelberg: Asanger, S. 1–18

Vinokur-Kaplan, D. (1995). Treatment teams that work (and those that don't): An application of Hackman's group effectiveness model to interdisciplinary teams in psychiatric hospitals. Journal of applied behavioral science, S. 303–327

von Bertalanffy, L. (1968). General system theory. A critical review. In: Buckley, W. & Rapoport, A. (Hrsg.): Modern systems research for the behavioral scientist. A sourcebook. Chicago: Aldine, S. 11–30

Vondracek, F. W. (1998). Career development: A lifespan perspective (Introduction to the special section). International Journal of Behavioral Development 22 (1), S. 1–6

von Luxburg, J. (1992). Systemische Therapie mit geistig Behinderten: Entwicklungsmöglichkeiten im Beziehungsgeflecht der Systeme Familie und Institution. Fachtagung Psychotherapie mit geistig behinderten Menschen. Freiburg i. Br. (Vortrag)

Vygotsky, L. S. (1967). Play and its role in the mental development of the child. Soviet psychology 12, S. 22–76

Wachs, T. D. (1999). Celebrating complexity: Conceptualization and assessment of the environment. In: Friedman, S. L. & Wachs, T. D. (Hrsg.): Measuring environment across the life span. Washington: American Psychological Association, S. 357–392

Wallbott, H. G. (1997). Warum ist das Internet wichtig für die Psychologie? In: Batinic, B. (Hrsg.): Internet für Psychologen. Göttingen: Hogrefe, S. 13–17

Watkins, E. (1995). Psychotherapy supervisor and supervisee: Developmental models and research nine years later. Clinical Psychology Review 15 (7), S. 647–680

Watzlawick, P., Beavin, J. H. & Jackson, D. D. (1980). Menschliche Kommunikation. Bern: Huber (5. Aufl.)

Weber, H. (1998). Streßmanagement-Programme für das Alter? Zeitschrift für Klinische Psychologie 27 (2), S. 147–149

Weick, K. E. (1995). Der Prozeß des Organisierens. Frankfurt a. M.: Suhrkamp

Weikert, A. (1981). Frühdiagnostik von Sprach- und Sprechstörungen. In: Hellbrügge, Th. (Hrsg.): Klinische Sozialpädiatrie. Berlin: Springer, S. 337–342

Weisz, J. R. (1980). Developmental changes in perceived control. Developmental Psychology 16, S. 385–390

Weisz, J. R. (1983). Can I control it? The persuit of veridical answers across the life span. In: Baltes, P. B. & Brim, O. G. (Hrsg.): Life-span development and behavior. Bd. 5. New York: Academic Press, S. 233–300

Weisz, J. R. (1990). Cultural-familial mental retardation. In: Hodapp, R. M.; Burack, J. A. & Zigler, E. (Hrsg.): Issues in the developmental approach to mental retardation. New York: Cambridge University Press, S. 137–168

Weisz, J. R. (1999). Cognitive performance and learned helplessness in mentally retarded persons. In: Zigler, E. & Bennett-Gates, D. (Hrsg.): Personality development in individuals with mental retardation. Cambridge: Cambridge University Press, S. 17–46

Weisz, J. R., Rothbaum, F. & Blackburn, T. C. (1984). Standing out and standing in. The psychology of control in America and Japan. American Psychologist 39, S. 955–969

Weisz, J. R. & Stipek, D. J. (1982). Competence, contingency, and the development of perceived control. Human Development 25, S. 250–281

Wendeler, J. (1993). Geistige Behinderung. Weinheim: Beltz

Wendt, D. (1997). Entwicklungspsychologie: Eine Einführung. Stuttgart: Kohlhammer

Werbik, H. (1978). Handlungstheorien. Stuttgart: Kohlhammer

Wicklund, R. A. & Gollwitzer, P. M. (1985). Symbolische Selbstergänzung. In: Frey, D. & Irle, M. (Hrsg.): Theorien der Sozialpsychologie. Bd. 3. Bern: Huber, S. 31–55

Wilken, E. (1997). Sprachförderung bei Kindern mit Down-Syndrom. Berlin: Wissenschaftsverlag Volker Spiess (7. Aufl.)

Wilken, U. & Wilken, E. (1987). Indien. In: Klauer, K. J. & Mittler, W. (Hrsg.): Vergleichende Sonderpädagogik. Berlin: Marhold, S. 683–701

Wilkening, F. & Krist, H. (1998). Entwicklung der Wahrnehmung und Psychomotorik. In: Oerter, R. & Montada, L. (Hrsg.): Entwicklungspsychologie. Weinheim: PVU (4. Aufl.), S. 487–517

Willi, J. (1991). Therapie der Zweierbeziehung. Reinbek b. Hamburg: Rowohlt (2. Aufl.)

Willke, H. (1995). Das intelligente Unternehmen – Wissensmanagement der Organisation. In: Beratergruppe Neuwaldegg (Hrsg.): Intelligente Unternehmen – Herausforderung Wissensmanagement. Wien: Service Fachverlag, S. 47–70

Wottawa, H. & Thierau, H. (1990). Lehrbuch Evaluation. Bern: Huber

Wottawa, H. & Thierau, H. (1998). Lehrbuch Evaluation. Bern: Huber (2. Aufl.)

Wynne, L. C. (1988). Zum Stand der Forschung in der Familientherapie: Probleme und Trends. System Familie 1, S. 4–22

Yank, G. R., Barber, J. W. & Spradlin, W. W. (1994). Mental health treatment teams and leadership: A systems model. Behavioral Science 39, S. 293–310

Yarrow, L. J. (1964). Separation from parents during early childhood. In: Hoffman, M. L. & Hoffman, L. W. (Hrsg.): Review of child development research. Bd. 1. New York: Russel Sage, S. 89–136

Yoon, J., Baker, M. R. & Ko, J-W. (1994). Interpersonal attachment and organizational commitment: Subgroup hypothesis revisited. Human Relations 47 (3), S. 329–351

Zigler, E. (1973). Motivational factors in the performance of the retarded child. In: Richardson, F. (Hrsg.): Brain and intelligence: The ecology of child development. Hyattsville, MD: National Education Press, S. 59–69

Zigler, E. (1999). The individual with mental retardation as a whole person. In: Zigler, E. & Bennett-Gates, D. (Hrsg.): Personality development in individuals with mental retardation. Cambrige: Cambridge University Press, S. 1–6

Zigler, E. & Hodapp, R. M. (1986). Understanding mental retardation. Cambridge: Cambridge University Press

Zilversmit, C. P. (1990). Family treatment with families with young children. Families in Society 71 (4), S. 211–219

Zimbardo, P. G. (1999). Psychologie. Berlin: Springer (7. Aufl.)

Zimmer, R. (1998). Handbuch der Sinneswahrnehmung. Grundlagen einer ganzheitlichen Erziehung. Freiburg i. Br.: Herder (6. Aufl.)

Zimmer, R. & Volkamer, M. (1987). Motoriktest für vier- bis sechsjährige Kinder (MOT 4–6). Göttingen: Hogrefe (2. Aufl.)

Zollinger, B. (1997). Spracherwerbsstörungen. Grundlagen zur Früherfassung und Frühtherapie. Bern: Haupt (5., unveränd. Aufl.)

Personenregister

Aebli 108
Affolter 91, 92
Ainsworth 116, 117, 228
Albert 53
Allmer 241
Allport 113
Althof 145
American Psychological
  Association 224
Angermeier 30
Antonucci 113
Arbinger 74, 75, 77, 79, 80,
  81, 82, 85
Aucouturier 85
Ayres 90, 240

Balmer 115
Baltes, M. M. 15, 16, 163,
  175
Baltes, P. B. 26, 167, 175
Bandura 57, 124, 125
Barker 110
Batinic 39
Bell 204
Belsky 110
Bense 241
Berry 214, 217
Bertalanffy, von 148
Bertram 192
Bierbach 56
Bischof 119, 121, 122,
Bischof-Köhler 119, 120, 122
Blackburn 215
Bode 188, 189, 190
Bowlby 116, 122

Brandtstädter 31, 33–36, 53,
  54, 58, 64–66, 71, 113–115,
  123, 154, 169, 170, 175, 203,
  226, 238, 239, 242
Brecht 246
Brem-Gräser 64
Brewer 205
Brim 226
Bronfenbrenner 35, 58, 110,
  111, 112, 149, 209, 221,
  243
Bühler 229
Bundschuh 209
Bundy 94
Burgess 113
Buss 50

Cicchetti 74
Cierpka 158
Claessens 32
Clarke 58
Conger 122
Cota 206
Cox, M. 199
Cox, R. 199

Dell 148
Deutscher Bildungsrat 179,
  209
Diehm 218
Doenges 50
Dreher 132, 134, 141, 142
Dunst 68
Duvall 113, 162
Dye 57

271

272

273

Sachregister

Konzepte der Humanwissenschaften

John Bowlby:
Das Glück und die Trauer
Herstellung und Lösung affektiver Bindungen
Aus dem Englischen von Klaus Schomburg und
Sylvia M. Schomburg-Scherff.
242 Seiten, broschiert, ISBN 3-12-930690-0

John Bowlby gilt als der Schöpfer der Bindungstheorie – eine
Erfindung, die zu den wichtigsten dieses Jahrhunderts im Bereich
der Humanwissenschaften zählt. Seit seinen eigenen
Untersuchungen und denen seines Kollegen R. A. Spitz weiß
man, welche verheerenden Folgen es für einen Menschen haben
kann, wenn seine erste Beziehung zu einem anderen Menschen
für längere Zeit oder für immer unterbrochen wird.
Mit Erfolg hat Bowlby in den letzten Jahrzehnten seine
Einsichten auf andere Beziehungen übertragen, die Menschen im
Laufe ihres Lebens eingehen – bis hin zu den Problemen von
Eheleuten, die im Alter ihren Partner durch Tod verlieren.
In diesem Buch gibt er Einblicke in seine Theorien-Werkstatt.

T. Berry Brazelton / Bertrand G. Cramer:
Die frühe Bindung
Die erste Beziehung zwischen dem Baby und seinen Eltern
Aus dem Amerikanischen von Elisabeth Vorspohl.
288 Seiten, broschiert, ISBN 3-608-91280-0

Der Kinderarzt T. Berry Brazelton und der Psychoanalytiker
Bertrand C. Cramer berichten aus ihrer langjährigen Praxis, was
Eltern und Kinder in den ersten Lebensmonaten miteinander
erleben. In vielen Situationen können sich junge Eltern
wiederfinden. Sie erfahren, wie sie mit ihrem Kind und das Kind
mit ihnen in jenes intensive Wechselspiel eintereten, das für die
gesamte Entwicklung des Kindes von so ausschlaggebender
Bedeutung ist.

Klett-Cotta

Konzepte der Humanwissenschaften

Barbara Langmaack:
Ungeplanter Ruhestand
Zum konstruktiven Umgang mit dem frühzeitigen Ausscheiden
aus dem Arbeitsleben
160 Seiten, broschiert, ISBN 3-608-91870-1

Barbara Langmaack bietet mit diesem Buch sowohl Beratern
und Therapeuten als auch Betroffenen selbst einen Leitfaden zum
erfolgreichen Umgang mit einem Lebensabschnitt, der
keineswegs nur »den Rest vom Leben« darstellt.

Uwe Laucken / August Schick / Holger Höge:
Einführung in das Studium der Psychologie
Eine Orientierungshilfe für Schüler und Studenten
314 Seiten, broschiert, ISBN 3-608-91742-X

Das Buch führt in Grundbegriffe und Methoden psychologischer
Forschung ein. Es informiert über das Psychologiestudium an
Universitäten und anderen wissenschaftlichen Hochschulen und
über Psychologie als Beruf. Es gibt zudem wertvolle
studientechnische Anleitungen.

Erhard Meueler:
Erwachsene lernen
Beschreibung, Erfahrungen, Anstöße
188 Seiten, broschiert, ISBN 3-608-95442-2

Ashley Montagu:
Körperkontakt
Die Bedeutung der Haut für die Entwicklung des Menschen
Aus dem Englischen von Eva Zahn.
265 Seiten, broschiert, ISBN 3-608-95154-7

Klett-Cotta